타협할 수 없는 기독교의 기초,
오직 성경

타협할 수 없는 기독교의 기초,

오직 성경

'오직 성경'은 성도 개인의 신앙과 삶의 토대입니다!

박순용 지음

아가페북스

추천의 글

참된 신앙과 거짓 신앙의 갈림길은 성경에 대한 믿음입니다. 이 지점에서 정통주의와 자유주의는 잡았던 손을 놓게 됩니다. 이 책은 이스라엘 역사의 비탈길에서 "오직 나와 내 집은 여호와를 섬기겠노라"(수 24:15)고 외치던 여호수아의 고고한 외침을 생각나게 합니다. 성경무오설에 입각한 성경관이 어떻게 붕괴되어 왔는지 역사적 과정과 함께, 교회가 성경을 떠날 때 비성경적 신앙이 어떻게 신자를 황폐하게 만드는지를 심각하게 보여줍니다. 성경을 정확무오한 하나님의 말씀으로 받아들이고 성령의 능력 안에서 복음 진리를 경험하는 것만이 성경에 대한 회의주의를 극복할 수 있음을 논증하고 있습니다. 우리에게 개혁주의 성경관이 무엇인지를 보여줄 뿐 아니라 어떻게 말씀에 붙잡혀 살아야 하는지를 보여주는 아주 좋은 책입니다.

_김남준(열린교회 담임목사)

이 책은 성경을 근간으로 삼는 기독교의 핵심 기초를 쉽게 이해하도록 설명했습니다. 여기 담긴 내용은 16세기 종교개혁자들의 핵심적인 신앙을 계승하고자 노력하며 정리한 것들입니다. 개혁주의 신앙인들은 '오직 성경'만을 최고 권위로 세우며, 로마 교황청의 권위와 낡은 관습에서 단호히 벗어날 수 있었습니다. 신학자나 목회자라 하더라도 성경을 벗어나면 헛된 경험이나 체험에 빠질 위험이 있음을 소상하게 밝혀주고 있습니다. 한 마디도 버릴 게 없는 명쾌한 저술입니다.

_김재성(국제신학대학원대학교, 조직신학 교수, 부총장)

성도의 구원은 오직 그리스도(solo Christo)를 오직 믿음(sola fide)으로 말미암으니 오직 은혜(sola gratia)에 따른 것입니다. 그러므로 오직 하나님께만 영광(soli Deo gloria)을 돌려야 합니다. 칼빈은 이 네 가지의 '오직'을 모두 함의하는 원리가 오직 [기록된] 성경[sola Scriptura(scripta)]이라고 여겼던 바, 이는 그를 잇는 개혁신학의 근본 요체가 됩니다. 이 점에 착안하여 본서에서 저자는 정돈된 신학적 혜안과 뜨거운 목회자의 심성을 담아, 간절히 이 시대의 종교개혁을 주창하고 있습니다. 무엇보다 주목할 것은 본서의 내용과 더불어 그 어조와 문체입니다. 굳이 행간의 뜻을 파고들지 않더라도, 그것이 우리 영혼의 금(琴)을 명쾌히 울리는 것은, 알알이 스며있는 구령의 열정과 하나님나라를 위한 열심과 시대를 향한 선한 근심 때문일 것입니다. 본서에 배여 나는 저자의 여망이 시대의 여망이 되길 바랄 뿐입니다.

_문병호(총신대신대원, 조직신학 교수)

교회다운 교회의 특징은 하나님의 말씀인 성경을 바르게 가르치고, 바르게 믿고, 바르게 적용하고, 바르게 전하는 것입니다. 이 책은 중세의 부패한 교회를 개혁하고, 성경적인 교회를 건설하기 위한 운동이었던 개신교 종교개혁의 가장 중요한 형식적 원리인 '오직 성경'의 진리를 역사적, 신학적, 실천적 측면에서 다각도로 보여줍니다. 교회 강단에서 선포한 내용을 정리한 책이어서, 저자의 한국 교회 개혁을 위한 뜨거운 열정이 독자들에게 그대로 전달됩니다. 이 책을 읽는 목회자와 성도들을 통해 한국 교회가 다시 '오직 성경'의 기초 위에 서서 교회다운 교회로 회복되기를 소망합니다.

_백금산(예수가족교회 담임목사)

본서는 '오직 성경'을 사모하는 목회자의 절규를 담고 있습니다. 저자는 거의 배교의 위험에 빠진 개신교회의 현실을 안타까워하면서, 어떤 운동이나 집회가 아니라 '오직 성경'의 진정한 회복만이 종교개혁의 정신을 살릴 수 있다고 단언합니다. '오직 성경'을 떠난 개신교회의 역사와 현실에서 만나는 왜곡되고 불건전한 신앙과 신학의 현장을 살핀 다음, 우리가 파수해야 하는 성경에 대한 믿음을 차분하나 단호하게 정리합니다. 저자는 '오직 성경' 위에 선 설교를 통해 성령님의 능력을 체험하는 교회의 회복을 이룰 수 있으며, 하나님의 주권을 의뢰하는 신자의 삶으로 하나님께 영광 돌릴 수 있다고 외칩니다. 저자는 설교단이 신학의 현장임을 잘 증거하는 신학자입니다. 저자의 손에서 앞으로 남은 종교개혁의 네 가지 '오직'도 빛을 보기 기대합니다. 이 책으로 한국 교회가 참된 개혁교회로 회복되기를 앙망합니다.

_유해무(고신대신대원, 조직신학 교수)

성경에 충실한 것은 개신교의 가장 큰 특징이며, 종교개혁의 가장 귀한 유산 가운데 하나입니다. 저자는 조국 교회에 대한 깊은 애정과 아픔, 하나님을 향한 충성, 말씀에 대한 헌신을 이 귀한 책에 가득 담아냈습니다. 저자가 이 책에 쏟아낸 '성경으로 다시 돌아가자'는 외침이 루터시대의 교회들을 깨우고 새롭게 했던 것처럼, 오늘 조국 교회를 새롭게 하고 부흥케 하는 귀한 외침으로 사용되기를 기대합니다. 성경에 깊이 뿌리 내린 성도님들이 즐겁게 말씀에 순종하는 새로운 조국 교회를 기대하며, 기쁘게 이 책을 추천합니다.

_화종부(남서울교회 담임목사)

교회의 참된 개혁을 위해서는 먼저 그리고
반드시 '오직 성경'이 전제되어야 합니다.
이 조건 없이는 기독교적인 분위기를 자아내는 겉모양은 만들어낼 수 있어도,
종교개혁 같은 진정한 역사
곧 참된 신앙과 삶의 회복을 가져오는 역사를 기대하기는 어렵습니다.
하나님께서 우리의 교회와 모든 성도를
다시 '오직 성경' 위에 선 신앙과 삶으로
이끌어주시길 기도합니다.

Contents

저자 서문

오늘날의 조국 교회 현실과 종교개혁

1517년 루터에 의해 시작된 종교개혁 500주년을 맞아 한국교회를 포함해 전 세계 기독교회의 신학자와 출판사, 언론은 잔뜩 기대에 부풀어 있습니다. 이런 분위기에서 잠시 당시의 종교개혁을 생각하며 혼잣말로 내뱉은 질문이 있습니다.

'그 뜻깊은 500주년을 보내고 나면 조국 교회에 과연 어떤 변화가 있을까?'
'과연 개신교회는 종교개혁의 정신을 다시 회복할 수 있을까?'

이런 질문을 하게 된 것은, 평양대부흥 100주년 때처럼 500년 전의 종교개혁에 대해 많이 이야기하고 그 중요성을 강조하면서도, 정작 종교개혁 500주년을 단지 하나의 행사 정도로 여기며, 집회나 세미나를 갖는 것에서 멈추지 않을까 염려되었기 때문입니다.

분명히 오늘날의 개신교회는 또 한 번의 종교개혁이 필요할 만큼 당시 종교개혁이 추구했던 내용과 정신에서 떠나 있습니다. 교회의 신학적 도덕적 타락과 영적 무기력은 개선되기보다 점점 악화되어, 중세시대 못지않을 만큼 온갖 세상정신의 영향을 받은 왜곡된 신앙 양태와 각종 이단 사상이 난무하고 있습니다. 그래서 어디부터 손을 써야 할지 모를 정도로 많은 문제와 혼란 속에서 교회와 신자들이 허우적대고 있습니다. 그럼에도 여전히 교회 안에서 실제적인 개혁을 힘써 구하는 모습은 좀처럼 찾기 어렵습니다. 물론 신실한 소수의 외침과 절규가 계속되고 있지만, 그것이 기독교회의 개혁으로 쉽게 이어지지는 못하고 있습니다. 어쩌면 우리가 시끌벅적하게 '종교개혁 500주년'을 기념한 후에도, 단지 '종교개혁'이라는 단어에만 좀더 친숙해질 뿐 현재 교회의 상태가 크게 달라지지는 않을지도 모른다는 걱정은 기우가 아닐지도 모릅니다.

개신교 내 각 교단 대표의 연합이나 어떤 조직과 운동, 대형 집회 등은 더 이상 우리가 기대할 대상이 아닙니다. 우리는 그런 모임과 행사에서 종교개혁 정신과는 너무 먼 모습을 자주 보아왔기 때문입니다. 진정으로 이 땅의 교회를 위해 하나님의 은혜의 얼굴빛을 바라며 구하는 것 외에는 우리에게 다른 소망이 없는 것 같습니다.

여호와여 주는 주의 일을 이 수년 내에 부흥하게 하옵소서 (합 3:2)

그러나 우리는 하나님의 백성으로서 이런 현실에 절망하며 마냥 손 놓고 있을 수만은 없습니다. 하나님께서 죽으신 것도 아니고, 그분의 은혜의 샘이 마른 것도 아니기 때문입니다. 여전히 하나님께서는 우리가 각각의 교회와 개인의 삶에서 개혁을 실행하며 하나님의 은혜와 긍휼을 구할 때 놀라운 일을 행하실 것입니다.

다시 '오직 성경'(Sola Scriptura)을

그런 믿음으로 나는 먼저 우리 교회(서울 암사동 소재 하늘영광교회)에서 기독교의 핵심이요, 교회의 모든 신자가 기본적으로 알고 소유해야 하는 근간으로, 종교개혁자들이 외친 '다섯 가지 오직'(5 solas) 교리를 전해왔습니다. 이 책은 그중 가장 우선이고 기본인 '오직 성경'에 대한 내용입니다.

'오직 성경'은 모든 교회와 신자 개인의 신앙과 삶의 토대입니다. 이것이 잘못되면 기독교회는 기초가 무너진 집같이 흔들리고 혼란스러워집니다. 이미 우리는 그런 현상과 증거를 많이 보고 있습니다. 시대를 막론해 기독교를 기독교답게 하고, 교회와 신자 개인의 신앙과 삶을 바르게 함에서, '오직 성경'은 흔히 생각하는 것보다 훨씬 더 중요합니다. 오늘날 조국 교회와 신자 개인이 신앙과 삶에서 겪고 있는 각종 문제의 원인은 매우 다양하겠지만, 주요 원인 중 하나는 분명 '오직 성경'의 신앙이 교회와 신자들에게서 무너진 것입니다. 그러므로 여러 문제를 근본적으로 해결하기 위해 '오직 성경'의 회복에 우선적인 노력을 기울일 필요가 있습니다.

사람들은 '오직 성경'이라는 말과 그 내용을 재미없고 딱딱한 교리로 알아, 단지 신학생이나 목회자가 알아야 하는 것 정도로 생각합니다. 그러나 그렇지 않습니다. '오직 성경'은 예수님을 믿는 사람이라면 누구든 알고 확신을 가져야 합니다. 교회든 신자 개인이든 '오직 성경'이라는 말이 함의하는 성경에 대한 바른 이해와 믿음이 없으면, 그 신앙과 삶은 혼란스러울 수밖에 없습니다. 더 나아가 '오직 성경' 위에 서지 않으면 사실상 기독교 신자로서 바르게 믿고 살 수 없습니다. 자세한 이유는 이 책을 통해 확인할 수 있을 것입니다.

이 책은 그처럼 교회와 신자 개인에게 반드시 필요한 '오직 성경' 위에 선 신앙과 삶이 무엇인지 전해 줌으로, 그러한 신앙과 삶을 갖도록 하기 위한 것입니다. 처음 1, 2부에서는 우리가 왜 '오직 성경'을 다시 말해야 하는지, 오늘날의 교회 현실이 있기까지의 역사적 배경을 다루었습니다. 이 부분은 조금 어렵게 느껴질 수 있지만, '오직 성경'에서 멀어진 교회의 영적 현실을 분별하는 데 꼭 필요한 내용입니다. 3부에서는 구체적으로 '오직 성경'이 의미하는 바가 무엇인지에 대해, 성경에 근거한 실제적인 내용을 다루었습니다. 그리고 마지막 4, 5부에서는 어떻게 '오직 성경' 위에 선 신자로서 믿고 살 것인지에 대한 적용과 실천적인 내용을 담았습니다.

이 책은 단순히 '성경론'을 다루는 교리집이 아닙니다. 논문처럼 학문적인 목적의 글도 아닙니다. 이것은 모든 신자가 가져야 하는 '성경 안에서의 바른 신앙과 삶'을 실천적으로 다룬 책입니다. 즉, 성경을 믿는 그리스도인이 성경에 충실한 신앙과 삶을 갖는 것이 무엇인지, 오늘날처럼 영적으로 혼란한 시대에 우리가 회복해야 할 바른 신앙생활의 기초와 토대는 어떤 것인지를 담고 있습니다. 이 책 전반부의 다소 복잡한 역사적 배경조차, '오직 성경'이라는 기독교 신앙의 기초가 얼마나 중요한지를 먼저 알고, '오직 성경' 위에 선 신자로 살도록 권하고 격려하기 위해 다룬 것입니다. 바른 것을 이야기하기 위해 불가피하게 그른 것, 즉 오늘날 유행하는 예언운동이나 하나님의 음성 듣기, 엔카운팅(encounting)에 의한 하나님의 말씀 됨 등 '오직 성경'에서 이탈한 신앙형태의 실체와 위험성을 설명했습니다.

우리는 하나님의 복된 교리를 죽은 지식처럼 생기 없이 전하거나 듣는 것을 매우 경계해야 합니다. 나는 이 책에서 단순히 교리 지식을 나열하는 식으로 설명하거나 서술하지 않았습니다. 이 모든 내용은 하나님 앞에서 예배하는 회중에게 선포한 말씀입니다. 독자들은 이 사실을 염두에 두고 말씀을 듣듯이 이 책을 읽기 바랍니다.

나는 마틴 로이드 존스가 설교단에서 전한 내용 그대로를 담은 설교를 읽을 때, 마치 그의 회중 가운데서 그것을 듣는 것 같은 감동을 받습니다. 나 역시 선포한 말씀을 가능한 한 그대로 책에 담아 독자에게 전달하고자 했습니다. 부디 이 책이 죽은 지식을 전달하는 것이 아니라, 과거 종교개혁자들이 외친 '오직 성경' 위에 선 신앙과 삶이 기독교회와 신자에게 얼마나 중요하고 실제성을 갖는지 알고, 그것을 생생하게 경험하게 하는 데 도움이 되기 바랍니다.

교회의 참된 개혁을 위해서는 먼저 그리고 반드시 '오직 성경'이 전제되어야 합니다. 이 조건 없이는 기독교적인 분위기를 자아내는 겉모양은 만들어낼 수 있어도, 종교개혁 같은 진정한 역사 곧 참된 신앙과 삶의 회복을 가져오는 역사를 기대하기는 어렵습니다. 하나님께서 우리의 교회와 모든 성도를 다시 '오직 성경' 위에 선 신앙과 삶으로 이끌어주시길 기도합니다.

마지막으로 이 책을 위해 참고한 자료를 말씀드립니다. 항상 말씀을 준비할 때, 특히 어떤 중요한 주제 전반을 체계적으로 전하려 할 때, 나는 내가 취할 수 있는 모든 자료를 두루 살펴보고 활용하는데, 이 내용을 강론하기 위해서도 그러한 노력을 기울였습니다. 그러나 처음부터 출판보다 설교단에서 성도들에게 전할 목적으로 자료를 취합하고 정리했기에, 그때마다 참고한 내용을 이 책에 일일이 밝히지는 못했습니다. 그러나 그중 몇 권은 다른 자료보다 더 비중 있게 참고했습니다.

먼저 '오직 성경'을 주장한 여러 사람[프란시스 쉐퍼(Francis A. Schaeffer), 존 거스트너(John H. Gerstner), 제임스 패커(James I. Packer), 글리슨 아처(Gleason L. Archer), 스프로울(R. C. Sproul), 제임스 몽고메리 보이스(James Montgomery Boice), 로버트 갓프리(W. Robert Godfrey), 존 맥아더(John MacArthur), 싱클레어 퍼거슨(Sinclair B. Ferguson), 조엘 비키(Joel R. Beeke)]의 글을 편집한 제임스 몽고메리 보이스의 『성경의 무오설』(*The Foundation of Biblical Authority*, 생명의말씀사)과, 돈 키스틀러(Don Kistler)가 여러 기고자의 글을 편집한 『솔라 스크립투라』(*Sola Scrip-*

tura!, 생명의말씀사)에서 많은 도움을 얻었습니다.

전반부의 역사적인 배경을 설명하기 위해서는 여러 책 중 특히 두 권에서 큰 도움을 받았습니다. 하나는 고든 루이스(Gordon R. Lewis)와 브루스 데머리스트(Bruce Demarest)가 여러 학자의 글을 편집한 『성경무오(無誤) 도전과 응전』(*Challenges to Inerrancy: A Theological Response*, 도서출판 엠마오)이고, 다른 하나는 이안 머레이(Iain H. Murray)의 『분열된 복음주의』(*Evangelicalism Divided*, 부흥과개혁사)입니다.

타협할 수 없는 기독교의 기초, 오직 성경

왜 다시
'오직 성경'인가

타협할 수 없는 하나님의 진리

종교개혁자들은 사도들의 가르침에 따라 그리스도인의 신앙과 삶의 핵심적인 기초로, 라틴어 '솔라'(sola, 오직)로 시작하는 다섯 가지 교리[01]를 외쳤습니다. 이 책은 그중 첫 번째인 '솔라 스크립투라'(Sola Scriptura), 즉 '오직 성경'의 회복을 위한 것입니다.

그리스도인은 이 다섯 가지 교리의 정확한 용어는 모르더라도 각각의 의미와 내용은 모두 알고 믿어야 합니다. 그렇지 않은 신앙은 기초가 약한 건물처럼 쉽게 흔들려 노략질당하거나 한쪽으로 치우치게 됩니다. 신자가 물질, 건강, 자녀 문제 등 현실 문제 해결과 심적 상처

---

01 솔라 스크립투라(Sola Scriptura, 오직 성경으로), 솔루스 크리스투스(Solus Christus, 오직 그리스도로), 솔라 그라치아(Sola Gratia, 오직 은혜로), 솔라 피데(Sola Fide, 오직 믿음으로), 솔리 데오 글로리아(Soli Deo Gloria, 오직 하나님의 영광을 위하여).

치유 등에 몰두해, 신앙의 기반이 되어야 할 교리적인 내용을 불필요하게 여기는 것은 건강하지 못한 모습입니다. 물론 처음에는 성경이 가르치는 진리를 이해하고 영적으로 사고하는 일이 다소 어렵게 느껴질 수 있습니다. 그럼에도 신자는 허락하신 삶 동안 진리를 더욱 풍성하게 알기를 구하며 힘써야 합니다. 감각적인 자극과 흥미를 따라가는 신앙은 바른 방향으로 나아갈 수 없습니다.

성경의 교리적인 내용을 체계적으로 알아가는 것은 일부 엘리트 신자에게만 필요한 것이 아닙니다. 성령께서는 하나님의 말씀 앞에서 진정으로 은혜를 구하는 모든 자에게 깨닫는 은혜를 주십니다. 하나님 말씀의 단순함뿐 아니라 심오함을 함께 드러내십니다. 하나님의 진리는 심오하지만, 하나님의 깊은 것이라도 통달하시는 성령께서는 듣고자 하는 영혼에게 가르쳐주실 수 있습니다. 이 책에서 살펴보려는 '오직 성경'에 대한 내용 역시, 신자라면 누구나 성령 하나님의 역사에 의지해 알아갈 수 있으며, 나아가 자신의 신앙과 삶에서 그 같은 중심과 태도를 회복할 수 있습니다.

기독교의 기초

이 책은 단순히 '오직 성경'에 대한 교리적이고 학문적인 내용을 담고 있지 않습니다. 오히려 오늘날 한국 교회 신자들이 종교개혁의 모토인 '쿰 베르보'(cum verbo, 말씀과 함께)를 바르게 회복해, 성경의 바른 이해에 기초한 신앙을 갖고 삶을 살도록 하기 위한 실천적인 내용을 다루고 있습니다. 기독교는 성경이라는 정경이 없던 적이 한 번도 없다는 칼빈주의 신학자 벤자민 워필드(B. B. Warfield)의 말처럼, 기독교는 성경의 종교입니다. 기독교는 초대교회, 즉 시작부터 실질적인 면에서 '오직 성경'이라는 기반 위에 서 있었습니다. '오직 성경'(Sola Scriptura)이라는 표현은 부패한 로마 가톨릭교회에 대항해 개혁을 이끌었던 종교개혁자들이 사용한 것이지만, 실제적인 면에서는 초대교회 때부터 기독교가 그와 동일한 신앙을 가지고 있었습니다.

기독교의 이러한 신앙은 무엇보다 예수님의 가르침에 근거합니다. 예수님은 공생애를 시작하실 때 마귀의 시험에 성경으로 맞서셨습니다(마 4:1-11). 세 차례에 걸친 마귀의 시험에 예수님은 한결같이 "기록되었으되"(마 4:4, 6, 10)라는 말씀과 함께 성경으로 대답해 그 시험을 이기셨습니다.

또 예수님은 십자가에서 죽고 부활하신 후에도, 자신의 죽음에 실망해 엠마오로 돌아가던 제자들에게 찾아가 "선지자들이 말한 모든 것을 마음에 더디 믿는"(눅 24:25) 것을 책망하시며, "모세와 모든 선지자의 글로 시작하여 모든 성경에 쓴 바 자기에 관한 것을 자세히 설명"(눅 24:27)해 주셨습니다. 그들의 믿음을 위해 부활한 자신의 육체보다 오히려 성경에 기록된 것을 더욱 주목하게 하신 것입니다.

예수님의 뒤를 따른 사도들과 초대교회도 예수님과 같은 중심점을 가지고 있었습니다. 디모데후서 3장은 사도들과 초대교회가 성경을 어떻게 생각했는지를 말해 주는 대표적인 말씀입니다. 바울은 디모데에게 "너는 배우고 확신한 일에 거하라 너는 네가 누구에게서 배운 것을 알며 또 어려서부터 성경을 알았나니 성경은 능히 너로 하여금 그리스도 예수 안에 있는 믿음으로 말미암아 구원에 이르는 지혜가 있게 하느니라"(딤후 3:14-15)고 말합니다. 그리고 곧이어 "모든 성경은 하나님의 감동으로 된 것으로 교훈과 책망과 바르게 함과 의로 교육하기에 유익하니 이는 하나님의 사람으로 온전하게 하며 모든 선한 일을 행할 능력을 갖추게 하려 함이라"(딤후 3:16-17)고 덧붙입니다.

예수님과 사도들, 그리고 초대교회 성도들이 가지고 있던 이 '오직 성경'이라는 실질적인 신앙의 기초는 기원전 15세기에 성경의 첫 책을 남긴 모세에게까지 거슬러 올라갑니다. 모세는 제사장들과 장로들에게 자신이 쓴 율법을 온 이스라엘이 듣고 배우며 지켜 행할 수 있도록 들려주라고 했습니다(신 31:9-13).

다시 무시되고 있는 교회의 기초

사도들이 성경을 완성한 후에도, 사도들의 뒤를 이은 교회 대표인 속사도들과 교부들 역시 같은 태도를 견지했습니다. 교회는 여러 문제 앞에서 성경을 근본적인 기준으로 삼고, 그것에 근거해 진리를 지켰습니다. 그러나 중세를 거치며 성경에 기초한 신앙적 기준들이 크게 흔들리게 되었습니다. 16세기의 종교개혁은 바로 그 기준을 회복하고자 한 운동입니다. 종교개혁자들은 무엇보다 성경적 기준을 상실해 혼란에 빠진 교회를 개혁하고자 힘썼습니다.

종교개혁의 역사적 배경은 이후 좀더 상세히 살펴보겠지만, 분명한 것은 '성경'으로 돌아간다는 것이 개혁교회 또는 개신교회[02]가 발흥하면서 가졌던 정체성입니다. 그러나 오늘날 개신교회는 이러한 정체성이 무색할 만큼 혼탁해져 있습니다. 이 책의 일차적인 관심의 대상은 중세나 현재의 로마 가톨릭교회가 아닙니다. 오늘날의 개신교회입니다.

물론 지금도 많은 개신교회가 외면상으로는 '오직 성경'을 외치는 것처럼 보입니다. 예배 때마다 성경을 펼쳐 읽고 강론하며, 성경을 배우는 것이 중요하다는 말도 흔히 합니다. 그럼에도 오늘날 개신교회는 종교개혁 당시 로마 가톨릭교회처럼 '개혁되어야 할' 상태가 되었습니다. 실질적인 면에서는 로마 가톨릭교회 못지않게 성경에서 이탈한 변질된 신앙의 기준과 태도를 가지고 있다는 것입니다.

종교개혁 이후 약 500년 동안 개신교회도, '오직 성경' 등 종교개혁의 교리적 지향점을 점차 무의미한 구호 정도로만 여기게 되었습니다. 그래서 현재 개신교회에는 성경이 가르치는 진리 안에서 은혜를 맛보고 하나님의 뜻을 분별해 따르기보다, 온갖 신비적인 체험을 추

---

02 여기서 '개신교회'라 함은 종교개혁을 통해 로마 가톨릭교회에서 분리되어 세워진 교회를 말한다. 사실은 이보다 '개혁교회'(The Reformed Church)가 더 정확한 명칭이라 할 수 있지만, 오늘날 개혁교회라는 용어는 포괄성을 상실해 신교(Protestantism)나 복음주의(Evangelism) 진영에 속한 한 부류를 가리키는 말로 사용되고 있다. 따라서 여기서는 신교를 통칭해 부득불 개신교회라 부른다.

구하며 사실상 그것을 '진짜 은혜'로 여기는 사람이 허다합니다. 심지어 어떤 사람들은 하나님께서 자신에게 직통 계시나 예언의 말씀을 주셨다며, 그것이 성경계시에 필적하거나 그것을 상쇄할 만한 내용인 듯 가르치고 전하기도 합니다.

그러나 직관적으로 깨달은 하나님의 뜻이든, 육성으로 직접 들은 하나님의 음성이든, 또는 어떤 신비로운 체험이든, 일단 그것이 과연 성령의 사역에 의한 것인지 하나님의 말씀에 비추어 검증해야만 합니다. 성령께서는 성경을 벗어나는 일을 행하시거나, 성경을 넘어서는 권위를 허락하지 않으시기 때문입니다. 성경은 성령께서 시대를 초월해 신앙의 기초요 기준으로 주신 것입니다. 그런데 오늘날 개신교회는 이 사실을 적잖이 무시하고 있습니다.

'오직 성경'을 실제적으로 부정하는 일은 비단 신비주의적인 체험을 추구하는 이들 사이에서만 일어나지 않습니다. 나름대로 말씀을 강조하는 사람 중에도 구약은 경시하고 신약만 선호하는 등 성경에서 무엇인가를 임의로 빼거나 더하는 이들을 통해서도 일어나고 있습니다. 이 역시 '오직 성경'을 부정하는 태도입니다. 이 외에도 실질적인 면에서 성경의 권위를 무시하고 무너뜨리는 다각적 현상이 개신교회 안에서 계속해서 나타나고 있습니다.

최근 교회에 스며들고 있는 포스트모더니즘의 상대주의적인 정신도 이런 분위기를 부추기고 있습니다. 교회 다니는 사람들마저도 자아를 최고로 여기는 자기중심성을 정당한 것으로 생각해 자신의 체험과 느낌을 따라 살면서 성경을 쉽게 여깁니다. 이들은 '무엇이 진리인가'보다 '무엇이 나를 위한 것인가'를 중요한 문제로 생각합니다. 자아중심적인 태도로 하나님 말씀을 듣고 성경을 이해하며 '오직 성경'의 필요성과 중요성을 무시하는 반면, 주관적인 생각이나 체험에 의존해 신앙생활하기를 좋아합니다.

배교와 '오직 성경'의 회복

이렇게 '오직 성경'이 무너지면 결국 진리가 왜곡되고 거짓된 신앙이 널리 유포될 수밖에 없습니다. 이것이 중세 로마 가톨릭교회가 걸어간 길입니다. 그들은 성경을 떠남으로, 죽은 사람을 숭배하는 제사를 허용하고 마리아를 숭배하는 등 온갖 왜곡된 신앙행태에 포문을 열어 놓았습니다. '오직 성경'이 무너질 때 거짓 교사와 신자가 늘어나는 것은 명약관화한 일입니다. 아무리 사람이 많이 모여도, 형식적이고 위선적이며 좌우를 분간하지 못하는 미숙한 신자가 늘어날 수밖에 없습니다. 즉 배교적인 환경이 조성되는 것입니다.

최근 개신교회에는 '오직 성경'의 가치와 중요성을 알지 못한 채, 로마 가톨릭교회를 흠모하거나 심지어 이런저런 핑계로 개종하는 사람들까지 생겨나고 있습니다. 로마 가톨릭교회를 개혁하고자 세워진 교회에 속해 있으면서도 종교개혁의 역사적 배경과 성경적 근거에 대하여는 완전히 무지한 것입니다. 우리는 이런 무지를 벗어나 왜 종교개혁자들이 '오직 성경'을 외쳤는지, 또 그 내용이 무엇인지 알아야 합니다. '오직 성경'은 우리의 구원과도 밀접하게 관련된 매우 중요한 교리입니다.

현재와 같이 무지가 계속된다면 개신교회 안의 배교적 현상은 갈수록 심화되고 가속화될 것입니다. 오늘날 시급한 과제는 로마 가톨릭교회를 향해 '오직 성경'을 말하는 것이 아닙니다. 현재 우리가 몸담고 있는 교회, '오직 성경'의 회복 위에 세워진 개신교회가 잃어버린 '오직 성경'의 신앙을 다시 회복하는 것입니다. 개신교회는 다시 참되고 복된 '오직 성경'의 유산을 회복해야 합니다.

물론 이런 현실에서도 하나님은 여전히 구원의 역사를 일으키셔서, 성경을 따라 바르게 신앙생활하는 백성을 세우시고 그들의 삶을 인도하십니다. 아무리 배교적 현상이 만연한 때라도, 한편에서 '오직 성경' 위에 선 진실한 신자와 교회를 세우고 지키십니다. 그렇다고 우리가 이런 현실을 좌시하고 방치해도 된다는 것은 아닙니다. 도리어 깨어 분별하며, 이 시대를 위해 반드시 필요한 하나님의 주권적인 은혜를 간절히 구해야 합니다.

신자 개인과 온 교회를 위한 '오직 성경'

먼저 우리 자신이 실질적인 면에서 '오직 성경'에 따른 바른 신앙을 가지고 있는지 돌아보아야 합니다. 자신이 무오하고 명확하며 충분한 성경계시에서 교훈과 책망과 의로 교육받으며 온전한 사람으로 자라가고 있는지, 아니면 단지 율법주의적인 행위 또는 성경에도 없는 정체불명의 가르침을 따르거나 자기중심적인 태도로 신앙생활하지는 않은지 생각해 보아야 합니다. 신자는 다른 것이 아닌 오직 하나님의 말씀으로 변화를 일으키시는 성령의 은혜를 구해야 합니다. 성령께서는 말씀으로 역사해 우리의 죄를 밝히시고, 그것을 통해 하나님 앞에 나아가 은혜를 구하게 하십니다. 또 말씀으로 믿음을 갖게 하시고, 말씀을 통해 우리의 인격이 예수 그리스도의 형상을 닮아가게 하십니다.

혹 교회에 다니면서도 예배 때 하나님의 말씀을 듣지 못하고 말씀에 어떤 반응도 하지 않는 생활을 계속하고 있다면 이는 매우 위험한 징후입니다. 어떤 식으로든 구원과 신앙과 삶의 기초인 성경을 떠나거나 경시하면 우리는 곁길로 갈 수밖에 없습니다.

우리는 '오직 성경' 안에서, 우리의 구원과 신앙과 삶에 있어야 할 모든 필요를 충분히 채울 수 있다는 사실을 분명히 알아야 합니다. 하나님의 말씀에 귀를 기울이고 그 기초 위에 선 신앙과 삶을 가져야 합니다. '오직 성경'의 교리를 깨닫고, 그에 따른 신앙생활의 부요함을 실제적으로 경험해야 합니다.

기독교 신앙은 감각적 자극이 아닌 '오직 성경' 안에서 역사하시는 성령의 감동을 따라야 하며, 그로 인한 인격적 변화를 동반해야 합니다. '오직 성경'의 신앙을 추구하는 것은 결코 작은 일이 아닙니다. 그것은 신자 개인의 신앙 회복을 위한 일일 뿐 아니라 조국 교회 현실의 개혁과 부흥을 위한 길입니다. 부흥의 역사는 한 사람, 즉 '오직 성경' 안에서 참된 것을 회복하고자 한 루터 같은 한 사람의 현실에 대한 고민과 씨름에서 시작됩니다. 이런 영적인 일의 의미는 물질적으로나 세상적인 방식으로는 계산할 수 없습니다.

우리는 개신교회 안에서부터 무너져 내리고 있는 '오직 성경'을 다시 회복해야 합니다. 우리 자신, 우리가 속한 자리에서부터 회복을 구하며 힘써야 합니다. 하나님께서 이 책을 통해 조국 교회에 그러한 은혜를 허락해 주시길 바랍니다.

너희가 거듭난 것은 썩어질 씨로 된 것이 아니요
썩지 아니할 씨로 된 것이니 살아 있고
항상 있는 하나님의 말씀으로 되었느니라

_ 벧전 1:23

Part 1

'오직 성경'을 떠난
개신교회의 역사

Chapter 01
로마 가톨릭교회와 전통,
그리고 종교개혁

● 본 장에서는 종교개혁자들이 '오직 성경'을 주창한 역사적 배경, 즉 중세 로마 가톨릭교회가 가지고 있던 문제에 대해 살펴보고자 합니다. 이는 로마 가톨릭교회의 실체를 고발하기 위한 것이기보다, 개신교회의 근간이 되는 '오직 성경'이라는 교리의 의미와 가치를 확인하고, 오늘날 그 교리를 무시하며 파괴하고 있는 개신교회의 현실에 경종을 울리기 위해서입니다. 물론 로마 가톨릭교회 역시 종교개혁 당시 가지고 있던 심각한 오류에서 지금도 전혀 벗어나지 못하고 있지만, 우리의 관심사는 일차적으로 개신교회의 범주 안에 있습니다. 이 책은 정체성을 잃어버린 개신교회의 회복을 우선적으로 열망하며 썼기 때문입니다.

개신교의 경박함과
로마 가톨릭교회의 이단성

오늘날 가톨릭교회는 교리와 교회사를 매우 열성적으로 가르칩니다. 특히 우리나라의 가톨릭교회는 신자가 되는 입문 절차로 반드시 교리 과정을 거치게 하고, 가톨릭 케이블 방송을 통해서도 계속 교리를 열심히 가르칩니다. 반면 개신교 텔레비전 방송은 상대적으로 교리는 거의 다루지 않고, 일관성 없는 갖가지 주제의 설교가 주를 이룹니다. 안타까운 것은 주로 설교가 방송된다는 사실이 아니라, 그 설교에서조차 교리적 기초와 뼈대를 쉽게 찾아볼 수 없다는 것입니다. 그러다 보니 설교자가 성경을 인용하기는 하지만, 저마다 제각각의 생각을 가지고 성경의 가르침과 상관없는 잡다한 이야기만 하는 경우가 많습니다. 방송뿐 아니라 오늘날 실제로 개신교회는 근본 없는 가벼운 말들로 가득합니다. 그래서 겉으로 보면 상대적으로 로마 가톨릭교회가 더 깊이 있고 정상인 것처럼 보일 정도입니다.

우리는 이러한 현실을 심각하게 반성해야 합니다. 개신교회는 성경적인 교리를 가지고도 그 내용에 주목하지도, 가치를 깨닫지도 못하는 반면, 가톨릭교회는 성경과 모순되는 오류투성이 교리를 조직적이고 체계적으로 가르칩니다. 성경이 아닌 자신들의 전통에서 나온 내용을 교리에 포함해 교인을 가르치며 그것을 습득하게 하는 것입니다. 지금도 로마 가톨릭교회는 이런 전통의 그늘 아래, 대표적인 예로 마리아를 신적인 대상으로 숭배하는 등의 터무니없는 일을 자행합니다. 마리아에게 기도해 병이 낫거나 응답받았다는 사람이 끊임없이 나오고, 심지어 어떤 곳의 마리아 상에서 눈물이 흘렀다는 소문이 돌아, 더 나은 기도 효험을 기대하며 수많은 사람이 그곳에 모여드는 일도 있습니다. 이는 힌두교인들이 코끼리 상에서 눈물이 흘렀다고 거기에 모여드는 것과 다를 바 없는 행태입니다. 즉, 우상숭배에 심취해 있는 것입니다. 청교도 신학자 존 오웬(John Owen)의 말대로 그들은 최소한 반(半)배교 상태에 있습니다.

그럼에도 로마 가톨릭교회는 비성경적인 오류로 가득한 자신들의 전통을 교리로 가르치는 데 매우 적극적이고 체계적입니다. 성경에 없는 많은 것을 전통 속에서 만들고 결정해 믿음으로써, 진리를 왜곡하고 체계화해 천 년 이상 유지하고 있습니다.

사람의 전통으로
하나님의 말씀을 폐함

예수님은 1세기 당시 바리새인과 서기관들이 하나님의 말씀보다 자신들이 만든 전통을 더 중요시하는 것을 책망하셨습니다(막 7:6-13). 그들은 장로들의 전통은 중시했지만(막 7:5), 정작 하나님이 말씀하신 것은 무시했습니다. 예컨대 '고르반', 즉 '하나님께 드림이 되었다'고만 하면 부모에게 행할 의무를 면제받을 수 있다는 교묘하게 왜곡된 논리를 펴며, 하나님께서 모세를 통해 주신 말씀을 지키지 않은 것입니다. 예수님은 그들을 향해 "너희가 전한 전통으로 하나님의 말씀을 폐하며 또 이 같은 일을 많이 행하느니라"(막 7:13)고 말씀하셨습니다. 이런 잘못은 과거 교회사에서 반복되어 왔고, 오늘날도 계속되고 있습니다.

그 대표적 집단이 로마 가톨릭교회입니다. 그들은 예로부터 지금까지 그런 잘못을 행하고 있습니다. 자신들의 전통에 따라, 성경이 전혀 가르치거나 암시하지도 않는 마리아의 무죄 탄생이나 승천에 대한 교리를 가르치고, 더 나아가 마리아를 중보자로 삼아 기도하면 그 기도가 응답된다는 주장까지 합니다. 성경이 하나님과 사람 사이의 중보자는 오직 한 분 예수 그리스도라고 가르침에도(딤전 2:5), 마리아를 비롯해 자신들의 교회 전통에서 '성인'으로 추앙해 온 온갖 죽은 자를 기도의 대상으로 삼고 숭배하기를 마다하지 않습니다. 자신들이 만든 전통으로 우상숭배하지 말라는 하나님의 말씀까지도 폐한 것입니다.

많은 사람이 로마 가톨릭교회의 중후하고 고풍스러운 외형을 보고 교회답다고 말하지만, 교회를 교회답게 하는 것은 외형이 아니라 진리입니다. 로마 가톨릭교회는 껍데기는 그럴싸하지만, 하나님의 말씀에 비추어볼 때 그 속은 성경 진리와 모순되고 동떨어진 실체로 가득합니다. 그러나 진리의 기초 없이 신앙생활하는 사람들은 그들의 그럴듯해 보이는 의전(儀典)과 엄숙한 분위기에 깊은 인상을 받습니다. 로마 가톨릭교회가 이런저런 이유로 좋은 이미지를 유지하더라도, 사실 그들은 예수님이 책망하신 '사람의 전통으로 하나님의 말씀을 폐하는' 잘못의 전형이라 할 만합니다.

로마 가톨릭교회 '전통' 형성의
개괄적 배경

　로마 가톨릭교회의 이러한 왜곡상은 어느 날 갑자기 우연히 형성된 것이 아닙니다. 그들도 중세 이전, 모든 가르침과 신앙의 기준을 성경에 두었던 속사도와 교부의 배경을 가지고 있습니다. 그러나 중세(약 AD 500~1500)를 지나며 신학의 중심이 흐트러지고 신비주의적인 사상에 영향을 받으면서 성경에 대한 이해도 혼탁해졌습니다. 성경이 신앙과 신학의 절대적 기준이 되지 못하자, 교황 중심의 제도권 교회가 자신들의 전통 속에서 내린 결정이 점차 그 자리를 대신하게 된 것입니다.

　특히 교회의 동서 분열이 이 흐름에 결정적인 영향을 미칩니다. 교회는 로마 주교와 동로마제국 황제 사이의 정치적 교리적 힘겨루기 끝에, 로마를 중심으로 한 유럽의 서방교회와 콘스탄티노플을 중심으로 한 그리스, 터키 지역의 동방교회로 분열합니다. 이때 서방교회는 콘스탄티노플뿐 아니라 모든 교회의 주교나 감독보다 로마의 주교가 더 우위에 있다는 주장을 공고히 함으로, 로마교회를 중심으로 한 교회 체계를 확립합니다. 이후로 로마교회의 감독이 교황 역할을 하게 됩니다.

　중세 서방교회는 이 교황 중심의 로마교회가 주도한 교회 회의의 결정과 역대 교황들의 말을 '전통'이라는 명목 아래 성경과 동일한 권위를 지닌 것으로 여기며, 그야말로 '성경 더하기 전통'이라는 기준을 제도화합니다. 이로써 로마 가톨릭교회는 성경에도 없는 것을 믿고 따르는 집단적 배교에 빠지게 되었습니다. 그들은 교황의 무류성(無謬性)[03]이나 마리아의 무죄 탄생과 승천 등 성경에 없는 허무맹랑한 교리를 주장함과 더불어, 돈을 벌기 위해 면죄부를 파는 등 점차 도덕적으로도 타락한 파렴치한 종교로 전락합니다.

이런 타락의 뿌리에는 성경과 전통의 권위를 동일시하는 오류가 있습니다. 루터를 위시한 종교개혁자들은 당시 교회의 모든 혼란에, 성경에 다른 것을 더한 오류가 있음을 깨달았기에 '오직 성경'을 외친 것입니다. 전에는 굳이 성경 앞에 '오직'이란 말을 붙일 필요가 없었지만, 교회가 성경에 전통을 더해 성경과 동일시하자 '오직'을 강조할 수밖에 없었습니다.

어떤 이들은 '오직 성경'을 종교개혁자들이 창안해 낸 교리로 생각하며 비난합니다. 특히 로마 가톨릭교회 학자들과 변증가들은 '오직 성경'을 새로 등장한 개신교의 변종 교리로 취급합니다. 그들은 우리가 교회 전통과 마리아의 중보를 무시하고, 7성례 특히 미사에 참여하지 않는 것을 정죄하며 이단시합니다. 그러나 실상은 '사도의 후계자'를 자처하는 교황의 선언과 교회 회의의 결정을 천 년에 가까운 세월 동안 성경과 동일한 권위로 받아들이도록 교리화해 가르쳐오면서 축적된 그들의 과오가 거대한 역사적 흐름을 만들어 하나님의 말씀을 폐한 것입니다.

---

03 교황이 사도의 후계자요 교회의 수장으로서 신앙과 도덕에 관해 내린 공식적인 결정은 하나님의 은혜로 말미암아 오류가 없다는 가르침.

성경에서 멀어진 신앙의
필연적 변질

로마 가톨릭이 '오직 성경'을 무너뜨리는 데 크게 일조한 또 한 가지는, 라틴어 번역 성경인 불가타(Vulgate) 성경입니다. 성경은 원래 히브리어와 헬라어로 기록되었는데, 5세기 초에 라틴어로 번역해 쓰이게 되었습니다. 처음에는 라틴어 번역본이 크게 환영받지 못했으나, 시간이 지남에 따라 로마 가톨릭교회의 예전(禮典) 등에 보편적으로 사용되면서 절대적인 정본으로 여겨졌습니다. 교회가 이 라틴어 성경만을 고집했기에, 종교개혁 전까지는 라틴어를 모르는 유럽 각국의 평민들은 성경을 읽을 수 없었습니다. 혹 알아도 교회 즉 교황과 사제에게만 성경해석권이 있어 성경의 접근이 제한되었습니다. 신자들에게서 성경을 빼앗고 자신들의 왜곡된 해석에 그들을 가두어 놓은 것입니다.

더구나 불가타 성경은 교회사 초기에 일찍이 확정된 정경 외에도 몇 권의 외경을 포함하고 있었는데, 로마 가톨릭교회는 불가타 성경의 권위를 절대시했기에 그 외경을 제2정경이라는 미명 아래 정경으로 인정해 사용했습니다. 초대교회 이래로 수백 년 동안 지켜온 진리의 기초요, 신앙의 중심축이자, 교리의 원천인 정경의 기준까지 무너뜨린 것입니다.

우리는 신구약을 종결짓는 요한계시록의 마지막 말씀을 진지하게 들어야 합니다. "만일 누구든지 이 두루마리의 예언의 말씀에서 제하여 버리면 하나님이 이 두루마리에 기록된 생명나무와 및 거룩한 성에 참여함을 제하여 버리시리라"(계 22:19). 하나님의 말씀에 무언가를 더하거나 빼는 자는 저주를 면할 수 없다는 내용입니다. 물론 이 구절은 직접적으로는 요한계시록에 한정된 것이지만, 분명히 같은 논지가 성경 전체에 흐르고 있습니다.

성경의 가장 오래된 처음 다섯 권인 모세오경(창세기, 출애굽기, 레위기, 민수기, 신명기)을 기록한 모세는 신명기 4장에서 이렇게 말합니다. "내가 너희에게 명령하는 말을 너희는 가감하지 말고 내가 너희에게 내리는 너희 하나님 여호와의 명령을 지키라"(2절). 그 뒤로 몇 백 년 후 기록된 잠언은 이렇게 가르칩니다. "하나님의 말씀은 다 순전하며 하나님은 그를 의지하는 자의 방패시니라 너는 그의 말씀에 더하지 말라 그가 너를 책망하시겠고 너는 거짓말하는 자가 될까 두려우니라"(30:5-6). 말씀에 무언가 더하는 자를 거짓말하는 자라 한 것입니다. 신약의 예수님도 "진실로 너희에게 이르노니 천지가 없어지기 전에는 율법의 일점 일획도 결코 없어지지 아니하고 다 이루리라"(마 5:18)고 말씀하셨습니다. 구약과 예수님의 가르침을 전한 사도 바울 역시 "기록된 말씀 밖으로 넘어가지 말라"(고전 4:6)고 권했습니다. 성경은 구약에서 신약까지 한결같이 기록된 계시의 말씀에 무엇을 더하거나 빼지 말 것을 가르칩니다.

결국 중세시대에는 성경이 신자들에게서 멀어지고 성경의 권위가 무너지면서 교회가 걷잡을 수 없이 타락해갔습니다. 교회가 성경에서 이탈하자 신자들의 신앙과 삶이 혼란스럽고 어려워진 것입니다. 성경

타협할 수 없는 기독교의 기초, 오직 성경

의 원래 가르침보다 교회가 결정해 온 바에 따른 전통을 더욱 중시하는 중세의 긴 역사가 누적되면서, 갈수록 온갖 잡다하고 요상한 가르침이 교리화 되어 정통으로 자리 잡게 되었습니다.

악한 전통에 맞선 종교개혁,
그러나 개혁을 계승하지 못한 개신교회

종교개혁자들은 이런 교회의 현실을 바로 잡기 위해 '오직 성경'을 외치면서 성경에서 외경을 배제하고 성경에 구원과 신앙을 위한 충분한 답이 있음을 분명히 하여 성경의 권위를 회복하려 했습니다. 이 개혁은 루터 같은 몇몇 개인이 아닌 하나님에 의해 일어난 놀라운 역사였습니다. 그러나 로마 가톨릭교회는 바리새인들처럼 성경에 스스로 더해 놓은 전통을 거스르지 못한 채, 그 속에서 만든 자신들의 논리를 지키기 위해 말씀을 무시하며, 종교개혁자들과 개신교 성도들을 핍박했습니다.

악한 전통이 오랜 세월 체계화 되어 그 분위기를 거스르기가 쉽지 않았습니다. 때로는 목숨의 위협까지 느껴야 했으나, 개혁교회는 로마 가톨릭교회가 무너뜨린 '오직 성경'을 회복하고 구원과 신앙과 삶을 위한 안전한 길을 다시 열었습니다. 누구나 성경을 소유해 성령의 조명을 받음으로 유익을 얻을 수 있게 한 것입니다.

개신교회는 이러한 종교개혁의 위업을 계승했지만, 그것이 맹목적으로 이루어진 것은 아닙니다. 오직 말씀의 권위에 순복하는 가운데 그 길을 선택한 것입니다. 그러나 지금의 개신교회는 로마 가톨릭교회 못지않은, 오히려 그보다 더 복잡한 오류로 점철된 역사를 지나, 지금은 통제 불능의 현실에 처해 있습니다.

우리가 관심을 기울여야 할 것은 이런 개신교회의 현실입니다. 즉, 현재 개신교회는 성경에서 이탈한 로마 가톨릭교회의 갖가지 타락상에 맞서 '오직 성경'으로 돌이키려는 개혁의 바통을 이어가지 못한 채, 다시 하나님의 말씀을 왜곡하거나 폐하고, 그러면서도 그런 상태를 반성하거나 자각하지 못하고 있습니다.

물론 오늘날 대부분의 개신교회와 교인은 스스로 '오직 성경'을 믿는다고 생각합니다. 그러나 초대교회가 가지고 있었고, 종교개혁자들이 회복하고자 했던 '오직 성경'의 신앙에 비추어볼 때, 지금의 개신교회는 하나님이 주신 말씀의 가치를 알지 못한 채, 사실상 '오직 성경'을 부정하는 쪽으로 기울어 있습니다. 심지어 올바른 '오직 성경'의 교리를 주장하면 시대에 뒤떨어진 사람으로 여깁니다.

우리는 오늘날의 이런 현실을 심각하게 여겨야 합니다. '그냥 교회 나가서 나름대로 열심히 신앙생활하면 되지 않는가'라고 생각할 것이 아닙니다. 교회는 단순히 문화활동을 하듯 종교적 생활을 제공해 주는 곳이 아닙니다. 기독교는 철저히 하나님께서 특별하게 계시해 주신 성경말씀에 기초한 진리를 소유해, 믿음으로 살도록 이끕니다. 따라서 그럴듯한 종교적 모양이 있어도 실제 삶에 그런 변화된 중심과 내용이 없다면 정상적인 신자라 할 수 없습니다. 개신교회에 속해 있어도 얼마든지 '오직 성경'을 무시하고 부정할 수 있습니다. 성경을 자신의 다양한 체험이나 은사, 예언 따위를 증명하기 위해 이용하고, 실제 삶에서는 자신의 본성대로 살아가는 것이 모두 '오직 성경'을 부정하는 것입니다.

이것은 오늘날 교회의 혼탁함과 영적 혼란을 야기한 주요 원인 중 하나입니다. 중세시대에 '오직 성경'이 무너지자 온 교회가 영적 혼란에 빠져, 진리 여부를 확인할 수 없는 성직자들의 말놀음에 의존한 맹목적인 종교생활이 만연했던 것처럼, 지금도 '오직 성경'을 무시해 발생하는 문제가 이어지고 있습니다. 예수님 당시의 바리새인과 서기관들처럼 외면상으로는 하나님을 잘 믿는 것 같지만, 실상은 종교적인 열심이 있을 뿐 성경의 핵심인 예수 그리스도도 모르고 복음도 소유하지 못한 사람이 교회에 가득합니다. 예수 그리스도의 이름을 자주 입에 올리기는 하지만 예수님이 이루신 구속의 복음, 십자가의 비밀을 모르는 사람이 얼마나 많은지 모릅니다. 즉, 교회가 성경 외에 잡다하게 더해진 어떤 것들만 배우며, 기독교의 변두리에 머물러 있는 가라지를 양성하고 있는 것입니다.

종교개혁자들이 말한
'오직 성경'

우리는 종교개혁자들이 말한 '오직 성경'이 무엇인지, 그리고 이것이 우리의 현실에 어떻게 다시 적용되어야 하는지 생각해 보아야 합니다. 종교개혁자들이 말한 '오직 성경'은, 사도들이 믿은 바대로 '하나님의 백성을 위한 종교적 진리의 원천은 오직 성경뿐'이라는 믿음이었습니다. 그들은 오직 성경만이 '우리의 신앙과 생활을 위한 무오한 지침'이라고 믿었습니다. 이는 로마 가톨릭교회가 성경을 종교적 진리의 유일한 원천으로 삼지 않고 교회의 권위로 덧붙인 전통을 거부한 것입니다. 로마 가톨릭교회는 이 주장을 정죄하며, 그런 믿음으로 신앙생활하는 자들을 파문했습니다.

그들은 지금까지도 '오직 성경'의 믿음이 성경 외의 모든 것을 무시한다고 오해하며 그것을 거부합니다. 그러나 사실 종교개혁 진영도 성경의 최고 권위 아래, 가톨릭이 중시하는 이성과 교회의 전승 또는 전통을 중요하게 여겼습니다. 니케아신조 같은 초기 교회 회의의 결정도 존중하고, 교부들이 성경을 연구해 제시한 많은 자료도 성경의 권위 아래 긍정적으로 살펴 사용했습니다.

'오직 성경'을 주장한다고 해서 다른 것은 거들떠보지도 않는 아집을 부리는 것이 아닙니다. 우리는 하나님께서 자연과 양심에 나타내신 일반계시를 통해서도 하나님을 알고 누려야 함을 강조합니다. 다만 일반계시만으로는 구원에 이를 수 없기에, 우리에게 주신 특별계시 특히 기록된 성경을 믿음과 구원을 위한 유일하고 무오한 권위로 믿는 것입니다. 신앙의 절대적 기초를, 가변적인 사람들이 경험과 사유를 통해 내린 결정이 아닌 오직 성경에 두는 것입니다.

종교개혁자들이 주장한 '오직 성경'은 대략 네 가지로 요약할 수 있습니다. 첫째, 성경은 하나님의 직접적인 계시로 신적인 권위를 갖습니다. 둘째, 성경은 무엇을 더하거나 다른 어떤 것의 증언을 받지 않아도 그 자체로 충분하고 유일한 최종적 계시입니다. 아무리 선한 교회 회의에서 결정되거나 탁월한 학자 또는 성직자가 말해도 오류가 있을 수 있지만, 오직 성경은 오류가 없습니다. 셋째, 우리는 성경의 모든 내용을 완벽하게 이해할 수는 없지만, 본질적인 면에서 무엇을 가르치는지는 명백하게 알 수 있다는 점에서 성경만 의지할 수 있습니다. 마지막으로, 종교개혁자들은 성경이 성경을 해석하게 한다는 관점에 근거해 '오직 성경'을 말했습니다. 성경이 성경 해석의 가장 좋은 근거가 된다는 것입니다. 성경의 불명료한 부분은 다른 명료한 부분을 통해 해석할 수 있습니다.

이후 웨스트민스터 신앙고백은, 종교개혁자들의 '오직 성경'에 대한 주장을 성경의 필요성, 성경의 영감성, 성경의 권위, 성경의 자증성, 성경의 충족성, 성경의 명확성, 성경의 최종성 등으로 좀더 구체적으로 설명했습니다.

단절된 개혁

안타깝게도 오늘날 초대교회와 사도들이 가지고 있었고 종교개혁 당시 회복한 '오직 성경'의 교리를 그대로 믿는 개신교회와 성도는 흔하지 않습니다.[04] 종교개혁 이후 개신교회의 역사에서 성경에 무엇을 더하거나 빼 '오직 성경'을 무너뜨리는 일이 많이 있었고, 이제는 사람들이 각자의 경험과 현재의 문화적 차원에서 성경을 편의대로 해석하는 것이 일반화 되었습니다. 가장 보편적으로는 성경을 자신의 개인적인 욕구 충족과 성취를 위한 효과적인 도구나 자료 정도로 다루게 된 것입니다. 예컨대 한국의 많은 교회와 목회자가 열렬히 좋아하며 따르는 로버트 슐러(Robert Schuller)와 그의 영향을 받은 릭 워렌(Rick Warren), 조엘 오스틴(Joel Osteen) 같은 이들은, 성경을 왜곡해서 이해하고 사용해 그런 흐름에 크게 일조했습니다. 조엘 오스틴의 저서는 말할 것도 없고, 한국 교회에서 밀리언셀러가 된 릭 워렌의 『목적이 이끄는 삶』(*The purpose driven life*, 디모데)에 사용된 성경본문들 역시, 편의대로 번역본을 선택해 원래 의미와 상관없이 인용한 것을 볼 수 있습니다.

혹자는 이런 이야기를 지나치게 날카로운 지적이라며 불편해할 수도 있습니다. 그러나 그처럼 성경에 대한 느슨하고 안일한 태도가 개신교 안에서 어떻게 형성되고 정당화 될 수 있었는지 알아야 합니다. 그것은 원래 개혁교회가 지향한 모습도 아니고, 성경이 말하는 신앙적인 태도도 아닙니다.

---

04 어떤 면에서, 또 왜 그러한지는 뒤이은 내용을 통해 구체적으로 살펴볼 것이다.

Chapter 02

'오직 성경'을 부정하는 사조 1
_종교개혁 이후부터 19세기 후반까지

● 다시 말하지만, 지금 개신교회에는 종교개혁자들이 주장한 '오직 성경'의 의미를 잘 알지도 못하고, 당연히 힘써 따르지도 않는 분위기가 전반적으로 형성되어 있습니다. 그렇다면 초대교회와 사도들의 신앙을 회복하려는 열심으로 세워진 개혁교회가 어떻게 지금의 상태에 이르게 되었을까요? 그것은 일차적으로 역사에서 답을 찾아야 합니다.

계몽주의 시대의
'오직 성경'에 대한 도전

종교개혁 이후 '오직 성경'을 무너뜨린 가장 큰 역사적 배경은, 17

세기 말부터 두드러지게 나타나 18세기에 가장 크게 꽃피운 계몽주의입니다. 1517년 루터의 95개조 반박문에서 시작된 종교개혁 이후 존 칼빈이 개혁교회의 신학체계를 확립하면서, '오직 성경'의 신앙을 따르는 교회들이 유럽으로 크게 확장되었습니다. 루터에 의해서는 북쪽 스칸디나비아까지 퍼졌고, 칼빈에 의해서는 아래 이탈리아까지 확산되었습니다.

그러나 이른바 '이성의 시대'라는 근대의 계몽주의 사상이 17세기 후반부터 교회에 들어와 '오직 성경'의 신앙을 흔들기 시작했습니다. 계몽주의는 과학의 발달과 함께 자연을 인식하는 이성에 대한 신뢰를 기반으로, 기적 같은 초자연적인 일을 이성 영역 밖의 일로 취급하며 경시하는 정신입니다. 이에 따라 많은 사람이 이성으로 설명되지 않거나 수용되지 않는 신념은 그 어떤 것도 진리가 될 수 없다며, 성경에 기록된 하나님에 대한 내용과 초자연적인 사건 역시 거부하게 되었습니다. 결국 하나님의 특별계시를 기록한 성경에서 떠나 자연과 이성의 종교를 지향한 것입니다.

계몽주의는 특히 권위에 대한 반발과 그로부터의 자유, 더 좁게는 신에게서의 자유를 내세우며, 인간에게 외적인 권위로 작용하는 성경이나 교회, 신조 등에 도전하고 그것들을 거부합니다. 그래서 계몽주의를 수용한 분위기에서는 성경의 영감이나 권위, 충족성 같은 교리는 괴이한 것으로 보이게 됩니다. 이에 계몽주의 사상가들은 성경을 한낱 비이성적인 고대 문서로 폄하했습니다. 그리고 홍해가 갈라지고, 사람이 물 위를 걸으며, 처녀가 잉태하는 등의 사건이나, 하나님에 관한 진리 곧 삼위일체, 예수 그리스도의 대속적 죽음, 부활 등도 구시대의 미신적 사고의 잔재로 간주했습니다. 또 그들은 성경이 오히려 인간에게 필요한 윤리와 도덕에 해가 된다고 말했습니다. 이와 같이 계몽주의 사상은 종교개혁자들이 회복한 '오직 성경'의 교리, 더 나아가 성경 자체의 권위를 무너뜨리는 전환적인 시대사상으로 작용했습니다.

이런 시대적인 배경에서 성경을 부정하는 일이 교회에서도 연이어 일어났습니다. 계몽주의 사상이 교회에 유입되면서 일어난, 성경을 부정하는 대표적인 사상과 운동으로는 영국의 이신론, 독일의 합리주의, 독일의 경건주의를 배경으로 한 슐라이어마허의 사상, 그리고 그 뒤를 이은 자유주의 등이 있습니다. 이런 사조들은 '오직 성경'의 믿음을 크게 흔들어 놓았습니다. 그러므로 우리는 이러한 내용을 이해함으로, 기독교 안에 있으면서도 성경을 부정하고 왜곡하는 다양한 사상과 가르침을 분별하고 경계해야 합니다.

1. 이신론과 성경

종교개혁 이후 계몽주의 시대정신을 수용하면서 교회 안에서 대두되어, '오직 성경'을 무너뜨리는 데 앞장선 첫 번째 사상은 이신론입니다. 이신론은 청교도들이 활동하던 영국에서 일어났는데, 이 추종자들이 기독교회 안에 급진주의적인 신학을 도입한 대표적인 사람들입니다.

이신론은 일명 '부재하는 신'을 믿는다는 사상입니다. 다시 말해,

하나님이 우주와 그 안에 있어야 할 자연법칙은 만들어 놓았지만, 거기서 손을 떼고 관여하지 않는다는 것입니다. 이는 성경이 가르치는 온 세상 만물에 대한 하나님의 구체적인 섭리와, 우리 삶에 함께하며 행하시는 그분의 간섭과 통치의 역사를 모두 부정하는 사상입니다. 1600년대 전반에 이신론의 아버지라 불리는 허버트(Edward Herbert of Cherbury) 경이 그 사상적 기초를 놓을 때만 해도, 존 오웬 같은 탁월한 청교도들이 있었기에 이신론은 크게 힘을 쓰지 못했습니다. 그러나 1662년에 2천 명 이상의 청교도들이 영국에서 추방된 뒤 득세하기 시작했고, 18세기에 와서는 크게 영향력을 행사했습니다.

이신론자들은 그동안 성경이 지켜왔던 자리에 이성을 두어야 한다고 주장하면서, 모든 진리의 원천으로 이성을 우위에 두는 자연과 이성의 종교를 추구했습니다. 자연과 이성은 그 자체가 완벽하고 명료하기에, 초자연적인 것은 필요하지도 않고 무시해도 좋다고 생각한 것입니다.

그들은 자연계시의 충족성에 근거해 특별계시 곧 성경의 불필요성을 주장했고, 성경의 영감 같은 것은 자연질서에 위배된다며 거부했습니다. 성경 기록을 단지 예술가의 창조적인 글 같은 것으로 여겼습니다. 자연스럽게 삼위일체, 성육신, 속죄, 그리스도의 부활, 영원한 형벌 등 성경이 가르치는 교리도 모두 미신적인 것으로 치부했습니다. 뉴턴의 만유인력 법칙 같은 인간의 발견과 인간 이성의 업적에 열광하면서, 자연법칙과 그것을 탐구하는 이성에 근거해 모든 것을 판단한 것입니다.

타협할 수 없는 기독교의 기초, 오직 성경

이신론은 18세기 말에 쇠퇴했으나, 성경을 이성 안에서 이해하려는 전제와 경향은 그 후로도 계속되었고, 오히려 점점 활력을 더해가며 지금까지도 이어지고 있습니다.

2. 합리주의와 성경

계몽주의의 배경에서 '오직 성경'의 신앙에 직접적인 해를 가한 또 다른 사상은 독일의 합리주의입니다. 17세기 말경 몇몇 독일 철학자가 영국 이신론의 기본 원리를 채택해, 당시 독일을 지배하던 루터파 정통주의에 도전했습니다. 이들은 이신론자들과 달리 개신교회 안에서 더 구체적으로 활동했습니다. 즉, 기독교 체계 속에서 성경과 교회를 정화한다는 목적으로, 불합리하다고 판단되는 미신적인 신앙과 행위의 잔재에서 벗어나기 위해 매우 적극적으로 노력했습니다.

독일의 합리주의자들도 이신론자들처럼 인간 이성을 종교 지식의 주요 원천으로 삼고, 성경의 가르침과 달리 자연인은 본래적으로 선하며 도덕적인 능력을 가지고 있다고 주장했습니다. 당연히 초자연적인 계시의 필요성을 논박하고, 정통교회의 성경 영감 교리 역시 부정했습니다. 이 합리주의는 19세기까지 이어졌습니다. 이에 대해 스코틀랜드 작가 앤드류 드루먼드(Andrew L. Drummond)는 "영국에 먼저 수용되었다 신용을 잃은 것이 이제 독일로 수입되어 인기를 끌더니, 마침내 여러 세대 동안 독일의 정신 풍토를 온통 뒤바꾸었다"[05]

---

05 고든 루이스, 브루스 데머리스트 『성경무오(無誤) 도전과 응전』, 권성수 역(서울: 도서출판 엠마오, 1988), p. 29.

고 말했습니다. 실제로 루터의 종교개혁 이후 완전히 기독교적이던 독일에 이신론이 들어오고 합리주의가 유행하면서, 점차 기독교의 껍데기만 남게 되었습니다. 이런 풍토에서 독일의 자유주의 신학이 등장합니다.

독일의 합리주의자들은 18세기 당시, 오늘날 진보적인 신학교에서 말하는 논리를 이미 개진했습니다. 머리로는 성경 교리를 받아들이지 않아도, 가슴으로는 기독교 신자가 될 수 있다는 것입니다. 오늘날 우리나라도 진보 교단에는, 성경의 어떤 부분은 신화라고 여기며 머리로는 성경의 가르침을 믿고 따르지 않지만, 가슴으로는 그리스도인이라는 생각으로 신학교에 다니고 목회까지 하는 이들이 많습니다. 이것은 일찍이 합리주의자들에게서 나타나던 모습입니다.

합리주의의 대표적 인물로 18세기 독일 경건주의의 독실한 신앙 분위기에서 자라 할레대학의 신학교수를 지낸 세믈러(Johann Salomo Semler)는, 성경을 그대로 믿는 자들을 가리켜 '하나님 자신보다 성경을 숭배함으로 성경 우상숭배 죄를 범하는 자'라고 정죄했습니다. 그리고 "성경은 단지 참된 하나님의 말씀을 포함하고 있다"고 주장했습니다. 그는 문화적 상대주의를 따르면서, 성경 교훈 중 기록 당시의 문화와 시대에만 적용되는 교훈이 많고, 특히 구약은 후대 사람과 아무 상관이 없는 유대 민족의 산물이라고 말했습니다. 그리고 이런 이유로 성경의 많은 책을 거부했습니다. 창세기는 전설과 우화의 책이고, 역사서는 더 이상 역사적인 가치가 없으며, 신약은 구약보다 좀더 가치가 있지만 그 일부는 종교적 감화를 추구하는 자들에게 해를 끼칠 수 있다며 거부했습니다. 복음서도 터무니없는 기적 이야기로 인해 믿을 수 없으며, 요한계시록은 유대주의 광신자들의 작품이라며 평가절하했습니다.

독일의 초기 합리주의자들은 그나마 성경이 하나님의 말씀이라는 전통적인 사상을 바탕으로 성경 전체에서 하나님의 참된 말씀만 가려내야 한다는 입장에 있었지만, 합리주의 전성기 때는 특별계시의 가능성 자체를 배제해 버렸습니다. 성경을 한낱 인간의 책으로 간주한 것입니다. 이처럼 '오직 성경'을 대폭 부정하는 일이 가톨릭이 아닌 개신교에서 과감하게 시도되었습니다. 이런 이유로 허스트(Hurst)는 "합리주의는 교회 역사상 가장 부패한 사조 중 하나"[06]라고 말하기도 했습니다. 흥미로운 사실은 이런 계몽주의적 사조는 19세기에 수명을 다했음에도, 그에 따른 성경관만큼은 사라지지 않고 계속되었다는 것입니다.

3. 슐라이어마허의 성경관

19세기 초에 등장한 자유주의 신학은 계몽주의적 성경관을 고스란히 이어받았습니다. 자유주의 신학은 사실상 독일 경건주의 배경을 가진 슐라이어마허(F. D. E. Schleiermacher)라는 사람에게서 시작됩니다. 그는 1799년 『종교론』(*Über Die Religion*, 대한기독교서회)이라는 첫 책을 통해 유명해지면서 영향력을 발휘하게 됩니다. 이에 대해 존 리

---

06   같은 책, p. 38.

스(John Leith)는 "슐라이어마허 이래로 현대 신학자들은 기독교 신조를 바탕으로 계몽주의를 이해하기보다, 계몽주의로 기독교 신조를 이해하려는 유혹에 쫓겨 살아왔다"[07]고 이야기합니다.

슐라이어마허의 영향력은 200여 년이 지난 오늘까지도 기독교 안에 뚜렷하게 남아 있습니다. 포스트모더니즘을 배경으로 주관적인 감정과 감각을 중시하는 오늘날의 신앙과 성경관은 슐라이어마허의 사상과 거의 유사합니다. 그는 계몽주의라는 시대정신 속에서 이전까지 자신이 알고 말해 온 신앙을 깊이 회의했습니다. 그러나 당시 보편화되어 있던 계몽주의 풍토, 즉 이성을 강조하며 성경을 불신하던 독일의 합리주의자들과는 사뭇 다른 태도를 취합니다. 이성에 집착해 신앙과 종교 자체를 부정하거나 경시하기보다, 느낌이나 직관, 경험, 삶 같은 것을 중시하는 쪽을 택함으로 종교와 신앙에 대한 새로운 답을 모색한 것입니다.

따라서 슐라이어마허의 사상은, 당시 이신론과 합리주의 사상이 종교에 대해 노골적으로 적대하고 거부하던 것과 달리, 계몽주의적 전제 위에서도 종교를 인정할 수 있는 좋은 대안으로 받아들여졌습니다. 당시 합리주의의 파괴적인 주장으로 고전하던 독일 교회는 그의 사상을 합리주의의 대안으로 여겼습니다. 나아가 이안 머레이(Iain H. Murray)의 말대로, 기존 기독교인들은 그의 화려한 수사에 속아, 그가 지성계의 공격에 맞섬으로 기독교를 새로운 기초 위에서 지켜줄 것

---

07 이안 머레이, 『분열된 복음주의』, 김석원 역(서울: 부흥과개혁사, 2009), p. 23.

이라고 믿기까지 했습니다.

그러나 그것은 착각이었습니다. 슐라이어마허는 사실 반기독교적인 사상가들 못지않게 기독교를 오염시키고 진리를 왜곡한 장본인입니다. 이안 머레이의 말처럼, 그는 루소의 낭만주의와 동시대 철학자들의 범신론을 차용해 "종교는 교리가 아니라 느낌과 직관과 경험의 문제"라고 말하며, 사실상 성경에 없는 기독교를 유포한 사람이기 때문입니다.

슐라이어마허는, 믿음은 외부에서 주어진 진리와 지식이 아니라 인간 자신의 직관과 자기 안의 의식에서 오는 것이라고 가르쳤습니다. 즉, 믿음은 모두 우리 안에서 나온다는 것입니다. 하나님이 선물로 주시는 것이 아니므로 계시된 진리나 신뢰할 수 있는 성경 없이도 믿음을 가질 수 있다는 논리입니다. 앞선 합리주의자들처럼 성경을 노골적으로 부정하지는 않지만, 성경을 통해 주어진 계시의 필요성을 무시한 것은 다르지 않습니다. 그는 성경을 단순히 기독교인들의 감정을 가장 먼저 해석한 작품으로 보면서, 우리 자신의 느낌은 얼마든지 다르게 해석될 수 있다고 생각했습니다.

사람들은 이런 그의 사상을 매우 편안하게 느꼈습니다. 기독교 신앙을 교리나 신학이 아니라 실제적인 삶이요 느낌이라고 설명한 그의 주장은 매우 호소력 있게 작용했습니다. 지금도 많은 사람이 '기독교 신앙은 교리가 아니라 삶이다.' '기독교 신앙은 하나님을 체험하는 것이다.'라는 식의 말을 좋아합니다. 물론 기독교 신앙은 경험적이고 실제적이어야 합니다. 그런데 여기서 안타까운 것은, 사람들이 성경의 교리는 폄하하면서 감정과 경험에 호소하는 말에는 크게 호응한다는 사실입니다. 그것은 과거 슐라이어마허의 논점을 그대로 따르는 것입니다.

슐라이어마허의 주장은 독일 교회뿐 아니라 일반 사회에서도 호응을 얻었습니다. 그가 "정통적인 믿음을 가졌다는 사람이 그렇지 않은 사람보다 문제가 더 많은 때도 많고, 실제로 더 나쁜 경우도 많다"며 다음과 같은 식의 주장을 펼쳤기 때문입니다. "내 주변의 불신자 중에는 정말 좋은 사람이 많다. 하나님 없는 종교가 하나님 있는 종교보다 더 좋을 수 있다. 기독교를 유일한 참 종교라고 주장할 근거는 없다. 그리고 아무도 천국에서 쫓겨날까 봐 걱정할 필요가 없다. 누구나 천국에 갈 수 있다."

이런 말은 얼핏 매우 신사적이고 참신하게 들립니다. 실제로 많은 기독교인이 그의 신학이 기독교에 해가 될 것이라고 생각하지 않았습니다. 더구나 세상 사람들조차 호응하는 슐라이어마허의 주장은 기독교를 비판하는 시대 분위기에 불안해하던 그들에게 안도감까지 주었습니다. 성경이 하나님의 말씀인지 아닌지에 상관없이 기독교가 세상에서 생존할 수 있는 가능성을 보여준 것입니다. 독선적이라고 미움받던 기독교가 오히려 긍정적인 시선을 얻게 되었습니다.

결국 슐라이어마허의 주관적인 신앙의 강조는, 성경을 난도질하며 권위를 바닥에 떨어뜨린 비평학과 공존할 수 있는 기독교를 주장하는 자유주의 신학의 기틀이 됩니다. 신앙에 대한 그의 새로운 이해를 따르는 독일의 자유주의 신학은, 기독교회 안에서 크게 호응을 얻음

타협할 수 없는 기독교의 기초, 오직 성경

으로 영국과 미국까지 뻗어나가, 1900년대 전반에는 서구교회를 뒤덮었습니다. 미국의 개혁주의 신학자 찰스 핫지(Charles Hodge)조차도 그에 의해 정통신앙이 새로운 활력을 얻었다고 평가했습니다. 우리나라에도 1920년과 1950년대 사이에 유학파들에 의해 자유주의 신학이 크게 유입되었습니다. 이안 머레이는 당시 상황에 대해 "19세기 말까지 거의 모든 주류 교회 안에 자유주의 신학이 침투했고, 일반적으로 인기 있는 설교자가 되고 싶으면 교회가 공식적으로 고백하는 성경적 신조와는 거리가 먼 설교를 해야 했다"고 말합니다. 당시에는 자유주의가 기독교의 주류가 되어, 자유주의 신학을 공부하고 그 관점에서 성경을 보며 설교하는 사람이 세련되고 현대적인 기독교 지도자로 인정받을 정도였습니다.

'오직 성경'의 붕괴와 배교

본 장에서 우리는 1517년 종교개혁 이후부터 19세기 후반에 이르기까지 기독교회 안에서 '오직 성경'을 흔들어 무너지게 한 사상의 역사적 흐름을 보았습니다. 한 가지 두려운 사실은 이 '오직 성경'이 무너짐으로 교회에 배교의 환경이 만들어졌다는 것입니다. 이성으로 성경을 판단하며, 성경에서 어떤 내용을 빼거나 부정하고 다른 내용을 더해 믿으려는 것은, 결국 성경 없이도 하나님을 믿을 수 있다는 논리로 귀결됩니다. 그러나 '성경 없는 기독교'는 매우 모순된 실체입니다. 사실상 그것은 더 이상 기독교가 아닙니다. 기독교의 옷은 입은지 모르지만, 예수님과 사도들이 인정한 성경과 사도들이 기록한 성경 위에서 신앙을 갖고 지켜온 역사적인 기독교, 즉 종교개혁자들이 회복한 기독교는 아닙니다.

오늘날 교회 안에는 이처럼 역사적인 기독교와 상관없이 주관적으로 신앙생활하는 '자칭' 신자와 교회 공동체가 얼마든지 존재할 수 있습니다. '오직 성경'을 깨뜨리고 부정하면서 거짓을 말하고 믿는 일이 교회에서 일어나고 있다는 것입니다. 그러나 기독교적인 분위기에서 기독교적인 외형을 가지고 있어도 성경에서 벗어난 종교생활에 젖어 있다면 배교 상태에 있는 것입니다.

누구든 기독교에 들어와 신자요 하나님을 믿는 백성으로 살려면, 사도들의 가르침대로 '오직 성경'의 교리를 알고 그 기초 위에서 신앙생활해야 합니다. 성경의 영감, 다른 데 의존할 필요가 없는 성경의 권위, 성경의 자증성, 충족성, 명확성, 최종성 등을 실제적으로 믿어야 합니다. 이것은 이 마지막 시대의 혼란에서 우리가 견고히 설 수 있는 길이기도 합니다.

자기 주관대로 자신이 최고 권위자가 되어 성경까지 임의로 판단하고 말하며 사용하는 자는 참된 신자가 아닙니다. 시대적인 분위기가 그렇더라도, 기독교 신자는 신앙과 삶과 구원을 위한 완전한 지침으로 주신 성경에 기초해 믿고 살아야 합니다. 점진적으로 이것을 무너뜨려 온 교회사의 흐름에 굴하지 말고, 사도들이 외치고 종교개혁자들이 회복한 '오직 성경'의 교리 위에서 신앙생활해야 합니다.

신앙에는 체험도 중요하고, 이성이나 좋은 전통에서 축적된 자료도 중요합니다. 우리는 각각의 요소가 지닌 나름의 의미를 모두 존중해야 합니다. 그럼에도 이 모든 것은 '오직 성경'의 권위 아래 있어야 합니다. 예수님의 이름으로 권세와 능력을 행하고, 무엇을 쫓아내고, 선지자 노릇을 하고, 목사거나 신학자여도 소용없습니다. 중요한 것은 오직 하나님의 뜻대로 행하는 것입니다. 오직 성경을 통해 하나님의 뜻을 바로 알고 오직 성경을 따라 행하며 사는 자가, 하나님의 뜻대로 행하는 자요 예수 그리스도를 제대로 믿는 것입니다. 우리 모두 이에 대해 분명해야 합니다. 조국 교회의 모든 신자가 그렇게 되길 간절히 소원합니다.

Chapter 03

'오직 성경'을 부정하는 사조 2
_19세기 이후

● 기독교회의 토대인 '오직 성경'이 무너지면 어떤 식으로든 기독교회는 변질되고 타락합니다. 종교개혁 이전의 중세 교회와 종교개혁 이후로 계속된 개신교회 역사, 그리고 오늘날 한국 교회의 현실이 이 사실을 적나라하게 보여줍니다. 우리는 어릴 때부터 접해 온 것을 옳다고 믿고, 그것이 전부인 줄 알면서 살기 쉽습니다. 태어나면서부터 포스트모던 문화에서 살면 그것이 옳고 전부인 줄 아는 것입니다. 그러므로 역사를 알아야 합니다. 현대의 사상과 문화가 어떤 역사적 배경에서 생겨났고 그것의 문제가 무엇인지 알려면, 역사적인 정황을 되짚어보고 그 실체가 무엇인지 배워야 합니다.

'오직 성경' 대 '주관주의'의
역사

　역사적으로 '오직 성경'을 부정한 개신교 안의 모든 운동과 사상은 공통적으로 주관주의에 기초합니다. 사실 신앙의 근거를 성경에서 옮겨 이성에 두든, 감정이나 직관 또는 신비주의적 체험에 두든 그것은 별로 중요하지 않습니다. 어떤 식으로든 '오직 성경'이 무너지면 그 자리를 차지하는 것은 주관주의적 신앙입니다. 그런데 이런 다양한 형태의 주관주의가 현재까지 이어져 이 시대의 풍조가 되어버렸습니다.

　지난 교회사가 증명해 주듯 '오직 성경'에서 떠난 교회는 영적인 혼란은 물론 성도 개개인의 신앙과 삶에 혼란을 초래합니다. 우리는 역사를 살펴 오늘 우리의 문제와 위험이 무엇인지 분별하고, 우리 자신을 위한 경계심을 늦추지 말아야 합니다.

　'오직 성경'이 무너진 개신교회의 역사는 19세기 이후로도 계속됩니다. 슐라이어마허 이후의 자유주의 신학운동과 신정통주의 신학이 그 대표주자입니다. 이 두 가지를 이해하기 위해 먼저 슐라이어마허의 배경을 좀더 살펴볼 필요가 있습니다.

낭만주의 배경

앞 장에서도 살펴보았듯이 슐라이어마허는 당시 독일을 지배하던 이성에 편중된 합리주의의 공격 아래, 감정과 직관에 의한 종교 체험을 주장하며 기독교의 새로운 의미와 생존의 길을 제시합니다. 그것이 가능했던 것은 그의 사상적 배경이 낭만주의에 있기 때문입니다.

낭만주의는 주로 문학과 예술을 중심으로 한 운동이었는데 점차 그 영향이 종교, 역사, 정치 등 인간의 삶 전반에 걸쳐 확산되어 나타났습니다. 당시 이신론에서 말하던, 세상 현실과는 무관한 부재자 신에 대한 사상과 기계론적인 우주관, 그리고 합리주의 이성의 차가움으로 인해 위기를 느끼던 기독교회까지 그것을 대안적인 정신으로 수용했습니다. 이성의 냉담함에 대한 반동으로, 무언가를 느끼고 경험하는 감정적 체험을 무분별하게 강조하게 된 것입니다. 이 과정에서 결정적 역할을 한 사람이 바로 슐라이어마허입니다. 그는 당시 합리주의의 이성적 교리 주장에서 개인의 느낌과 경험으로 사람들의 시선을 돌리게 만든 장본인입니다.

물론 낭만주의가 기독교에 영향을 미친 것은 슐라이어마허의 신학을 통해서만은 아닙니다. 1950년에서 1960년대 사이에 중세 신비주의의 재부흥을 이끈 가톨릭교회 수도사 토머스 머튼(Thomas Merton)에게 많은 한국 교회 신자가 푹 빠져 있는데, 그에게 큰 영향을 미친 윌리엄 블레이크(William Blake)도 낭만주의 배경을 가지고 있습니다. 윌리엄 블레이크는 자연을 통해 신을 느낄 수 있다는 사상을 전개한 인물입니다. 그가 자신의 작품에서 기독교적인 소재를 많이 다루었기에 그를 기독교인으로 오해하는 사람이 많은데, 자연에서 신을 느낀다는 것은 불교나 힌두교에서 말하는 범신론적 사상입니다. 그래서 복음주의 신학자 해럴드 브라운(Harold Brown)은 그를 '니체의 선구자요 기독교 무신론 연구자'라고 말했습니다.

　사실 낭만주의의 옷을 입은 기독교 또는 기독교 신앙은 성경과 거리가 멉니다. 그럼에도 교회 안의 많은 사람이 낭만주의적인 정서를 불러일으키는 것을 매우 좋아합니다. 영화든 설교든 감정이 자극받으면 은혜받았다고 말하기도 합니다. 오늘날 여러 교회에서 추구하고 있는 수도원적인 분위기의 영성운동이나 관상기도 등에는 낭만주의적인 정서가 깊이 배어 있습니다.

　그러나 우리는 성경을 하나의 문학으로 보면서 성경의 개념을 사용하는 낭만주의를 분별할 줄 알아야 합니다. 해럴드 브라운은 J. R. R. 톨킨의 『반지의 제왕』(*The Lord of the Rings*, 씨앗을뿌리는사람들)이나 C. S. 루이스의 『나니아 연대기』(*The Chronicles of Narnia*, 시공주니어)도 낭만주의 문학의 흐름에 있는 것으로 거론합니다. 즉, 낭만주의가 하나님에게서 감동 된 성경의 영감을 문학적 상상으로 대치하는 일을 했는데, 이 작품들 역시 어느 정도 그 연장선에 있는 것으로 봅니다. 그래서 이에 심취할 때 낭만주의적인 요소에 대한 감흥을 영적인 은혜로 오인하고 추구하게 될 소지가 있다는 것입니다. 정작 성경에는 무관심하면서, 톨킨의 책이나 『나니아 연대기』 같은 판타지 문학에 성경적 소재가 있다는 이유로 그것을 독파하고 감동했다는 이들은, 알맹이보다 그럴듯해 보이는 껍데기에 매료된 것일 수 있습니다.

낭만주의 관점에서 기독교는 여러 종교 중 나름대로 최고의 매력을 가진 '보편종교'로 인식됩니다. 그러나 기독교의 절대적 진리는 인정하지 않습니다. 대신 어떤 고양된 종교의식이나 정서적인 경험, 극단적으로는 신비적인 요소를 기독교에서 얻고자 합니다. 예컨대 낭만주의자들은 악마 개념 같은 공포감을 주는 내용에 관심을 갖고 영지주의적인 세계관을 펼쳐나갑니다.

슐라이어마허는 바로 이 낭만주의 배경을 가지고 있었습니다. 즉, 성경을 전적으로 부정하지는 않지만 문학을 대하는 관점으로 비평함으로, 성경이 말하려는 것보다 자신의 느낌과 취향을 따라 기독교에 대한 이해와 사상을 전개했습니다. 해럴드 브라운은, 사람들이 슐라이어마허가 신학을 당시의 합리주의에서 구한 것으로 생각하지만, "실상은 낭만주의의 감상벽 및 감정주의의 안개가 긴 늪과 질퍽질퍽한 수렁으로 추방해 버렸다"고 말합니다. 성경을 계시된 말씀, 믿어야 하는 말씀으로 보기보다, 단지 우리가 경험하고 느끼고 감동하고 명상하고 노래하는 대상으로 이야기하기 때문입니다. 이 낭만주의 성경관은 초대교회 성도들이 지키고, 종교개혁자들이 회복하려던 '오직 성경'이 아닙니다.

구자유주의와 신자유주의의
성경관

이 낭만주의를 배경으로 슐라이어마허가 주장한 기독교를 열렬히 따르는 이들이 자유주의자들입니다. 자유주의 신학은 19세기 중반부터 제1차 세계대전 때까지 유럽과 미국에서 성행하며 기독교 신앙을 인간의 문화와 조화시키려 했습니다. 대다수의 자유주의자가 낭만주의 보다는 합리주의를 선호했음에도 낭만주의 배경의 슐라이어마허를 따른 것은, 그가 문화를 중시한 신학을 전개했기 때문입니다.

합리주의든 낭만주의든 모두 계몽주의를 수용했다는 공통분모를 가지고 있었습니다. 계몽주의는 객관적 진리를 부정하지는 않지만, 새로운 세계관으로 진리를 인식하는 새 종교가 필요하다는 논리로 기독교에 도전했습니다. 자유주의자들은 계몽주의의 이 도전을 두 가지 차원에서 계승해 자신의 신학을 전개해 나갔습니다. 먼저 교리와 관련해 기독교 신앙의 전통 교리를 훼손하거나 부정했습니다. 또 성경과 관련해서는, 초자연적인 것은 믿을 수 없다는 신학적 견해로 성경의 권위와 역사성, 신적인 영감에 도전했습니다.

특히 자유주의자들은 성경과 관련해, 초기 교회사를 연구하고 성경의 각 권과 다른 고대 문서를 비교 작업함으로, 복음서의 저작 연대를 1세기가 아닌 2세기로 보았습니다. 그리고 로마서, 고린도전후서, 갈라디아서, 요한계시록을 제외한 나머지 신약성경은 신빙성이 없다는 나름의 결론을 내렸습니다. 또 구약에 대해서도, 모세오경은 모세가 쓴 것이 아니라 모세 이후 여러 세기가 지난 뒤 각기 다른 시기에 다른 사람들이 기록한 자료의 모음이라는, 소위 문서설을 주장했습니다. 심지어 신구약 성경 중 일부는 위조되고, 대부분은 꾸며졌으며, 그 안의 역사적 자료는 후대의 창작물을 편집한 것으로, 서로 모순된 내용이 한데 묶여 있다고 말했습니다. 성경은 천 년이 훨씬 넘는 기간 동안 다양한 기자에 의해 기록되었음에도 놀라운 통일성을 가지고 있다는 전통적인 믿음을 뒤집은 것입니다.

튀빙겐 학파나 종교사학파 등 자유주의 그룹의 다양한 비평학적 주장은, 성경이 인간적인 문서가 뒤섞인 책이라는 인식을 일반 대중에게까지 확산시켜 교회 안팎에서 성경에 대한 신뢰도를 떨어뜨렸습니다. 성경을 인간의 종교적 경험의 산물이 축적된 고대 문서 정도로 평가절하한 것입니다. 그들의 학문적인 작업은 매우 그럴듯해서 로마가톨릭교회 학자들까지 동조하기도 했습니다.

그러나 제1차 세계대전을 통해 자유주의자들의 계몽주의적이고 진화론적인 믿음과 사상이 깨지면서 자유주의 신학은 쇠퇴하게 됩니다. 이 전쟁은 종교에 대한 그들의 대전제, 즉 문화는 선하며 완전함으로 점점 나아간다는 진화론적인 사상과 악은 교육으로 바로잡을 수 있는 무지일 뿐이라는 확신을 가차 없이 무너뜨렸습니다. 세계대전에서 확인한 인간의 가공할 잔인함 앞에서, 이성의 능력으로 인간의 부패함을 해결할 수 있다는 진화론적 사고가 얼마나 순진한 생각인지가 드러난 것입니다. 이후 신정통주의 신학자 칼 바르트(Karl Barth)에 의해 자유주의 신학은 더욱 철저히 비판당하며 그 기세가 꺾

여, 결국 구자유주의 운동은 몰락하게 되었습니다.

그러나 구자유주의가 몰락했음에도 그들의 성경관을 이어받은 알버트 슈바이처나 루돌프 불트만(Rudolf Karl Bultmann) 같은 소위 신자유주의자 또는 속자유주의자가 등장합니다. 그중 아프리카에서 활동한 의사이자 신학자인 슈바이처는 구자유주의자들의 성경관을 따르면서도, 그들이 신약성경을 합리성에 따른 비평의 대상으로만 연구한 것에 반대해 역사적 예수를 발견하는 다른 길을 제시합니다. 즉, 실존주의 철학사상을 바탕으로 '역사 속에 존재한 예수는 성경본문에 대한 이성적인 분석만으로는 발견할 수 없다'는 논지를 개진했습니다. 일찍이 덴마크의 실존주의 철학자 키에르케고르가 자유주의 신학의 맹점에 대해 지적한 바를 자신의 신학에 수용한 것입니다.

실존주의 철학이 교회로 수용되는 데 적극적인 가교 역할을 한 또 다른 인물이 불트만입니다. 그는 신약성경의 많은 내용이 초대교회가 만들어낸 것이며 '신화'라고 주장했습니다. 역사를 기록한 원래의 성경에 신화적인 것을 덧붙여 지금의 형태가 되었다는 것입니다. 그는 지금의 성경에 포함된 '신화' 즉 초자연적인 내용은, 초대교회가 가진 믿음의 실존적 의미를 담은 것으로, 역사적인 사실을 파악하기 위해서는 제거되어야 한다는 소위 '비신화화'의 필요성을 강조했습니다. 신약성경에 기록된 초자연적인 내용과 그리스도의 선재하심, 동정녀 탄생, 신성, 무죄하심, 속죄적인 죽음, 부활과 승천, 심판을 위한 재림 등을 모두 신화로 취급하며 역사성을 부정한 것입니다.

이처럼 개신교 안에서 일어난 자유주의 신학은 '오직 성경'을 지키는 것이 아니라, 다각적으로 무너뜨리는 방향으로 나아갔습니다.

신정통주의 성경관

신정통주의의 창시자라 할 수 있는 칼 바르트는 이런 불트만의 관점에 깊은 영향을 받아, 그의 사상을 자신의 신학에 반영했습니다. 바르트 역시 실존주의 철학을 배경으로, 예수님이 역사 속에 존재했다면 그분을 이성적으로는 발견할 수 없다는 생각에 따라, 구자유주의자들의 합리주의적인 성경 접근 방식을 비판했습니다. 신앙이란 역사속에서 일어난 사실을 이성으로 판단해 갖는 것이 아님을 주장한 것입니다.

이러한 바르트의 신학을 따르는 신정통주의자들은 나름대로 성경의 중요성을 인정하며, 자유주의자들에 의해 손상된 성경의 권위를 회복하고자 했습니다. 신정통주의란 정통주의에 '신'(新) 자를 붙인 말입니다. 이들은 외면상으로는 개혁주의 신학의 핵심 주제인 '오직 성경' '오직 은혜' 등을 똑같이 강조했기에 개신교의 정통주의라 할 수 있습니다. 그러나 키에르케고르의 실존주의 사상이나 도스토예프스키의 소설『까라마조프 씨네 형제들』(*Brat'ja Karamazovy*, 열린책들) 같은 당대의 문화적 요소를 반영한다는 면에서 '새로운' 정통주의라 불립니다.

신정통주의자들은 특히 성경을 이해하는 관점이 달랐습니다. 그들은 성경을 신적 기원이 있는 객관적인 계시가 아니라, 단지 계시라는 사건이 발생하는 '수단'으로 보았습니다. 즉, 성경은 지금이라는 시간에 하나님의 도구로서 우리에게 계시가 될 수 있다는 것입니다. 여기서 주의할 부분은 '계시다'가 아니라 '계시가 될 수 있다'는 표현입니다. 쉽게 말하면, 성경 자체는 하나님의 말씀이 아니지만, 우리가 신앙으로 반응하면 그때 하나님의 말씀이 된다는 것입니다. 지금도 많은 사람이 바르트의 방대한 지식과 탁월한 저술에 압도되어 그의 성경관을 받아들임으로, '성경은 내가 듣고 믿을 때 내게 살아서 움직이고 하나님의 말씀이 되는 것이다. 그때서야 비로소 가치를 갖는 것이다. 그렇지 않으면 문자 자체에 무슨 가치가 있겠는가.'라고 말합니다.

근래 우리나라에도 많은 저서가 번역되어 잘 알려진 알리스터 맥그래스(Alister E. McGrath)의 신학적인 관점, 특히 그의 성경관 역시 바르트를 많이 따르고 있습니다. 맥그래스는 종교개혁자들이 믿은 축자영감설을 믿지 않으며, 오히려 그것을 믿는 사람들이 성경에서 어떤 영성을 불러일으키는 주관적인 경험의 요소를 모두 소멸시켰다고 주장합니다. 우리나라의 대표적인 신학교 중 한 곳도 이 바르트의 신정통주의를 열렬히 따릅니다.

신정통주의자들은 나름대로 합리주의자들과 자유주의자들이 배제한 하나님의 초월성을 강조하고, 기독교 신학의 기초로 성경의 중요성도 강조합니다. 이런 면에서는 얼핏 종교개혁자들을 따르는 것 같지만, 둘 사이에는 분명하고도 결정적인 차이가 있습니다. 무엇보다 그들의 주장은 예수님과 사도들의 성경에 대한 태도와 분명히 다릅니다.

예수님과 사도들은 바르트처럼 하나님께서 성경을 통해 말씀하실 수도 있고 안 하실 수도 있다고 이야기하지 않았습니다. 예수님은 구약성경에 대해 말씀하실 때, '만일 하나님이 이 구절을 통해 네게 말씀하신다면 그것을 따르라'고 말씀하지 않으셨습니다. 예수님은 분명히 '일점 일획도 결코 없어지지 않을 것'이라고 말씀하셨습니다. 기록된 모든 말씀이 하나님에게서 온 하나님의 말씀이라는 것입니다.

사도들도 성경은 그 자체로 하나님의 권위를 지닌 하나님의 말씀이라고 믿었습니다(딤후 3:16). 물론 죄성을 가진 인간은 성령 하나님께서 조명하시지 않으면 성경이 말하는 구원의 메시지를 깨달을 수 없습니다. 그러나 성경은 우리 자신이 깨닫든 깨닫지 못하든 그 자체로 신적 권위를 지닌 여전한 빛과 진리입니다(시 119:105, 151) 이 세상을 향한 빛과 진리요, 어두운 영혼들을 향한 빛과 진리로 우리에게 허락된 것입니다.

그러나 신정통주의자들은, 성경은 진리를 실제적으로 담고 있는 책이 아니라 하나님께서 믿는 사람들에게 진리를 계시하기 위해 준비하신 책이라고 생각했습니다. 성경에 대한 이러한 관점은 결국 성경을 주관적으로 사용하는 오류를 부추깁니다. 결과적으로 신정통주의자들은 신자들이 축소된 성경을 가지고 신앙생활하도록 만들었습니다. 신정통주의의 영향을 받은 사람은 같은 성경을 가지고 있어도, 그 중에서 자신에게 하나님의 말씀이 되는 것만 하나님의 말씀으로 여기기 때문입니다. 실존주의 철학에 기초한 신정통주의는 비록 성경의 권위를 인정한다지만, 결국 주관주의적인 신앙과 삶을 조장합니다. 이들은 진리의 객관성보다 개인의 신빙성을 중시함으로 모든 신학을 주관적인 상대성의 영역으로 내몰았고, 따라서 자연스럽게 신비주의를 수용하는 길도 열어놓게 되었습니다.

이에 대해 프란시스 쉐퍼는 이렇게 말했습니다. "칼 바르트는 신학에서 실존주의적인 도약이 이루어질 수 있는 문을 열어놓았다. 라인홀트 니버, 폴 틸리히, 존 로빈슨, 앨런 리처드슨, 그리고 새로 등장한 많은 신학자가 그 뒤를 따랐다. 그 상세한 내용은 조금씩 다르겠지만 그들이 씨름하고 있는 내용은 결국 동일하다. 그것은 합리성을 부인하는 현대인의 씨름이다." 신정통주의는 자유주의에 대한 반동으로 합리성을 부정함으로 친신비주의적인 경향을 띠게 된 것입니다. 이를 따르는 우리나라의 한 신학교가 최근 토머스 머튼에 심취해 신학생들에게 관상기도를 훈련시키고 신비주의를 가르쳐 따르게 하는 것은, 이상한 일이 아니라 바로 이런 연결고리 때문입니다. 이는 예수 그리스도께서 우리에게 행하신 객관적인 구속의 사실에 대한 믿음을 견지하는 것을 따분하게 여기며, 무언가 새로운 체험을 찾아 주관적인 신비주의로 흘러가는 것입니다.

'오직 성경'의 기초 위에 세워야 하는
신앙과 삶

종교개혁자들이 회복하고자 한 '오직 성경'이 무너지면, 교회 안에 있어도 우리의 신앙과 삶은 자연스럽게 한쪽으로 치우칩니다. 이것은 지난 교회사는 물론 오늘날 교회와 신자가 처한 현실에서도 확인할 수 있습니다. 특히 목회자가 '오직 성경'에서 멀어지면 그 영향을 받는 교회의 모든 성도, 심지어 주일학교 학생들까지 치우치게 됩니다. 신앙생활은 비록 예배당 환경은 열악하더라도 반드시 '오직 성경' 위에서 해야 합니다. 만일 '오직 성경'에 기초한 진리를 가르치는 사람이 없다면, 신앙과 삶의 균형을 위해 끝까지 찾고 구해야 합니다.

오늘날에는 이런저런 이유로 특정 목회자를 치켜세우며 따라가는 일이 많습니다. '어떤 목회자는 한 달에 책을 몇십 권씩 읽을 정도로 열심히 공부하고 성경을 깊이 있게 연구해 설교한다' '어떤 목사는 전통적으로 교회가 강조해 온 성경읽기와 전도, 기도 생활을 가르치며 이런저런 역사가 있다' '어떤 목사는 권위적이지 않은 모습으로 성도들과 함께 어울리며 말씀을 가르치고 양육한다' 등의 말을 하며 많은 무리가 따르기도 합니다. 그러나 그런 외적 사실보다 중요한 것은 그 모든 사역의 근거가 '오직 성경'인가 하는 것입니다.

사실 '오직 성경'을 지키는 것은 생각처럼 쉽고 간단하지 않습니다. 인간이 제법 똑똑해 보여도, 교회사는 이쪽저쪽으로 진자운동하며 '오직 성경'을 지켜내지 못한 모습을 끊임없이 보여줍니다. 하나님께서 교회를 보존하셔서 지금에 이르게 하셨지만, 도중에 우리는 방황하고 치우치는 일을 많이 겪었습니다. 이는 앞으로 있을 배교와 관련해서도 생각해 볼 중요한 문제입니다.

'오직 성경' 위에서 신앙생활하고 있는지 자신을 돌아보는 것은, 배교적인 시대를 사는 우리가 반드시 해야 할 일입니다. '오직 성경' 위에 서야만 왜곡된 신앙을 분별해 배교에 빠지지 않으며, 나아가 우리의 영혼이 자양분을 공급받아 진실한 신앙인으로 자라갈 수 있기 때문입니다. 우리는 성경 자체가 하나님의 말씀인 것을 믿으며 신앙생활해야 합니다.

배교는 어떤 식으로든 '오직 성경'이 무너진 곳, 그리고 '오직 성경'이 무너진 사람에게서 시작됩니다. 그러므로 우리는 우리 신앙의 기초인 '오직 성경' 위에 서는 것의 중요성을 지난 역사를 통해 배우고, 예수님과 사도들이 가르친 신앙을 회복하려 한 종교개혁자들의 뒤를 따라야 합니다. 우리는 성경이 하나님의 말씀임을 알고 받아들이는 데 확고해야 합니다. 먼저 믿은 우리부터 '오직 성경'의 값진 유산이 자신의 신앙과 삶의 기초인지 확인하고, 그 위에서 계속 신앙생활하면서 성경의 가르침을 더욱 풍성히 알아가기 바랍니다. 또 다음 세대의 교회까지 그 길을 따르도록, 특히 가르치는 사람들이 '오직 성경'의 기초 위에서 아이들을 가르칠 수 있기 바랍니다.

Chapter 04
신복음주의의 발흥과
그 그늘

● 초대교회 신자들은 지금처럼 한 권으로 묶인 성경은 없었지만, 사도들의 직접적인 가르침과 그들이 보낸 서신에서 구원과 신앙과 삶을 위한 모든 교훈과 지침을 얻었습니다. 따라서 이때는 오늘날의 '정경'이라는 개념이 굳이 필요하지 않았습니다. 그러나 점차 시간이 갈수록 엉뚱한 문서가 생겨나 유포되고, 잘못된 가르침과 뒤섞인 사상이 교회에 유입되면서 정경을 확정할 필요가 생겼습니다. 정경화 작업은 그리 오래 걸리지 않았습니다. 일단 구약성경은 이미 유대인들이 정경으로 여겨오던 39권이 채택되었고, 신약성경도 당대에 이미 보편적으로 권위를 인정해 사용하던 책으로 27권이 결정되었습니다.

그러나 중세 이후 로마 가톨릭교회가 구약에 소위 '외경'을 더하고, 거기에 로마 교황청의 결정으로 세워진 '전통'까지 거의 성경과 동일한 권위로 인정하면서, 성경만을 신앙의 기초와 중심 진리로 삼은 초대교회의 교리와 뼈대가 서서히 무너졌습니다. 이런 변질은 매우 치명적인 결과로 이어집니다. 지난 교회사는 로마 가톨릭교회든 개신교회든 '오직 성경'이 와해되고 성경의 권위가 무너지면 반드시 교회가 타락함을 보여줍니다. '오직 성경'에서 멀어진 성도의 신앙과 삶은 예외 없이 혼란에 빠집니다. 그리고 교회도 하나님의 영광을 잊게 됩니다.

이런 이유로 종교개혁자들은 성경의 권위를 인정하고 성경에 모든 구원과 신앙의 기초와 기준을 둔 '오직 성경'의 교리를 바로 세우고자 했습니다. 그들은 로마 가톨릭교회가 교권주의를 통해 성경에 전통을 더함으로 결국 신자들을 성경에서 멀어지게 한 것에 반대해, 누구나 성경을 소유하고 성령의 조명을 받아 유익을 얻을 수 있게 했습니다.

그러나 지금까지 살펴본 것처럼, 종교개혁으로 세워진 개신교회에서도 '오직 성경'을 무시하고 무너뜨리는 역사가 반복되었습니다. 나름대로 종교적인 열심과 사상을 가지고 기록된 계시인 성경에 무언가를 더하거나 빼는 일을 예부터 지금까지 반복해 온 것입니다. 개신교회의 장점은 성경의 권위에 순복해 그것을 기준으로 자신의 신앙과 삶을 세우는 데 있음에도, 오히려 로마 가톨릭교회보다 더 복잡하고 통제 불능한 정도로 성경의 권위를 부정하고 거기서 떠난 상태가 되었습니다.

'오직 성경'을 무너뜨린
또 다른 원인

우리는 이미 앞서 개신교회가 시대의 흐름에 휩쓸려 이성을 따라서든 직관이나 감정을 따라서든, 성경보다 우위의 기준을 가지고 성경을 다각적으로 부정하고 축소한 것을 살펴보았습니다. 그러나 그것이 전부가 아닙니다. 개신교회 안에서 '오직 성경'을 무너뜨린 또 다른 진원지가 있는데, 바로 신복음주의 운동입니다.

이는 특히 지금 우리의 현실과 직접적인 관련이 있습니다. 오늘날 대부분의 주류 교단 교회가 속해 있는 복음주의라는 큰 배경에서 신복음주의 운동이 나타났기 때문입니다. 물론 신정통주의 역시 지금까지도 복음주의권 교회와 목회자들에게 강한 호소력을 가지고 많은 영향을 미치고 있지만, 복음주의 안에서 '오직 성경'이라는 기준을 훼손하는 더 일반적이고 직접적인 영향은 신복음주의 운동에서 비롯됩니다. 이 운동이 하나님의 말씀인 성경을 중요하게 여기는 복음주의 진영에서 발생했기 때문입니다. 나라와 나라가 싸우는 전쟁보다 한 나라 안에서 일어나는 시민전쟁이 국민에게 더 크고 직접적인 피해를 입히듯, 영적인 영역에서도 마찬가지입니다. 복음주의라는 비교적 안전하다고 여기는 범주 안에서, 신학자들과 목사들이 저마다 스스로 옳다는 확신을 가지고 각기 다른 입장에서 '오직 성경'을 연구하고 전하는 것은 치명적인 결과를 낳을 수 있습니다. 그들은 거리낌 없이 '오직 성경'을 부정하고 무너뜨리는 견해를 말했지만, 그 결과는 누구도 책임지지 않았습니다. 그러나 그 여파로 복음주의 테두리 안에서 '오직 성경'을 부정하는 배도의 환경이 형성된 것은 분명합니다.

신복음주의 운동은 유럽과 미국에 크게 영향을 미친 자유주의에 대항해 일어난 근본주의와 관련이 있습니다. 즉, 종교개혁 때처럼 성경을 다시 회복하려는 열의로 '오직 성경'을 중시하고, 성경 '그대로'의 신앙을 강조하는 과정에서 신복음주의가 태동한 것입니다. 그런데 이 신복음주의가 결국은 '오직 성경'을 무너뜨리는 또 다른 원인으로 작용합니다. 특히 복음주의 진영에 있는 교회와 성도들이 '오직 성경'에서 멀어지도록 교묘하게 영향을 미칩니다.

앞서 살펴본 사상들의 문제점을 잘 인식하고 있는 사람도, '오직 성경'을 무너뜨리는 요인이 복음주의 안에 있다는 사실에 혼란을 느낄 수 있습니다. 지금 이런 문제를 거론하는 이유는 누군가를 정죄하거나 판단하려는 것이 아닙니다. 단지 어떤 연유와 과정에서든, 또 어떤 집단과 교회에 속해 있든, '오직 성경'이 훼손될 수 있다는 것과 실제로 훼손되어 온 실상을 말함으로 경계하려는 것입니다.

20세기의
복음주의 운동

앞서 살펴본 교회 안의 다양한 사상과 운동은 모두 세상정신에 영향을 받아 성경을 해석했던 시도였습니다. 반면, 복음주의자들은 종교개혁자들처럼 성경을 하나님의 말씀으로 믿으며 받아들인 자들이었습니다. 그런 복음주의 진영에서 어떻게 '오직 성경'을 무너뜨리는 일이 일어났을까요? 이를 추적하기 위해서는 복음주의가 오늘날처럼 확산되기까지의 배경과 과정을 잠시 돌아볼 필요가 있습니다.

우리에게 익숙한 오늘날의 복음주의 성격이 형성되고 확산된 것은 일반적으로 제2차 세계대전 이후 1950년대부터인 것으로 추정됩니다. 당시 복음주의 신학과 정신은 철저하게 성경에 기초하고 성경을 중시했습니다. 즉, 1950년대 이후의 복음주의 운동은 종교개혁의 특징을 다시 회복하는 긍정적 변화를 이끌었다고 할 수 있습니다. 레니 (I. S. Rennie)는 종교개혁적인 특징을 "성경의 중심성을 확고히 견지하고, 특히 성령께서 성경을 설교와 관련해 능력 있게 쓰신다는 점과, 교회와 생활의 모든 문제에서 성경이 최종적인 권위를 갖는다는 점, 그리고 성경을 가능한 한 자연스럽게 해석하고 자국어로 보급하는 것이 필요하다는 점을 강조한 것"이라고 말합니다. 그런데 복음주의 운동에는 바로 이런 특징이 있었습니다.

물론 이 같은 신학과 정신은 종교개혁 이후 계속 맥을 유지하고 있었습니다. 그러나 교회 안에 강력하게 성경을 부정하는 무리가 생겨나고 그들이 주류가 되면서, 종교개혁자들의 성경관을 견지하는 이들을 무지하고 시대에 뒤처진 사람들로 여기게 되었습니다. 복음주의 운동은 이런 배경에서 일어났습니다.

타협할 수 없는 기독교의 기초, 오직 성경

웨스트민스터신학교와
근본주의

성경 중심적인 태도를 견지하던 이들은 1900년대 전반기에도, 성경을 난도질해 권위를 무너뜨린 자유주의에 맞서 투쟁을 계속했습니다. 미국에서는 자유주의를 현대주의로 부르기도 했는데, 복음주의에 앞서 현대주의에 대항해 '오직 성경'을 부르짖던 선구자들이 있었습니다. 유럽에는 네덜란드의 아브라함 카이퍼(Abraham Kuyper)와 헤르만 바빙크(Herman Bavinck)가 있었고, 미국에는 프린스턴신학교 교수였던 찰스 핫지와 벤자민 워필드, 그레샴 메이첸(John Gresham Machen)이 있었습니다. 특히 미국의 이 신학자들은 구프린스턴 학파로 불리는 장로교도였습니다.

프린스턴신학교는 본래 장로교 목사를 배출하는 신학교였는데, 자유주의가 장로교회에 들어와 주류를 형성하면서 학교의 방향도 자유주의로 바뀌고, 교수도 그런 성향을 가진 이들로 채워지게 되었습니다. 그러자 찰스 핫지나 워필드, 메이첸 같은 이들이 '오직 성경'의 입장을 고수하면서는 교수생활하기가 어려울 만큼 대표회나 이사회의 압박이 커졌습니다. 그중 핫지는 계속 프린스턴신학교에 남아 외롭게 '오직 성경'에 기초한 신학을 견지했지만, 워필드와 메이첸 등은 프린스턴신학교에서 독립해 웨스트민스터신학교를 세웠습니다. 그 후로 한국에서 신학을 공부하기 위해 유학 가는 사람 중 자유주의를 거부하고 '오직 성경'을 믿는 이들은 프린스턴이 아닌 웨스트민스터 신학교로 가게 되었습니다.

현대주의의 영향은 장로교 안에만 국한되지 않았습니다. 이런 상황에서 당시 미국에서는 성경을 중시하던 자들이 규합해 성경의 근본적인 가르침은 타협할 수 없다는 목소리를 내기 시작했습니다. 이들을 소위 근본주의자라 하는데, 워필드와 메이첸을 중심으로 시작된 웨스트민스터신학교의 지도자들도 처음에는 이 근본주의와 함께했습니다. 그래서 이들도 한동안 근본주의자로 불렸습니다.

오늘날에는 근본주의라는 말이 주로 부정적인 의미로 사용되지만, 처음에는 그렇지 않았습니다. 근본주의는 원래 미국의 19세기 부흥운동과 그 뒤를 이은 성결운동, 초기 오순절운동, 영국에서 시작되어 미국에서 크게 꽃피운 뒤 우리나라에도 많은 영향을 미친 세대주의 등 보수적 성향의 기독교 그룹을 아우르는 말이었습니다. 이들 모두 자유주의 신학에 맞서 근본적인 신조를 공유하며, 근본주의라는 크고 느슨한 진영 안에 하나로 묶여 있었기 때문입니다. 그러나 근본주의자들이 점차 폐쇄적이고 극단적인 성격을 더해가면서 부정적인 의미를 갖게 되었고, 나중에는 이슬람 극단주의자들을 가리키는 말로 쓰이며 부정적인 용어로 자리매김하게 되었습니다.

1909년에 교회지도자들이 성경에 근거한 근본적인 교리를 방어할 필요를 느껴 『근본 문제들』(The fundamentals)이라는 소책자를 발간했습니다. 초기 근본주의운동은 이 책이 기독교 사업가 두 사람의 후원으로 세계 각처의 기독교 활동가들에게 300만 부가량 무료로 배포되면서 확산되었습니다. 그 내용은 당시 성경의 권위와 진리 됨을 축소하고 부정하던 자유주의의 신학적 공격에 성경적으로 변호하고, 자유주의자들의 성경 비판론을 비난하는 것이었습니다. 그리고 기독교가 반드시 고수해야 하는 근본적인 교리, 즉 성경의 무오성과 권위, 성경의 역사성과 축자 영감, 그리스도의 신성, 그리스도의 동정녀 탄생, 대속 교리, 그리스도의 부활과 재림 등의 내용도 포함되었습니다.

이후 근본주의자들은 자신들이 가진 신학적인 내용을 지키기 위해 전투적인 태도로 현대주의 곧 자유주의자들이 포함된 교단에서 나와 독립 교회와 교단을 결성했습니다. 이때 근본주의 진영은 세대주의 신학을 견지한 침례교도가 대다수를 이루었습니다. 세대주의 견해를 가진 침례교도 근본주의자들은 근본주의자 중에서도 더욱 분리주의적인 태도를 보였습니다. 이런 이유로 근본주의라는 단어도 점차 부정적인 말로 여겨지게 된 것입니다.

웨스트민스터신학교의 교수들과 보수적 장로교회들도 처음에는 세대주의, 성결운동, 오순절운동을 아우르는 근본주의의 믿음과 신학, 즉 자유주의에 대항하는 일에 공감대를 형성하고 있었습니다. 그들은 자유주의의 거대한 영향력에 대항해 '오직 성경'을 지지한다는 면에서 근본주의자들과 동지였습니다. 그러나 근본주의의 몇 가지 문제로 인해 자신을 근본주의자로 여기기를 바라지는 않았습니다.

근본주의는 성경을 중시함에도 대체로 하나님의 주권적 은혜보다 인간의 자유의지를 강조하는 알미니안적인 신학을 가지고 있었고, 현대 사조와 싸우는 데 지나치게 주력했으며, 그 과정에서 기존 교단들과의 관계에서도 분리주의적인 경향을 띠었습니다. 무엇보다 그들 사이에 널리 공유되던 세대주의 종말론은, 교회가 타락했고 세상은 곧 멸망할 것이라고 가르쳐 개인 구원에 지나치게 몰두하게 했습니다.

이런 이유로 웨스트민스터신학교의 교수들은 근본주의와 거리를 두게 되었고, 그들과 함께하던 정통 장로교회 측도 근본주의를 멀리하다 결국 갈라섰습니다. 근본주의자들은 분리적인 담을 쌓고 방어적인 태도를 취함으로 지적인 고립을 스스로 초래했고, 그들의 교회에는 점차 소수의 극단적인 분리주의자들만 남게 되었습니다.

신복음주의의 등장

신복음주의 운동은 1950년대 말과 1960년대에, 기성 교단을 전투적이고 저항적인 자세로 대했던 근본주의보다 포용적인 태도를 취함으로 근본주의를 대체하고자 생겨난 운동입니다. 신복음주의를 이끈 사람은, 구프린스턴의 전통을 이은 웨스트민스터신학교에서 수학한 헤럴드 오켕가(Harold J. Ockenga)와 에드워드 카넬(Edward J. Carnell), 기자 출신으로 나중에 회심해 신학교 교수와 《크리스차니티 투데이》(Christianity Today)의 편집장을 역임한 칼 헨리(Carl F. H. Henry), 유명한 복음전도자 빌리 그레이엄 등입니다. 이들은 근본주의보다 포용적인 복음주의를 구현하고자 했고, 그 뜻에 따라 새로운 신학교 설립에 앞장서기도 했습니다. 그렇게 세워진 학교가 풀러신학교고, 그들이 추구한 포용적 복음주의를 신복음주의라고 하는데, 일반적으로 그냥

타협할 수 없는 기독교의 기초, 오직 성경

복음주의라고 부르기도 합니다.

이처럼 성경을 중시하는 배경에서 나온 신복음주의가 '오직 성경'을 무너뜨리는 길로 나아갔다는 사실은 매우 충격적입니다. 혹자는 제 아무리 자신이 성경에 충실한 복음주의자라고 생각해도 '오직 성경'을 무너뜨리는 데 동조할 수 있다면 누구도 이 문제에서 자유로울 수 없는 것이 아닌지 의아해할 수도 있습니다. 그러나 꼭 그렇지는 않습니다. 복음주의 안에는 분명 '오직 성경'을 순전하고 충실하게 믿는 사람이 많이 있습니다. 그러나 안타깝게도 복음주의 진영의 모든 사람이 '오직 성경'에 충실한 믿음을 소유한 것은 아니라는 사실도 부인할 수 없습니다.

이런 현실을 정확하게 인식하고 지적한 신학자 데이비드 웰스(David F. Wells)는 『용기 있는 기독교』(*The Courage to Be Protestant*, 부흥과개혁사)에서 "종교개혁적인 전통을 따라 '오직 성경'을 믿는 신자를 복음주의자라는 단어가 아닌 다른 단어, 즉 '종교개혁적인 신자'나 '역사적인 개신교도' 또는 '역사적인 그리스도인'이라 부르고 싶다"고 말했습니다. 더 이상 복음주의라는 말로는 그들이 가진 신앙의 내용을 대변할 수 없게 되었다는 것입니다.

신복음주의는 앞서 언급한 '오직 성경'을 무너뜨린 교회 안의 다른 사상들과 달리 파괴성을 노골적으로 드러내지 않았습니다. 신복음주의자들은 더 많은 사람에게 인정받고자 했기에 어느 쪽에든 공격적인 인상을 주지 않았습니다. 당시 그들에게 사람들의 인정은 매우 중요한 문제였습니다. 자신들의 뜻을 구현하기 위해서는 많은 사람을 규합해 세력을 형성할 필요가 있었고, 그 중심에 있던 이제 막 개교한 풀러신학교에도 기존의 유명 신학교들만큼의 명성이 필요했습니다. 그런데 이처럼 많은 사람에게 인정받고자 한 행보가 결국 '오직 성경'을 손상시키는 결과를 낳게 됩니다.

이안 머레이는 그때의 분위기를 이렇게 말했습니다. "당시 흘러가는 종교계의 분위기를 보면서 교단지도자들은 사람들에게 더 많이 인정받기를 바랄수록 신학적 타협을 할 수밖에 없었다." 신복음주의자들이 그런 타협으로 나아간 대표적인 사람들인데, 그것은 신복음주의의 중심 역할을 한 풀러신학교의 변화 속에서 잘 나타납니다.

풀러신학교와 신복음주의의 신학적 타협

처음에 풀러신학교는 나름대로 보수적이고 성경적인 훈련을 제공할 목적으로 설립되었습니다. 따라서 자유주의는 물론 에큐메니컬 운동에도 동조하지 않았습니다. 신학교 설립에 참여해 그 사상적 기초를 놓는 데 깊이 관여한 초기의 교수 에드워드 카넬은 "에큐메니컬운동인 세계교회협의회(WCC)의 신앙고백은 정통 기독교적인 내용으로 보기에는 문제가 많다. 그 속에 유니테리언적인 이단의 색채가 보이며, 신학적 오류가 얼마든지 침투할 수 있는 여지가 있다. 즉, 에큐메니컬운동은 진리보다 연합에 더 관심이 있다"고 말하기도 했습니다.

타협할 수 없는 기독교의 기초, 오직 성경

이때까지는 신복음주의 운동의 핵심과 풀러신학교가 지향하는 것이 근본주의자들과 크게 다르지 않았던 것입니다.

이처럼 풀러신학교는 근본주의자들을 거부하지는 않았지만, 핵심 구성원들의 모교인 웨스트민스터신학교보다는 더 포용성 있는 새로운 복음주의 문화를 만들기 원했습니다. 그들은 풀러신학교 설립과 함께 두 가지 신학적 신념, 곧 성경의 완전한 권위를 인정하는 것과 그리스도의 구속의 필요성 및 중요성을 인정하는 것을 신복음주의 운동의 토대로 삼았습니다. 침례 교단이든 오순절 교단이든 성결 교단이든 이 두 가지 신념을 공유하면 복음주의 운동에 참여할 수 있었습니다.

한때 풀러신학교의 이사장이었던 오켕가는, 그동안의 분리주의적인 분위기에서 벗어나 자유주의의 영향을 받고 있던 주류 교단을 개혁하고자 했습니다. 그리고 동시에 풀러신학교를 현대주의, 곧 자유주의 교회가 지배하고 있던 당시 미국 개신교회 안에서 인정받는 학교로 세우기 원했습니다. 즉, 풀러신학교를 자유주의의 영향을 받은 주류 교단이 주도하는 미국 신학교 연합회의 인증 교과과정을 가진 신학교로 만들려 한 것입니다. 그런데 당시 잘 알려진 신학교들은 주로 자유주의 신학사상과 회의주의, 인본주의, 기독교 합리주의 등에 기초한 학문적 지위를 유지하고 있었기에, 이제 막 신설한 학교가 그에 비견되는 학교로 인정받기 위해서는 타협이 필요했습니다. 학문적인 포용성을 넘어 신학적이고 교리적인 포용성까지 수용하지 않을 수 없었던 것입니다.

신복음주의의 이런 타협 과정에서 가장 치명적이었던 것은, 신앙의 가장 중요한 기초인 성경에 대해 타협적인 태도를 취한 것입니다. 즉, 처음 풀러신학교를 설립할 때 신복음주의 운동의 토대로 삼았던 두 가지 신학적 신념 중 성경의 완전한 권위를 부정하는 데로 나아간 것입니다. 그 결과, 처음에는 오류투성이라고 여기던 세계교회협의회에 빌리 그레이엄이 참여하기도 하면서, 전에는 견고하게 믿었던 성경의 완전한 권위와 무오성을 부인하는 길로 서서히 발을 내딛게 됩니다.

데이비드 웰스는 "신복음주의의 토대요 중심인 그 두 가지 신학적 신념은 중심에서 주변으로 밀려날 여지를 처음부터 갖고 있었다"고 평가합니다. 교리를 부차적이고 주변적인 것으로 여긴 결과, 성경에 대해서도 자연스럽게 안일한 태도를 갖게 되었다는 것입니다. 이로써 각 교회는 자신이 추구하는 것을 성경보다 더 중요하게 여기게 되었습니다. 즉, 장로교회는 장로교의 정치제도를, 은사주의 교회는 은사를 성경보다 더 앞에 두게 된 것입니다. 이처럼 주변적인 것을 본질적인 것으로 여기는 현상이 신복음주의 안에 만연하게 되었습니다.

복음주의 안에서 광범위하게 일어난 성경관의 변화

이 같은 성경관의 변화는 미국뿐 아니라 영국의 복음주의와 심지어 정통적 복음주의 성격을 강하게 가지고 있던 네덜란드에서도 광

범위하게 나타났습니다. 독일에서는 자유주의가 매우 강하고, 프랑스나 이탈리아 쪽은 여전히 가톨릭이 지배하던 반면, 성경을 중시하는 복음주의적 전통이 강했던 미국, 영국과 더불어 네덜란드까지 이 시련이 휘몰아친 것입니다.

소위 성경 무오성 논쟁에 휘말리게 된 네덜란드 교회는 결국 성경관에 변화를 겪게 됩니다. 즉, 성경이 하나님의 말씀인 것과 계시적인 부분에서의 무류성(infallibility)은 인정하지만 무오성(inerrancy)은 부정한다(과학, 수치, 역사, 연대 등 비계시적인 문제에서는 오류가 있을 수 있다)는 입장을 취하게 된 것입니다. 그리고 이 견해가 신복음주의를 주도한 사람들과 풀러신학교를 통해 미국에도 수용됩니다.

1900년대 초부터 합리주의적인 신학 성향을 가진 신학대학과 교수들이 나타나기 시작한 영국에서는 이미 현대주의적인 성경관이 유행하고 있었고, 많은 복음주의 사상가와 교회 선교사협회, 기독학생운동(SCM) 등의 복음주의 운동도 그 영향을 받았습니다. 그리고 1960년대부터 영국 복음주의권에서도 성경과 관련해 분열이 일어났습니다.

그중 주목할 만한 것은 기독학생운동에서 나와 결성된 기독학생회(IVF)라는 선교단체의 행보입니다. 기독학생회는 1928년에 세워져, 미국의 초기 근본주의자들 특히 핫지나 워필드, 메이첸 같은 구프린스턴 학자들과 동일한 성경관을 가지고 출발했습니다. 그러나 이 영국 복음주의자들도 미국의 신복음주의자들이 겪은 것과 같은 타협의 위기를 맞습니다. 1950년대부터, 성경의 무오성을 믿던 기독학생회

출신의 젊은 학자들을 중심으로 무오성을 부정하는 견해에 타협하기 시작한 것입니다. 결국 성경의 무오성에 대한 믿음은 개인적인 신앙고백일 뿐 객관적인 학문의 영역에서는 설득력이 없다고 무시하는 시류에 따라, 신학자들이 영국의 대학과 신학계에서 영향력을 확보하기 위해 무오성을 포기했습니다.

프레드릭 브루스, 제임스 바, 제임스 던, 하워드 마샬, 데이비드 베빙턴, 리처드 프랑스 등이 이 입장에 서 있던 학자들로, 그들의 책은 우리나라에도 많이 번역되어 지금도 널리 읽히고 있습니다. 이들 모두 처음에는 초기 기독학생회의 정신처럼 '최초로 주어진 상태의 성경은 하나님의 영감으로 된 것으로, 무오하며 모든 신앙과 생활에서 최고의 권위를 갖는다'고 믿고 고백했습니다. 그러나 자신들의 성경관으로 인해 신학계에서 인정받지 못할 것을 염려해, 점차 무오성을 믿는 자신의 견해를 밝히지 않거나 포기하게 됩니다.

이때 그들은 신정통주의 창시자인 칼 바르트에게서 큰 자극과 영향을 받습니다. 칼 바르트는 성경에는 신적인 면과 인간적인 면이 있다며 성경을 그 둘로 구분해 다루는 일을 시도했습니다. 그것으로 학계에 혜성처럼 등장해 인정을 받았습니다. 복음주의자들은 바로 그 논리에 착안해, 성경의 신적 기원은 타협하지 않지만 인간이 기록한 성경은 인간적인 면이 있으므로 실수와 모순이 발생할 수 있다며 무오성을 포기했습니다. 성경의 인적 기원을 신적 기원과 분리해, 성경 저자의 문학적 특징, 저작 동기, 문화적인 배경, 성경 원어와 거기에 상용된 용어의 어원이 되는 고어 등을 연구함으로 학계에서 인정받고자 한 것입니다.

우리에게 매우 잘 알려져 있는 존 스토트도 이 구분을 따릅니다. 그래서 예컨대 창세기 1장부터 11장의 내용은 인간 저자가 썼으므로 과학적 역사적으로는 얼마든지 오류가 있을 수 있다는 입장을 피력하기도 했습니다. 역시 우리에게 잘 알려져 있는 알리스터 맥그래스는 좀더 분명하게 성경의 무오성을 부인합니다.

앞서 언급한 미국 신학계에서 형성된 비슷한 견해도 네덜란드나 영국의 분위기와 관련이 있었습니다. 성경의 무오성을 부정하는 미국의 학자로는, 마크 놀(Mark A. Noll)이나 칼빈에 대한 책을 편집한 도널드 맥킴(Donald K. McKim), 특히 풀러신학교의 잭 로저스(Jack Rogers)가 대표적입니다. 이 중 잭 로저스의 논문 지도교수였던 네덜란드 개혁파의 베르까우어(G. C. Berkouwer)는 무오성을 강하게 부정한 사람입니다. 사실 베르까우어도 처음에는 성경의 무오성을 매우 논리적으로 잘 논증했습니다. 그런데 나중에 더 정교한 논리로 성경에 오류가 있다며 자신의 주장을 번복합니다. 무오성을 강력하게 주장하다 입장을 바꾸어 성경의 무오성을 인정하지 않는 신앙에 대한 최고의 논객으로 등장한 것입니다.

잭 로저스나 알리스터 맥그래스가 성경의 무오성을 주장하던 기존 정통파를 비판한 것은 베르까우어의 논리와 무관하지 않습니다. 잘 알려진 네덜란드 학자 헤르만 리더보스(Herman Ridderbos)도 무오성을 포기했는데, 이런 분위기는 적지 않은 파급 효과를 일으켰습니다. 지금도 맥그래스의 글에는 같은 복음주의 안에 있는 성경무오론자들을 강하게 부정하고 비판하는 내용이 많이 있습니다. 이안 머레이는 이에 대해 "대학 안에서 영향력을 확대하려는 복음주의자들의 이런 식의 발전과 노력, 곧 성경에서 신적 계시의 특징을 강조하지 않고도 인간적인 면을 다룰 수 있다는 그들의 기대는 처음부터 잘못되었다"고 지적합니다.

안일하게 바라볼 수만은 없는 교회의 현실

신복음주의자들은 이같이 자신들이 원래 믿고 있었을 뿐 아니라 기독교의 마지막 보루라고도 할 수 있는 '오직 성경'을 희생시키고 발판삼아 많은 사람에게 인정받고자 했습니다. '오직 성경'을 보존하고 지키려는 복음주의 진영에서 이런 일이 일어난 것은 매우 충격적입니다. 신복음주의가 남긴 가장 큰 해악은, 사람들로 하여금 성경에 대한 타협적인 태도를 이전 같은 놀람이나 경계심 없이 자연스럽게 받아들이게 했다는 것입니다. 당시 일부 신학자를 제외한 복음주의 교회 대부분은 신복음주의자들이 교회에 미칠 파장을 알지 못했습니다. 오히려 그들을 긍정적으로 생각하는 것이 보편적이었습니다. 그러나 그들이 간 길은 제방의 한 구석을 무너뜨린 것과 같아, 이후 더 크게 무너질 수 있는 여지를 만들었습니다.

대다수의 사람이 감지하지 못하고 있지만 오늘날 복음주의 교회 안에서도 '오직 성경'이 무너지고 있습니다. 많은 사람이 이러한 현실을 알지 못할 뿐 아니라, 그것이 우리에게 미치는 영향이 무엇인지도 알지 못합니다. 물론 하나님은 지금도 살아계셔서 도우시고 섭리하시며 교회를 지키십니다. 이런 현실에서도 하나님의 말씀을 믿고 바르게 신앙생활할 수 있도록 우리를 이끄시는 은혜를 베푸십니다. 그러나 우리의 안일함과 무지는 그런 오류를 교회 안에 점점 수용해, '오직 성경'을 달리 해석하고 무너뜨리는 여러 가지 일을 긍정적으로 보게 만듭니다.

최근에도 교회 안에서 '오직 성경'을 무너뜨리는 일은 계속해서 일어나고 있습니다. 특히 성경에 무엇을 더하는 것으로 많이 나타납니다. 신복음주의의 영향으로 발전된 예언이나 신비적인 방법으로 음성을 듣는 것 등의 경험을, 하나님을 더 잘 믿고 하나님과 더 친밀한 증거로 여기는 사람이 많습니다. 그러나 그것은 '오직 성경'을 무너뜨리고 신앙을 비정상적이며 혼란스러운 상태로 내몰아 스스로 상하게 하는 일입니다.

우리는 이렇게 복음주의 교회 안에서 '오직 성경'이 무너지고 있다는 것을 바로 알아야 합니다. 그리고 그 현실이 배교를 부추기는 기초가 된다는 것도 깨달아야 합니다. 물론 그런 분별력을 가지고 '오직 성경'의 교리를 우리의 신앙과 현실에 견고하게 적용하는 것까지 필요합니다. 그러나 우선적으로 우리를 둘러싼 현실을 바르게 깨달아 예민하고 주의 깊게 볼 줄 알아야 합니다.

예수 그리스도를 믿는 신앙은 대충 어설프게 가지고 있을 것이 아닙니다. 기독교 안에서 누리는 은혜는 '오직 성경'의 보배로운 터 위에 서 있어야 비로소 그 부요함을 알 수 있습니다. 성경의 권위와 충분성에 대한 확신과 추구 없이 주관적인 기호를 따르는 신앙생활은, 쉽게 미혹당하고 세상정신에 휩쓸립니다. 하나님의 진리와 무관한 기만적인 내용이라도 자신에게 그럴듯하게 들리거나 마음에 위로와 흡족함만 준다면, 분별없이 그 매력에 마음을 빼앗기고 마는 것입니다. 그러나 우리는 그런 상태를 지양해야 합니다. 어떻게든 종교개혁자들이 말한 '오직 성경'이라는 반석 위에서 바른 이해와 분별력을 가지고 신앙생활하기를 힘써야 합니다.

모든 성경은 하나님의 감동으로 된 것으로
교훈과 책망과 바르게 함과 의로 교육하기에 유익하니
이는 하나님의 사람으로 온전하게 하며 모든 선한 일을
행할 능력을 갖추게 하려 함이라

_ 딤후 3:16-17

Part 2

'오직 성경'을 떠난
오늘날 개신교회의 현실

Chapter 05

복음주의 교회에 유입된
신정통주의적 성경관

● 앞서 우리는 예수님과 사도들이 가졌던 성경에 대한 태도를 회복하기 위해 일어난 개신교회에서, 어떻게 '오직 성경'의 교리와 믿음이 공격당하고 부정되어 왔는지 살펴보았습니다. 종교 개혁자들이 기독교 신앙에서 성경의 위치를 바르게 회복한 결과 교회가 힘 있게 서고 기독교의 바른 교리가 굳게 세워졌지만, 견고해진 그 틀은 교회가 세상정신을 받아들이면서 다시 급격히 흔들리게 되었습니다. 많은 사람이 성경에서 인간의 이성과 충돌한다 싶은 것은 가차 없이 무시하고 부정해, 결국 '오직 성경'이라는 기독교의 기초를 크게 무너뜨린 것입니다.

지금까지 살펴본 역사적 배경에 영향받은 오늘날의 교회는, '오직 성경'이라는 기초가 훼파되어 성경에 무엇인가를 더하거나 뺌으로 성경을 폐하는 일을 빈번하게 경험하고 있습니다. 특히 신복음주의

운동 이후 복음주의 교회 안에서까지 성경의 계시성과 권위에 도전하고 그것을 부정하는 일이 보편화 되었습니다. 우리는 지금 바로 그런 복음주의 교회의 현실에서 신앙생활하고 있습니다. 이 사실을 우리는 바로 알아야 합니다. 무엇보다 그런 역사적 배경이 오늘날 어떤 형태로 기독교 신앙을 어지럽히고 있는지 깨달아야 합니다. 이제 사실상 '오직 성경' 위의 신앙을 정면으로 부정하는 오늘날 교회 안의 실태를 네 가지 정도로 살펴보겠습니다.

큰불로 번진
작은 타협의 불씨

오늘날 '오직 성경'을 부정하는 현실에 가장 크고 결정적인 영향을 미친 역사적 배경은, 모순되게도 원래는 '오직 성경'을 보존하고 지키려던 무리 안에서 일어난 신복음주의 운동입니다. 신복음주의자들은 자유주의자들처럼 성경 자체를 부정하거나 성경의 권위를 정면으로 부인하지는 않았지만, 성경에 오류가 있다는 제한적 무오성을 주장함으로 결국 '오직 성경'을 무너뜨리는 길로 나아갔습니다.

신복음주의자들 역시 복음주의 안에서 서로 같은 성경을 인정하고 똑같이 하나님을 잘 믿으려던 자들이었음에도, 그들이 아주 사소하게 여겼던 작은 타협의 물꼬가 지금과 같은 큰 혼란을 초래하게 된 것입니다. 원래 타협이라는 것이 처음에는 작아 보여도 뒤로 갈수록 그 결과가 커지게 마련입니다. 신복음주의자들은 성경의 오류 가능성을 인정함으로 성경을 축소하고 성경에 대한 신뢰를 상대적으로 약화시켰습니다. 그러면서 새로운 계시를 주장하며 성경에 무언가를 더하거나, 성경을 지나치게 주관적으로 해석함을 통해 '오직 성경'을 무의미하게 여기는 풍토를 조성했습니다.

복음주의 안에 있는 자들은 대체로 자신이 '오직 성경' 위에 있다고 생각합니다. 그래서 새삼스럽게 '오직 성경'을 강조하는 것을 분리주의적인 행동으로 여기며 불편해합니다. 그러나 지난 교회사와 그로 인해 형성된 오늘날 교회의 영적 현실을 돌아보면, 복음주의 안의 작은 타협이 사도들과 종교개혁자들을 계승한 개신교회의 성경에 대한 이해와 태도 및 그 위에 선 신앙과 삶을 얼마나 변질시켰는지 잘 드러납니다. 이 간극은 갈수록 더 넓어지고 있습니다. 앞으로도 그 차이는 좁아지기보다, 오히려 이 추세로 결국 교회가 배교로 나아가지 않을까 깊이 우려됩니다.[08] 우리는 이런 현실을 알고 경계해야 합니다.

어떤 사람은 여전히 '자유주의에 물들었던 19세기와 달리 오늘날에는 대다수 교회가 성경을 강조하고 중시하는 복음주의를 표방하는데 무엇이 더 위험하다는 것인가? 무슨 근거로 배교까지 언급하는가?' 하고 의문을 품을지 모릅니다. 그러나 오늘날 많은 교회가 나름

---

08 지금 같은 추세라면 하나님께서 주권적으로 역사하시지 않는 한, 기독교라는 종교의 껍데기는 유지되더라도, 하나님의 계시된 말씀 위에 선 기독교의 본래 모습은 사라지고 배도의 환경이 급속히 조성될 것입니다. 그리고 결국 예수님께서 말씀하신 말세에 있을 큰 배교(마 24:10-12; 살후 2:3)로까지 나아갈 것입니다. 박순용, 『기독교, 세상의 함정에 빠지다』(서울: 부흥과개혁사, 2009) 참조.

대로 성경을 중시한다면서도, 성경에 무엇인가 더하거나 빼는 일을 아무렇지 않게 교묘히 행하고 있으며, 그로 인해 기독교 신앙이 매우 심각하게 변질되고 있다는 사실을 분별해야 합니다. 그런 의미에서 이제부터 다룰 현대 복음주의 교회 안에서 발견되는 문제는 더욱 주의 깊게 살펴볼 필요가 있습니다.

본 장에서 다룰 그 첫 번째 문제는, 복음주의 교회들이 성경 자체를 하나님의 말씀으로 믿지 않고, '하나님의 말씀이 되는 것'으로 믿는 신정통주의적 성경관을 폭넓게 수용하고 있다는 것입니다.

어긋난 '성경 회복'의 열심

사실 신복음주의와 신정통주의는 다소 다른 배경을 가지고 있습니다. 앞서 살펴본 것처럼 신정통주의는 무너진 성경의 권위를 회복하고자 한 운동입니다. 그래서 계몽주의 이후 기독교 안에서 일어난 성경을 부정하는 사상에 반대했습니다. 이런 면에서 신정통주의는 근본주의와 공통점이 있습니다. 그런데 근본주의는 종교개혁자들처럼 '오직 성경'을 말하면서 성경은 무류하고 무오하며 모순됨이 없다고 믿은 반면, 신정통주의는 외면상으로는 똑같이 성경을 회복하고자 했지만 그 성경관이 실존주의 철학에 기초하고 있기에 근본주의와는 추구하는 바가 달랐습니다.

신정통주의의 성경관은 '성경이 곧 하나님의 말씀'이 아니라, '성경이 하나님의 말씀이 된다'는 것입니다. 즉, 성경의 어떤 부분은 하나님의 말씀이 되지 않을 수 있다는 것입니다. 그들은 성경이 자신에게 감동이 될 때, 즉 성경을 통해 하나님과 '만날'(encounter) 때 하나님의 말씀이 된다고 주장합니다. 반대로 자신에게 감동이 되지 않을 경우에는 성경이 하나님의 말씀이 되지 못한다는 것입니다. 이처럼 그들은 성경 전체를 하나님 말씀으로 보지 않고 일부로 축소시킵니다. 안타깝게도 신정통주의는 기독교회 안에서 성경의 권위를 회복하고자 했음에도, 종교개혁자들이 말한 '오직 성경'을 세우기는커녕 도리어 지금까지도 그것을 무너뜨리는 첨병 역할을 하고 있습니다.

'오직 성경'의 회복에 실제적으로 기여한 것은 신정통주의가 아니라 근본주의운동이었습니다. 그러나 역시 앞서 말한 것처럼, 근본주의운동은 초기의 정신은 좋았으나 점차 분리주의로 흘러가면서 문제가 되었습니다. 이런 상황에서 신복음주의가 그 대안처럼 등장했습니다.

'성경'보다 '주관'에 중심을 두는
신정통주의 성경관

신복음주의자들이 어떻게 '오직 성경'을 버리게 되었는지는 앞 장에서 살펴본 바와 같습니다. 종교개혁자들이 고수하던 '오직 성경'의 기초와 결별한 신복음주의자들은, 성경을 주관적인 경험 차원에서 보는 신정통주의 성경관을 수용합니다. 성경이 자신에게 감동과 깨우침을 주어야만 하나님의 말씀이 된다고 생각할 뿐 아니라, 성경의 과학적 역사적 내용에는 오류가 있다는 그들의 성경관이 복음주의로 들어온 것입니다.

원래 복음주의는 분명 신정통주의와 구별되었고, 그것을 배격하는 입장이었습니다. 신정통주의가 자유주의를 비판하기는 했지만 실존주의적 입장에 서 있는 불트만과 연결고리를 가지고 있기에, 자유주의에서 완전히 떠나지는 못했습니다. 따라서 복음주의는 신정통주의를 수용할 수 없었습니다. 그러나 지금은 이 경계가 무너졌습니다. 복음주의 진영에서 성경 무오성을 부정하고 소위 제한적 무오성을 주장하는 과정에서부터 신정통주의적 성경관이 복음주의 교회로 들어오게 되었습니다. 일명 자유주의적 복음주의자들과 제한적 무오성을 주장하는 신복음주의 신학 교수들이 신정통주의 성경관을 복음주의 교회 안에서 유포하고 가르쳤습니다.

우리나라에서도 대표적인 장로교 교단 중 하나가 이 성경관을 가지고 있습니다. 이들은 성경의 기록이 역사적으로는 허위일 수 있지만 종교적으로는 진실하다고 봄으로, 결국 성경을 종교적 또는 신앙적 목적에서만 가치 있는 책으로 축소하고, 성경의 신빙성을 부분적으로 부정합니다.

물론 어떤 사람은 '같은 말씀을 듣고, 같은 하나님을 믿는데 무엇이 문제인가? 그런 것 몰라도 예수님 잘 믿고 열심히 복음 전하면 되지 않는가?'라는 식의 논리로 이런 이야기에 귀를 닫으려 할 것입니다.

타협할 수 없는 기독교의 기초, 오직 성경

그러나 성경의 오류를 인정하면서 예수님만 믿으면 된다는 것은, 제각기 믿고 싶은 대로 예수님을 믿겠다는 것과 다르지 않습니다. '성경에는 여러 종류의 오류가 있지만 그리 큰 문제가 되지 않으니, 성경을 종교적으로만 믿으라'는 것이 과연 가벼운 문제입니까? 자신이 감동하고 깨달은 것만 하나님의 말씀이 된다는 믿음 아닌 믿음을 가지고 성경을 대하면 어떤 일이 생기겠습니까? 일차적으로 발생하는 문제는, '성경이 말하고자 하는 바'가 결국 '내 주관'에 따라 좌우될 수 있다는 것입니다. 이렇게 되면 성경이 우리의 주관에 묶이게 됩니다. 이것은 심각한 문제입니다.

　물론 우리는 그 차이를 금방 알아차리지 못합니다. 그러나 수십 년 전 그런 성경관을 수용한 교회와 성도들의 모습을 통해 확인해 볼 수 있습니다. 그 사이에 생겨난 한 가지 뚜렷한 현상은, 성경을 주관적으로 보는 것은 물론 성경의 진리를 더 깊이 알고 묵상하기보다 주관적인 체험을 추구하는 이들이 늘어났다는 것입니다. 그러면서 결국 중세적 신비주의로 돌아가는 모습이 생겨났습니다. 오늘날 성경을 주관적인 체험 안에서 하나님의 말씀으로 경험하고자 하고, 나아가 하나님도 그런 식으로 체험하기 위해 애쓰며 신비주의로 빠져 드는 일이 많다는 점을 주목해 보십시오! 물론 복음주의자들이 토머스 머튼에 빠지고, 중세적 신비주의와 관상기도가 유행하는 것은, 종교적 색채를 띤 포스트모더니즘이라는 세상정신의 영향도 있습니다. 그러나 사도들과 종교개혁자들, 그리고 초기 근본주의자들의 성경관에서 벗어나 신정통주의 성경관을 수용한 데 더 큰 원인이 있습니다.

그런데 복음주의 교회들은 그것을 분별하지도 못하고, 그럴 필요도 느끼지 못하고 있습니다. 실은 문제를 발견해도 이미 손댈 수 없을 만큼 신앙의 기초가 왜곡되어 있는 경우가 많습니다. 어떤 이들은 작금의 상황을 성경에 대한 복잡한 문제에서 벗어난 편안한 상태로 여기기까지 합니다. 성경에서 과학적이거나 역사적인 문제를 따지고 들면 복잡한데, 그런 문제에서는 오류가 있을 수 있음을 인정해 자유하다는 것입니다. 비교적 논쟁적이지 않을 뿐더러 더 세련되고 설득력 있어 보이는 입장이라며 환영합니다.

성경을 축소함

복음주의가 수용한 신정통주의 성경관이 성경에서 신적인 면을 완전히 배제하는 것은 아닙니다. 다만 성경은 인간이 기록한 글이기에 신적인 면만 있는 것이 아니라 인간적인 면도 있다며 그 둘을 구별해, 성경의 어떤 내용은 인간적인 차원의 것으로 이해해야 한다고 주장하는 것이 문제입니다. 인간 기자들이 쓴 성경에 인간적인 면이 있는 것은 사실입니다. 모세나 바울, 베드로는 서로 교육 배경과 성격이 다르며, 그로 인해 분명 각 사람의 특성이 각자가 기록한 책에 나타납니다. 그러나 성경에서 인간적 요소와 신적 요소는 서로 분리할 수 없을 정도로 결합되어 있습니다. 인간적인 특성을 드러내는 부분이라고 해서 신적인 면을 배제할 수는 없다는 것입니다.

성경의 인간적 요소를 신적 특성을 배제한 채 이해하려는 접근은 성경을 인정하는 태도가 아닙니다. 비록 성경에는 각 권 기자들의 개인적 특성이 다각적으로 나타나 있지만, 디모데후서 3장 16절의 가르침대로 분명히 모든 성경은 '하나님의 감동'으로 된 것입니다. 성령께서 기자들을 감화, 감동하심으로 붙드시고 철저히 인도하셔서 오류가 없게 역사하신 것입니다. 따라서 성경의 인간적인 부분만을 따로 분리해 생각할 수 없습니다.

그러나 오늘날 복음주의 진영은 이러한 성경관의 강한 영향력 아래 있습니다. 그렇다고 예수님이나 사도들, 종교개혁자들과 동일한 성경관을 가진 사람이 전혀 없는 것은 아닙니다. 예나 지금이나 참된 신앙을 위해 성경을 그대로 다 인정하는 성도들은 항상 존재합니다. 역사를 거치며 그릇된 사상에서 진리를 방어하기 위해 조금씩 더 체계화 된 설명을 더해가긴 했지만, 믿음의 내용이 변하지는 않았습니다. 다만 사람들이 변하지 않는 진리를 구태의연하게 여기고, 시대에 뒤떨어졌다고 생각할 뿐입니다. 많은 사람이 새로운 것에는 무언가 진보한 면이 있으리라는 생각으로 신정통주의나 자유주의적 복음주의의 주장을 더 신선하게 여기며 따르는 것입니다. 특히 이성적이고 학문적인 욕구가 강한 사람일수록 새로운 것에 대한 매력을 쉽게 느껴 별 주저함 없이 이를 수용하곤 합니다. 매우 열심 있는 신자나 목사, 신학생, 심지어 신학교수도 예외가 아닙니다.

기존의 성경관에 대한 공격

오늘날 한국 교회에까지 큰 영향력을 미치고 있는 영국의 알리스터 맥그래스는 복음주의권에서 바르트의 신학적 이해와 관점을 수용한 대표적인 신정통주의자입니다. 그러나 그를 비판하는 사람은 거의 없습니다. 특히 그는 역사적인 이해가 깊고 종합적이며 풍성한 지식으로 설득력 있게 설명하기에, 국내외를 막론하고 성경에 대한 그의 사상도 거리낌 없이 수용하는 사람이 많습니다.

이런 복음주의권의 변화는 특히 학계에서 더욱 분명히 드러나는데, 이에 대해 신학자 칼 트루먼(Carl R. Trueman)은 이렇게 말합니다. "과거에 전통 신학이 가르치던 성경의 권위를 현재 복음주의 학자들의 책에서는 거의 찾아보기 힘들다. 혹 언급되어도 바르트주의나 신정통주의 개념으로 바뀌어 있거나, 첨예한 문제에 대해서는 무조건 침묵하는 식으로 일관한다. 또 찰스 핫지나 워필드, 칼 헨리에 대해 공격하는 경향이 점차 늘고 있다. … 그런 현상이 보여주는 가장 서글픈 요소는, 복음주의의 원로 그룹에서 이 문제를 지적하려는 움직임이 보이지 않는다는 것이다. 이들은 후배들이 자신들의 유산을 함부로 버리는 것을 그냥 내버려두고 있다."

트루먼의 말대로 마크 놀이나 잭 로저스, 알리스터 맥그래스 같은 사람은, 성경의 무오성을 가장 체계적으로 정리한 구프린스턴 학파의 교수들을 직접적으로 공격합니다. '구프린스턴 신학자들은 18세기 계몽주의 철학의 영향을 받았다' '그들의 견해는 이성주의의 산물이다' '그들은 합리주의에 빠져 있다' 등의 비난을 쏟아놓으며, 예수님과 사도들과 종교개혁자들을 따라 성경을 곧 하나님의 말씀으로 믿는 자들을 비판합니다.

그러나 이런 주장의 배경에는 영성이라는 이름으로 주관적인 경험을 중시하는 신정통주의의 신학적 성향이 자리 잡고 있습니다. 이로 인해 상대적으로 설득력 있는 논리로 성경의 권위와 진리성을 변증하는 사람을 이성주의자 또는 합리주의자로 보는 왜곡된 판단이 뒤따르는 것입니다. 그러나 이성을 사용한다고 모두 이성주의자나 합리주의자가 되는 것은 아닙니다. 우리는 인간의 이성 능력을 지나치게 신뢰해 그것으로 모든 것을 판단하려는 이성주의는 경계해야 하지만, 이성 자체는 꼭 필요한 것으로 바르게 사용해야 합니다.

영성을 지나치게 강조하는 오늘날의 분위기는 "네 생각대로 해. 느낌대로 해. 네 느낌이 맞아!" 하고 부추기는 시대정신과 맞닿아 있으며, 직관과 느낌과 감정을 중시하는 반면 이성은 경시하는 실존주의, 즉 신정통주의적 신앙에 따른 것입니다. 우리의 신앙은 이성을 사용해 말씀을 바르게 알고자 하는 노력을 배제해서는 안 됩니다. 이성에 지나치게 의존한 이성주의에 대한 반발로 이성을 경시하는 것은 우리의 신앙을 더욱 극단적인 주관주의에 빠지게 만드는 일입니다.

이런 태도는 결국 성경을 단지 진리를 포함하는 책, 혹은 개연성 있는 책으로 만드는 주범이 됩니다. 우리는 이미 그 현실을 교회 현장에서 보고 있습니다. 오늘날 많은 신자와 교회지도자가 성경 축자영감설이나 성경의 무오성 등을 닳디 닳은 고리타분하고 진부한 이야기로 생각하며 별 매력을 느끼지 못합니다. 오히려 성경에서 자신에게 감동 되는 내용이 하나님의 말씀이 된다는 신정통주의 성경관이 우리의 신앙을 더 역동적이고 활기 있게 만드는 대안인 것처럼 생각합니다.

사역자들조차 성경을 전적인 하나님의 말씀으로 믿지 않고 가르치다 보니, 그런 이들의 영향을 받으면서 신앙생활하는 성도들은 성경을 통해 신학적인 일관성을 갖지 못합니다. 어떤 신학이든 마음에 끌리면 받아들이거나 가르칠 수 있게 된 것입니다. 이처럼 성경을 주관적으로 대하거나 활용하게 되면서 결국 부정적인 현상과 열매가 드러나게 되었습니다. 이 상태가 계속되면 교회의 미래는 어두울 수밖에 없습니다.

은밀하지만 치명적인 변화를 경계하라

과거 합리주의나 낭만주의, 신학적 자유주의가 성경을 노골적으로 공격할 당시에는 그들을 경계하고 방어하는 것이 상대적으로 쉬웠습니다. 저편과 이편의 구분이 확실하기 때문입니다. 그러나 지금은 복음주의 안에서 똑같이 성경을 믿는다면서 '오직 성경'을 무너뜨리는 일이 벌어지고 있습니다. 그래서 우리가 그 위험성을 잘 느끼지 못할 수 있습니다. 이 설명을 듣고 나면 그제서야 '그럴 수도 있겠구나' 할 뿐이지, 대부분은 '그냥 열심히 예수님 믿으면 되는 것 아닌가.' 하고 생각합니다.

그러나 그런 안일한 생각을 버려야 합니다. 이 문제가 반드시 구원과 직결된다고 할 수는 없지만 전혀 관련 없는 것도 아닙니다. 성경관의 왜곡은 교회와 신자 개인에게 매우 파괴적인 결과를 야기할 수 있습니다. 특히 우리 신앙과 삶의 건강에 직접적인 관련이 있습니다. 그러므로 우리는 절박한 심정으로 다시 '오직 성경'을 회복하고, 그 위에서 구원과 신앙과 삶을 세워가야 합니다. 그리고 교회를 그 위에 세워야 합니다. 오늘날처럼 '오직 성경'이 무너져 성경을 고작 성도들의 주관적인 체험을 지지해 주는 수단 정도로 여기게 되면, 교회는 바로 설 수 없고 이 세대를 위한 도구로 바르게 쓰일 수도 없습니다.

이제 신정통주의 성경관을 수용한 복음주의 안에는, '오직 성경'이라는 종교개혁자들의 주장에 담긴 의미를 재해석해, 정통적인 견해와는 다른 자신의 이론을 지지하는 근거로 삼는 일까지 벌어지고 있습니다. 복음주의 교회의 공통분모요 가장 중요한 토대인 성경에 관한 태도에서부터 서로 나뉘고 있는 것입니다. 이로 인해 신자들의 신앙과 행위가 점차 개별적이고 주관적인 판단에 좌우되고 있습니다.

일찍이 이런 흐름을 파악한 프란시스 쉐퍼는 이렇게 말했습니다. "전 세계와 미국에서 복음주의자라는 칭호를 가진 사람이 점차 많아질지는 몰라도, 복음주의는 강력한 성경관에서 일치된 노선을 지키지 못하고 있다. 그러나 복음주의자들이 진정한 복음주의자가 되려면 결코 성경관에서 타협해서는 안 된다." 진정한 의미의 복음주의자는 성경관을 타협할 수 없다는 말입니다. 그는 또 "우리는 성경에 대한 신학적 공격을 기도하는 마음으로 거부해야 한다. 분명하게 그리고 사랑하는 마음으로 힘 있게 거부해야 한다"고 말하기도 했습니다.

우리에게도 그 같은 확고한 마음이 필요합니다. 우리는 성경관이 흐려진 오늘날의 흐름을 거부할 뿐 아니라 참된 성경관을 회복해야 합니다. 그리스도인의 삶은 진정으로 '오직 성경' 안에서만 풍성한 하나님의 말씀으로 부요해지고, 신앙과 행위에서 온전하고 바르게 되며, 생기를 가질 수 있음을 알고 경험해야 됩니다. 신자가 '오직 성경' 위에서 하나님 말씀의 풍성함을 알면 알수록 하나님에 대한 이해는 점점 더 깊어집니다. 반대로 계시의 말씀인 성경에서 멀어지면, 하나님을 알고 그 은혜를 누리는 신앙도 병들고 시들 수밖에 없습니다. 그러므로 '오직 성경'의 문제를 하나님의 백성 된 우리의 신앙과 삶이 걸린 문제로 알고, 그 위에서 신앙과 삶을 세워나가기 바랍니다.

Chapter 06

비성경적 예언운동의
만연

'오직 성경'을 무너뜨리는
새로운 '계시'

'오직 성경'이 무너진 오늘날 복음주의 교회의 현실은, 앞서 살펴본 대로 성경의 무오성을 부정하고 성경을 축소한 것만으로는 모두 설명할 수 없습니다. 지금의 현실을 바로 이해하기 위해, 성경의 무오성을 부정하는 빗나간 성경관과 함께 반드시 살펴보아야 할 또 한 가지가 있습니다. 성경에 무언가를 더함으로 '오직 성경'을 무너뜨리고 있는 예언운동입니다.

예언운동은 은사주의적 신비주의의 계보에서 일어나, 새로운 계시 운운하며 '오직 성경'을 무너뜨리는 또 다른 주범입니다. 오늘날 오순절 교단뿐 아니라 다른 교회들, 심지어 장로교회도 은사주의에 큰 영향을 받아 이 예언운동에 뛰어들고 있습니다. 특히 신사도운동은 초

교파적으로 많은 교회와 선교단체를 끌어들이고 있습니다. 이 예언운동은 신학적으로 매우 위험한 릭 조이너(Rick Joyner)라는 사람을 공공연히 선지자처럼 따르며 신사도운동을 하던 교회가 갑자기 수천 명으로 교세를 확장하면서 더욱 유행하게 되었습니다.

우리에게는 분명히 완성된 하나님의 계시로 주어진 성경이 있음에도, 이처럼 새로운 형태의 계시를 신앙과 행위의 지침으로 삼으려는 일이 오늘날 복음주의 교회에서 흔하게 일어나고 있습니다. 이 현상은 근본주의운동에서 시작된 오순절운동과 그 뒤를 이은 은사주의운동에서 생겨난 것입니다. 이들은 방언이나 예언의 형태로 자신이 받은 메시지를 새로운 형태의 계시로 받아들입니다.

기만적인 예언운동

영국 유학 시절 우연히 오순절 계통의 은사주의 교회에 가본 적이 있습니다. 유학 초기에 동네에서 만난 한 중년 남성을 따라 그분이 다니는 교회에 가게 된 것입니다. 그분은 매우 선하고 호의적이며 예의 바른 태도를 지녔는데, 약 30분 정도 버스를 타고 가는 동안 계속 예언에 대해 이야기했습니다. 그리고 교회에 도착해 예배를 드리고 기도할 때가 되자 갑자기 그분이 일어나더니 어떤 발언을 했습니다. 유학 초기여서 그 내용을 제대로 알아듣지 못해 나중에 물었더니 예언을 했다는 것입니다. 그러면서 그 예언을 기록한 것을 보여주어 읽어

보았습니다. 회개하지 않으면 영국에 언제 어떤 일이 있을 것이라는 내용이었습니다.

오늘날 바로 이런 종류의 예언, 즉 교회적인 예언과 개인적인 예언이 크게 유행하고 있습니다. 심지어 하나님의 음성을 직접적인 계시로 받는다고 주장하는 사람도 많습니다. 신사도운동을 하는 이들은 아예 예언학교를 세워 예언하는 것을 가르치기도 합니다. 그러면서 사실상 자신들의 예언을 성경보다 더 중요시하기까지 합니다.

미국에서도 한동안 이런 일이 방송설교가들을 통해 많이 일어났고, 지금까지도 이어지고 있습니다. 그런 방송설교가들은 텔레비전을 통해 예언하며, 미국 어느 지역에서 어떤 병, 어떤 암이 나았다고 선언합니다. 그들은 그것을 믿음 사역, 믿음적 예언이라 말합니다. 어떤 도시의 어떤 질병이 치료될 것이라는 자신들의 말은 신적 계시로 받은 것이라고 주장합니다. 그러나 그들은 자칭 계시를 선언하면서 정작 치료받은 당사자의 이름이나 그가 살고 있는 상세한 주소는 한 번도 가르쳐준 적이 없습니다. 그 내용은 온통 피상적인 것뿐입니다.

이 같은 일이 요즘 우리나라에서도 일어나고 있습니다. 우리나라에도 자신이 하나님께 받은 계시라며 글이나 책을 유포하는 사람이 제법 많습니다. 또 외국의 신사도운동 지도자들이 주도하는 대규모 예언집회가 열리면 수많은 무리가 운집하는 현상도 종종 보게 됩니다.

이들의 논리는 매우 단순합니다. 하나님께서 강력하게 자기 마음에 말씀하시기에, 그것을 말하지 않으면 하나님의 음성에 불순종하는 것이라는 식입니다. 그들은 이런 식으로 자기 안에서 들려온 어떤 음성을 곧 하나님께서 자신에게 강력하게 말씀하신 것으로 주장합니다. 이 '하나님의 음성 듣기' 운동에 참여하는 사람은 매우 많습니다. 여러 선교단체와 교회가 하나님의 음성을 마음으로 듣는 '방법'을 가르치며 서로 권하기까지 합니다.

심지어 그들은 "내가 하나님의 일을 하려는데, 당신도 동참하라는 예언을 하나님께 받았다"든지 "이러이러한 일에 기금 3천만 원이 필요한데 불순종하지 말라"는 식의 말도 서슴지 않습니다. 이는 모두 사기입니다. 진짜 예언이 아닙니다.

성경 외의 다른 계시를 주장하는 오류

성령 하나님은 이미 계시된 말씀, 곧 기록된 성경말씀을 조명하심으로 우리가 죄를 자각하게 하시고, 우리의 행할 길을 인도하십니다. 그러나 오늘날 복음주의에서까지 유행하는 예언운동은, 기록된 하나님의 말씀 안에서가 아니라 그 말씀을 떠나, 성령께서 어떤 메시지를 주셨다며 성경에 무언가를 더함으로 '오직 성경'을 무너뜨리고 있습니다. 이제 한국 교회 안에는 이런 일이 너무 많아 통제가 안 될 정도입니다.

물론 성령에게서 어떤 메시지를 직접 받았다는 사람 중 대부분은 자신이 받은 것을 계시라고 노골적으로 말하지는 않습니다. 그러나 비난을 피하기 위해 계시라는 단어만 사용하지 않을 뿐 자신의 말을 하나님에게서 받은 신적 메시지로 주장하기에, 결국 실제로는 계시로서의 권위와 기능을 의미합니다. 그들은 마치 구약과 신약시대에 계시적 예언을 하던 선지자나 사도처럼 새로운 계시를 쏟아놓고 있습니다. 이로써 말로는 성경을 중요하게 여긴다지만 실제로는 성경보다 자신들의 예언을 더 중시하고 있습니다. 주로 건강이나 돈 문제 등과 관련된 그 '예언'이 성경말씀보다 더 피부에 와 닿기 때문입니다.

교회사에서 정죄되어 온 '추가적인' 계시의 확산

오늘날 새로운 계시를 주장하는 예언운동이 이처럼 복음주의 진영에서 활개를 치는데도, 많은 사람이 그런 현상을 심각하게 여기기는커녕 오히려 수용하고 있습니다. 그러나 개신교 역사에서 신앙고백서들을 작성할 때만 해도, 성경에서 말하는 '예언'은 어디까지나 하나님의 계시된 말씀을 기록한 성경과 관련해서만 이해되었습니다. 오늘날은 상황이 완전히 달라졌습니다. 현대의 개신교회는 종교개혁 이후 사도들의 가르침을 따라 온 교회지도자들이 작성한 신앙고백서들, 특히 성경과 관련한 교리를 모두 쓰레기 취급하는 지경에 이르렀습니다.

초대교회 때부터 교부시대까지 약 450년 동안, 기독교회는 임의로 계시적인 예언을 하는 사람을 모두 이단으로 정죄했습니다. 이후 중세시대에는 예언에 대한 분별과 정죄가 느슨해졌는데, 이는 당시 '오직 성경'의 신앙이 무너진 상태였기에 자연스럽게 뒤따른 결과라 할 수 있습니다. 그러나 종교개혁을 기점으로 개혁교회는 다시 계속되는 신앙고백서들을 통해, 성경에 새로운 계시는 더 이상 없다는 사실을 천명하며 새로운 계시 운운하는 자를 이단시했습니다.

1640년대에 작성된 웨스트민스터 신앙고백서는 종교개혁 이후의 모든 신앙고백을 잘 조합한 것입니다. 그런데 이 고백서가 작성된 뒤 한 세대도 지나지 않아, '내적인 빛'(inner light)이라는 표어 아래 내면의 계시를 중시하는 퀘이커교도들이 등장했습니다. 그 대표적 인물이 조지 폭스(George Fox)입니다. 퀘이커교도들은 청교도들의 신앙이 시들어가는 시기에 나타났는데, 그들의 등장 이후 각종 신비주의 운동이 일어나, 소위 '신비한 체험'에 계시적인 의미를 부여하며 그것을 성경보다 더 중시하는 현상이 개신교회 안에서 꾸준히 생겨났습니다.

그러다 1901년에 방언을 강조하는 오순절운동이 일어납니다. 이 운동은 그 해 1월 1일 미국 캔자스 주 토피카(Topeka)의 한 작은 성경학교에서 아그네스 오즈만이라는 여성이 이상한 말 한 것을 방언이요, 성령이 임한 것으로 인정한 데서 시작되었습니다. 이때부터 이 현상을 성령의 역사로 받아들인 사람들이 집회를 열어 방언을 받으라고 말하면서 소위 오순절운동이 확산되었습니다. 1950년대에 들어와 오순절운동에 대한 일면의 반발 속에서 그것을 계승해 나온 것이 은사주의운동입니다. 이 운동은 오순절운동에서 진일보해 방언뿐 아니라 기적을 비롯한 다른 은사도 강조합니다. 뒤이어 1970년대부터는 존 윔버(John Wimber)를 위시한 '제3의 물결'(Wind of the Thirds)이 등장하고, 각종 예언운동이 더 두드러지게 나타납니다.

이런 맥락에서 1990년대에 크게 유행한 것이 신사도적 개혁운동입니다. 이 운동은 계시적인 예언을 특히 강조합니다. 예언이 모든 은사와 체험을 아우르는 최상의 위치로 부상하면서, 매우 강력하고 권세 있는 것이 되어 사람들의 마음을 사로잡았습니다.

이 시대의 새로운 사도?

신사도적 개혁운동은 구약과 신약시대에 있던 선지자나 사도가 지금도 있다며, 그들이 하는 예언을 일종의 직통 계시로 간주합니다. 또 신디 제이콥스(Cindy Jacobs)나 체 안(Che Ahn) 등 신사도 개혁운동을 주도하는 사람들은, 특정한 은사를 소유한 자들은 그 능력을 다른 사람에게 전이할 수 있다고 주장합니다. 특히 그들은 예언의 은사를 사역자들에게 전해 주려고 시도합니다. 자칭 사도로서 또 다른 사도를 임명해 세울 권세를 가지고 있음을 주장하는 것입니다.

이들은 주로 대형집회를 열어 "당신은 부자가 될 것입니다." "귀신을 쫓아내고 큰 능력을 소유할 것입니다." 하는 식의 예언 같지도 않은 허무맹랑한 말을 하며 수많은 사람을 현혹하고 있습니다. 한국에도 이런 이들의 영향을 받아 그들에게서 능력을 전이 받았다고 주장하는 이들이, 교회 안에서 예언 은사에 대한 관심을 크게 확산시키고 있습니다. 근래에는 그런 내용의 책도 많이 출간되고 있으며, 신사도 운동을 추구하는 교회에는 수많은 사람이 몰려들고 있습니다. '예언을 말하라, 선언하라'는 외침에 지성인들까지 열광하며 심취해 따르고 있습니다.

이 신사도운동을 주도하는 가장 대표적인 사람이 피터 와그너(Peter Wagner)입니다. 그는 교회 성장에 관심을 갖고 가르치던 중 신사도운동이 교회 성장에 도움이 된다는 면에 착안해 은사를 강조하며 그 이론을 체계화했습니다. 신사도운동이 유행하게 된 배경에는 교회 성장에 대한 필요와 욕구가 큰 요인으로 자리 잡고 있는 것입니다. 바로 이것이 개신교회 안에서 예언운동이 커다란 흐름을 형성할 수 있었던 이유입니다.

오늘날 오순절 교회와 은사주의 교회는 세계 개신교에서 가장 큰 교단이 되었습니다. 우리나라에서는 장로교회가 가장 흔하지만 우리나라나 스코틀랜드, 미국을 제외한 다른 나라에는 장로교회가 그리 많지 않습니다. 세계적으로는 오순절 교단이 여타의 교파들과 비교가 안 될 정도로 크며, 다른 교파에 속한 교회들조차 그들의 영향을 크게 받고 있습니다. 이런 배경에서 대표적인 복음주의 조직신학자 중 하나인 웨인 그루뎀(Wayne A. Grudem)이, 개신교회의 흐름을 잘 알고 수용하는 입장에서 예언에 대한 조직신학적인 이론을 제시해 주게 됩니다. 그러면서 그의 이론에 힘을 얻은 이들이 더 과감하게 예언운동을 전개해 나가게 되었습니다. 예언운동은 성경을 중시해 온 복음주의 안에서 가장 큰 세력이 되었습니다. 더 나아가 정통 복음주의자들까지 그 흐름을 지지하는 신학 이론을 개진할 정도로 강력해졌습니다. 이제 그들은 거리낌 없이 자신들의 일을 성령 충만한 것, 성령의 역사를 따르는 것으로 간주하고 있습니다.

예언운동의
치명적인 귀결

　여기서 우리가 주목할 사실은 '오늘날 개신교회가 심취한 신비주의와 예언운동의 귀결은 무엇인가' 하는 점입니다. 그것은 교회를 양적으로 성장시키는 방법 정도로 그치지 않습니다. 특히 우리는 근래에 사람들을 현혹하는 모든 '신비한' 체험이 결국 예언적 성격을 가진 것으로 이해되고 있다는 점을 놓치지 말아야 합니다. 방언도 예언적으로 하고, 꿈도 미래의 일을 밝혀주는 것으로 여기며, 환상을 보는 것이나 하나님의 음성을 듣는 것도 어떤 결정을 돕는 계시로 받아들이고 있습니다.

　이것은 '오직 성경'을 무너뜨리는 것일 뿐 아니라, 교회 안에서 '오직 성경'이 무너짐으로 이르게 된 귀결이기도 합니다. 이제는 예언운동을 마치 이 시대에 기독교회를 다시 부흥하게 할 대안으로 여길 정도입니다. 이런 흐름을 따르는 자가 성령 충만한 신자와 목회자며, 성령을 제한하지 않고 성령의 역사에 동참하는 것으로 간주됩니다. 기독교 전 역사를 놓고 보았을 때 비정상인 운동이 정상적인 것으로, 더 나아가 주류가 되어 지지를 얻으며, 새롭고 능력 있고 생명력 있는 것으로 각광받고 있습니다.

이러한 인식의 변화는 매우 치명적입니다. 그 같은 인식에 따라, 성경에 비견되거나 성경보다 더 실제적인 권위와 영향력을 가졌다는 각종 예언과 계시적인 은사에 대한 비판을, '성령을 멸시하고 제한하는 일' '성령 충만하지 못하고 기도하지 않는 이들의 편협함'으로 일축하게 됩니다. 그들이 추구하는 왜곡된 신비 체험에 대한 문제제기를, 기독교의 신비 자체에 무지하고 그것을 무시하는 일로 치부하는 것입니다. 그러나 그들을 반대한다고 해서 기독교의 신비를 인정하지 않는 것은 결코 아닙니다. 오히려 그들이 기독교의 참된 신비에서 멀어져 왜곡된 신비를 추구하고 있는 것입니다.

말씀을 혼잡하게 함

예언운동이 만연한 오늘날의 가장 심각한 문제는, 지금도 하나님이 주시는 계시를 받는다는 사람은 모두 성경 저자가 될 잠재력을 갖게 된다는 점입니다. 그리고 이는 곧 하나님께서 이미 특별계시로 우리를 위해 기록해 주신 성경을 우리의 구원과 삶을 위해 완전하지 않거나 충분하지 않다고 여기는 것입니다. 물론 누구도 그렇게 노골적으로 주장하지는 않지만, 실제적인 면에서는 성경보다 현대의 예언자들이 계속 더해가는 계시에 주목하고 그에 따라 신앙생활함으로, 기록된 성경이 이차적인 참고자료로 전락하고 있습니다.

현재 복음주의 진영에서 예언운동이 호응을 얻고 대담하게 강조되는 모습은, 교회가 사도들과 종교개혁자들의 전통에서 멀어진 현실을 잘 보여줍니다. 앞서 언급한 대로 개혁교회의 신앙고백서들은 한결같이 성경에 더하는 어떤 계시적인 예언에 대해서도 반대했습니다. 종교개혁 이후 작성된 프랑스 신앙고백(1559)은 "천사라도 성경에 더하거나 감하는 것 또는 성경을 개변하는 것은 옳지 않다"고 선언했습니다. 또 벨직 신앙고백(1561)은 "설령 사도라도 우리가 지금 성경에서 가르침받고 있는 것과 다르게 가르치는 것은 불법이다. 하나님의 말씀에 어떤 것을 더하거나 빼는 것은 금지되어 있기 때문이다."라고 말했습니다. 특히 웨스트민스터 신앙고백(1647)은 "하나님 자신의 영광 및 인간의 구원 신앙과 생활에 필요한 모든 것에 관해 하나님이 갖고 계시는 계획은, 모두 성경에 분명히 기록되어 있거나 선하고 적절한 논리로 얻어낼 수 있다"고 했습니다. 쉽게 말해, 성경에서 우리를 향한 하나님의 적절하고 필연적인 뜻을 발견할 수 있다는 것입니다. 그만큼 성경이 충분하다는 뜻이기도 합니다. 그리고 이에 덧붙여 "이 성경에 성령의 새로운 계시에 의해서든, 인간의 전통에 의해서든, 아무것도 어느 때를 막론하고 더 첨가할 수 없다"고 못 박았습니다. 이것이 모든 기독교회가 성경과 종교개혁의 전통 위에서 신중하게 내놓은 결론이었습니다. 모든 교회가 공감하고 신앙고백한 것입니다.

그럼에도 오늘날 많은 교회가 '오직 성경'을 떠나 '성경 더하기 다른 것' 위에 서고자 합니다. 성경의 가르침에서 얻은 선배들의 신앙고백을 무시하고 있습니다. 복음주의 진영에서 태동한 예언운동이 계시적인 성격을 띠고 성경에 무언가를 더하면서 '오직 성경'을 무너뜨리고 있는 것입니다. 결과적인 면에서 오늘날의 예언운동은 과거 자유주의와 별로 다를 바가 없습니다. 단지 복음주의 안에서 성경을 인정하고 열심히 사용하는 중에 생겨난 운동이기에, '오직 성경'에 대한 파괴성을 직접적으로 실감하지 못할 뿐 실제로는 자유주의자들 못지않습니다.

'오직 성경'이 회복되어야 하는 교회 현실

'오직 성경'의 기초가 무너지자, 같은 성경을 사용하는 교회 안에서도 저마다 제각각의 신앙을 가지고 서로 자기가 옳다고 주장하는 상황이 되었습니다. 이런 상황에서 교회의 수많은 문제점을 너도 나도 지적합니다. 그런데 그 근본 원인이 어디에 있으며 해결점이 무엇인지는 분명하게 제시하지 못합니다.

우리는 현재 교회의 위기에 대한 해결의 실마리를 역사에서 찾아야 합니다. 교회가 하나 되지 못하고 저마다 자기 주관을 내세우며 서로 지적하고 방어하면서 상호 불신하게 된 근본적인 원인은, 신앙의 객관적인 기초가 되어야 하는 '오직 성경'이 무너진 데 있습니다. '오직 성경'을 무너뜨리고 각각 나름대로의 기호와 성향에 따라 성경에 무언가를 더하고 빼 임의로 성경을 사용하고 있기 때문입니다.

우리의 교회와 신앙이 회복되기 위해서는 다시 '오직 성경'으로 돌아가야 합니다. '오직 성경' 위에 교회를 세우고, 우리의 신앙과 삶과 구원에 관한 모든 진리도 그 위에 세워야 합니다. 성경은 임의로 어떤 내용을 더하거나 제할 수 없는 하나님의 말씀입니다.

역사상 교회가 예수님처럼 성경의 일점 일획까지 모두 하나님의 말씀으로 받을 때, 교회 안에 진리가 바로 서고 구원의 역사가 일어났습니다. 반대로 '오직 성경'이 무너지면 교회의 신앙이 변질되고 진리가 왜곡되는 일이 뒤따랐습니다. 교회와 신자가 껍데기만 기독교의 모양을 가지고 있을 뿐 실제로는 자기 주관에 옳은 대로 신앙과 체험을 추구하게 되는 것입니다.

주관적인 근거에 따라 예수님의 이름으로 권세나 능력을 행하고 이런저런 일을 하는 것이 당장은 만족을 줄 수 있을지 모르나, 심판때는 모두 헛된 것으로 드러납니다. 예수님은 그런 사람에게 '내가 너를 도무지 알지 못한다'(마 7:21-23)고 말씀하실 것입니다. 성경에 계시된 내용과 그 안에 담긴 하나님의 의도를 떠난 임의적인 신앙은 헛것일 뿐입니다. '오직 성경'이 무너진 교회 현실에서 발생하는 오류가 모두 그런 것입니다.

물론 '오직 성경'을 맹목적으로 인정하는 것으로는 충분하지 않습니다. 실제로 자신의 신앙과 삶의 기초를 '오직 성경'에 두어야 합니다. '그래야 하는구나.' 하는 인식 정도가 아니라 '오직 성경'에 대한 믿음과 확신으로 신앙생활해야 합니다. 다 안다고 생각하고 그만둘 문제가 아닙니다. 우리가 아는 것은 먼지 같을 뿐입니다. 우리는 하나님 앞에 설 때까지 하나님의 계시의 영역에서 체험과 믿음의 깊이를 더해가야 합니다. 도중에 멈추지 말고 '오직 성경' 위에서 더 풍성하게 신앙생활하기를 구해야 합니다.

Chapter 07

주관적이며 자의적인
성경 이해

━━━━━━━━━━━

● 예수님은 어떤 식으로든 성경에 무언가를 더하거나 빼는 것을 하나님의 말씀을 폐하는 일로 취급하십니다(마 15:3-6). 또 성경은 우리가 하나님의 말씀에 무언가를 가감하는 것이 가져올 참혹한 결과에 대해 엄중하게 경고합니다(계 22:18-19). 그러나 오늘날 많은 사람이 실제로 성경에 그런 일을 하고 있으면서도, 그에 뒤따를 결과에 대해서는 심각하게 생각하지 않습니다.

우리에게는 우선 이런 현실에 대한 분명한 자각이 필요합니다. 이를 위해 우리는 '오직 성경'을 떠난 오늘날의 개신교회, 특히 성경을 중시하는 복음주의 교회에서 현재 나타나고 있는 실상에 대해 살펴보고 있습니다. 그중 첫 번째로 성경 전체를 하나님의 말씀으로 믿지 않고 '하나님의 말씀이 된다'고 믿는 신정통주의 성경관의 유포에 대해 이야기했습니다. 두 번째로는 복음주의 진영에서 유행처럼 확산되고 있는 예언운동을 언급했습니다.

개신교회에 허용된
위험한 특권

이제 다룰 세 번째 내용은 앞의 두 가지와도 밀접하게 관련된 것입니다. 바로 성경을 주관적이고 자의적으로 해석해 성경을 축소하거나 확대하는 현상입니다. 예언운동도 성경을 경시하는 풍토를 조성하지만, 성경을 주관과 자의에 따라 해석함으로 성경의 어떤 부분을 경시하거나 다른 내용을 덧붙이는 일이 그보다 더 보편적으로 나타나고 있습니다.

종교개혁 이후 개혁교회는, 로마 가톨릭교회가 신자들에게서 성경을 빼앗아 성직자만 그것을 해석할 수 있도록 한 것에 반대해, 모든 사람이 성경을 읽을 수 있게 하는 데 힘썼습니다. 또 각 신자에게는 성령의 조명을 받아 성경을 이해할 수 있는 특권이 있음을 알게 했습니다. 따라서 개신교회에서는 모든 신자가 직접 성경을 읽고 해석할 수 있으며, 자신이 해석해 깨달은 것을 다른 사람에게도 말해 줄 수 있게 됨으로 역동적인 교제가 가능하게 되었습니다.

그러나 이 특권은 양날의 검과 같아 처음부터 오용될 소지도 있었습니다. 이 특권이 잘못 사용되면 큰 혼란을 야기할 가능성이 있었는데, 실제로 역사상 그런 일이 일어났습니다. 성경 해석권을 '가르치는 교회'에 국한시켰던 로마 가톨릭교회와 달리 개혁교회는 모든 신자에게 그 권리를 갖고 누리게 함으로, 곳곳에서 그리고 각 시기마다 치우침과 분열의 현상이 끊임없이 생겨났습니다.

알리스터 맥그래스는 개혁교회의 이 같은 특성에 주목해 최근 『기독교, 그 위험한 사상의 역사』(Christianity's Dangerous Idea, 국제제자훈련원)라는 책을 썼습니다. 맥그래스는 책 서두에서 이렇게 말합니다. "16세기 종교개혁의 중심에는, 모든 신자가 성경을 이해할 수 있으므로 각자가 성경을 해석하고 그 나름의 시각을 진지하게 받아들이도록 타인에게 요구할 수 있다는 생각이 자리 잡고 있었다. 그러나 이런 영적 민주주의를 강력하게 천명한 결과, 교회의 안정을 위협할 수도 있는 세력이 등장했으며, 이는 결국 분열을 가져와 이탈 그룹을 만들어냈다. 모든 그리스도인에게 스스로 성경을 해석할 권리가 있다는 위험한 사상이 기독교 혁명(종교개혁)의 중심에 굳건히 자리 잡았다. 그러나 이 사상은 결국 통제할 수 없는 것으로 증명되었고, 극소수의 사람만이 예측하고 예견할 수 있는 양상으로 전개되어갔다." 특히 그는 종교개혁자 루터가 주창한 만인제사장론이, 집중된 권위를 지닌 자만이 성경을 해석할 권리를 갖고 있다는 사상을 무시했다며 이렇게 설명했습니다. "이 사상은 어떤 집중된 권위도 인정하지 않고, 성직자의 성경 해석 독점권도 인정하지 않는다. 만일 모든 개인이 자기 마음대로 성경을 해석할 수 있다면 그것이 가져올 결과는 무정부 상태요, 급진적인 종교적 개인주의일 수밖에 없다. 너무 늦긴 했지만 루터는 성경 해석에서 자신처럼 권위를 지닌 종교지도자나 교회 같은 기구가 중요하다는 것을 강조함으로 이 개혁운동을 제어하려 했다. 그러나 루터를 비판하는 사람들은 루터가 지칭하는 이 권위자들에게 누가 권위를 부여했는지를 물었다. 결국 루터의 권위로도 이 종교개혁의 혁명을 돌려놓을 수 없었다. 결과적으로 개신교회는 그 위험한 사상을 가지고 한편으로는 창조성과 성장을 드러내고, 다른 한편으로는 새로운 긴장과 논쟁을 경험하며 오늘에 이르게 되었다." 이런 분석과 설명에 이어 그가 전개하는 모든 내용을 동의할 수는 없습니다. 그러나 그가 말한 기독교의 위험한 사상, 곧 모든 신자가 제사장이 되어 저마다 성경 해석을 하게 된 것은 오용의 위험성이 충분히 내재되어 있으며, 그 위험성이 개신교회의 역사에서 현실화 되었다는 것은 정확한 지적입니다.

중앙통제적인 로마 가톨릭교회에서는 성경 해석권이 성직자에게만 있습니다. 가톨릭 신자가 직접 성경을 읽을 수 있게 된 것도 역동적인 개신교회를 의식해 최근에서야 허락되었습니다. 우리나라에서는 1960년대에 공동번역이 나오면서 천주교 평신도들에게 성경이 주어졌고, 다른 나라들도 크게 다르지 않습니다. 그러나 개신교회는 누구나 성경을 마음대로 접할 수 있을 뿐 아니라 해석하는 권한까지 가짐으로 실제로 많은 어려움을 겪어왔습니다. 앞서 살펴본 대로 이성을 기준으로 성경을 부정하며 난도질한 독일의 합리주의나 자유주의 신학은 물론 극단적인 주관적 해석으로 기독교의 주류에서 이탈하는 이단도 많이 일어났습니다.

종교개혁 이후 초기에는 이런 일이 있을 때마다 대체로 각 교회의 전체 지도자들이 모여 발생한 문제를 진지하게 다루고, 왜곡된 신학이나 사상에 맞서 신조를 확립하고 신앙고백을 작성함으로 이를 분별하고 경계해 왔습니다. 그러나 개신교회에서 구심점이 되었던 신조들은 1648년 웨스트민스터 신앙고백 이후로 거의 명맥이 끊기다시피 했습니다. 웨스트민스터 신앙고백은 침례교, 감독교회, 장로교, 회중교회 등을 망라한 당시의 모든 교회가 연합해 작성했습니다. 그러나 그 후로는 각 교파별로 자신들의 정통성을 유지했고, 또 웨슬리에 의해 감리교가 태동하는 등 계속해서 새로운 교파가 생겨나 신앙고백적인 구심점이 조금씩 흔들리게 되었습니다.

그러자 개신교가 처음부터 가지고 있던, 성경 해석이 무질서해질 수 있는 문제의 심각성이 더욱 두드러지게 나타났습니다. 감리교의 등장과 함께 전체 교회 회의에서 결의한 신앙고백이 흐려질 수 있는 하나의 포문이 열렸고, 나중에는 찰스 피니(Charles G. Finney) 같은 사람의 노골적인 다른 해석으로 개신교회에 큰 파장이 일게 되었습니다. 그리고 20세기에 들어와서는 오순절운동, 제3의 물결, 신사도적 개혁운동, 기타 신비주의적인 은사를 추구하는 자들 사이에 생긴 방언과 은사에 관한 성경 해석이 개신교에서 힘을 얻으면서, 맥그래스가 말한 기독교의 위험성이 심각하게 드러났습니다.

그뿐 아니라 성경의 무오성을 무시하고 부정하는 신복음주의 이후 개혁교회의 성경관이 구심점을 잃으면서, 이리저리 치우친 주관적 성경 해석으로 성경에서 무언가를 빼거나 더하는 일이 교회마다 거의 무제한적으로 일어나고 있습니다. 성경에 오류가 있을 수 있음을 인정함으로, 온 교회가 성경에 근거해 작성한 신앙고백이나 신조로 제시해 놓은 기준을 쉽게 무시하는 풍토가 생겼고, 얼마든지 주관적으로 성경을 해석할 수 있게 되었습니다. 이제 복음주의 안에서는 교파와 상관없이, 심지어 나름 정통성을 주장하는 교단들 안에서도 이런 현상이 비일비재하게 나타나고 있습니다. 그리고 그런 현상의 극단으로, 다양한 이단이 우리나라의 신천지 같은 완전히 잘못된 성경 해석으로 사람들을 미혹하는 일이 생겼습니다.

자의적 성경 해석의 예

극단적인 성경 왜곡과 해석 외에도 복음주의 교회가 성경을 자의적으로 해석해 큰 혼란을 겪게 된 일도 적지 않습니다. 대표적인 예가 결혼과 성에 대한 성경 해석입니다. 오늘날 복음주의 진영에는, 결혼과 동성애에 관한 성경의 기록을 당시의 시대적인 산물로 국한함으로, 지금까지도 동성애에 대해 부정적으로 말하는 것은 시대착오적이라고 여기는 사람이 많습니다. 더 큰 문제는 이런 입장이 어떤 교파나 단체, 그룹에 제한되지 않는다는 데 있습니다.

오늘날 서구 사회에서는 동성애를 왼손잡이와 비슷한 것으로 여기는 분위기가 팽배합니다. 어떤 사람은 왼손잡이고 또 어떤 사람은 오른손잡이이듯, 이성에게 호감을 느끼는 사람도 있고 동성에 호감을 갖는 이도 있다는 것입니다. 거기에 성적 호감은 호르몬 분비에 따른 반응이라는 의학적 해석까지 덧붙여, 같은 남성이라도 여성 호르몬이 더 많이 분비되면 그럴 수 있다는 식으로 동성애를 정당화하며, 크게 문제되지 않는 것으로 간주하기도 합니다.

이런 분위기가 기독교에 들어와 성경 해석에까지 영향을 미치고 있습니다. 그리고 그런 해석에까지 따라 결국 동성애자가 성직자가 되는 일까지 벌어지고 있습니다. 이제는 성경의 "간음하는 자나 탐색하는 자나 남색하는 자나 도적이나 … 속여 빼앗는 자들은 하나님의 나라를 유업으로 받지 못하리라"(고전 6:9-10)는 말씀이나 동성애적 행위자를 정죄하는 다른 말씀(롬 1:27 등)도 고치거나 삭제해야 할 상황이 되었습니다. 그런 말씀은 이제 시대에 뒤떨어지고 무용한 것으로 취급되며, 이는 결국 '오직 성경'을 더욱 크게 무너뜨리고 있습니다.

사실 얼마 전까지 교회는 이 문제에 단호했습니다. 그러나 지난 20~30년 동안 성에 대한 성경본문을 자의적으로 해석함으로, 이제는 성 문제에 대한 자기 나름의 입장을 얼마든지 정당화하고 세상 문화를 자유롭게 수용할 수 있게 되었습니다. 교회가 이런 식으로 성경의 어떤 말씀을 이전과 달리 해석하는 일은 이 외에도 아주 많습니다. 전보다 더 깊고 풍성하게 해석하는 것이 아니라, 세상 기준을 따라 성경의 의미를 바꾼 것이 한둘이 아닙니다.

세상 기준에 따라 성경을 보는
교회의 현실

얼마 전 우리나라에서도 간통죄 폐지법이 통과되었습니다. 이제 결혼한 사람이 배우자 외에 다른 사람에게 호감을 갖고 성적인 관계를 맺어도, 사적이고 감정적인 문제지 그 자체를 죄라 할 수 없게 된 것입니다. 그러나 우리에게 더 중요한 문제는 교회의 태도입니다. 지금같이 교회가 세상 기준에 따라 성경을 달리 해석하는 일을 계속해 간다면, 세상의 이런 흐름과 분위기에 보조를 맞추어 그에 걸맞은 성경 해석을 고안해내는 것은 시간 문제입니다.

소비자의 입장에서 교회 가는 사람들을 불편하게 하지 않기 위해 최대한 현대인의 사고방식을 건드리지 않으려는 것이 오늘날 마케팅 교회의 특징입니다. 교회가 그들이 가진 세상적인 생각과 부딪히지 않으려면 다른 방법이 없습니다. 그들의 생각과 배치되는 성경을 버리거나, 성경 해석을 달리해 그들의 생각에 맞는 해석을 내놓는 것입니다. 그리고 그처럼 시대에 보조를 맞추고 세상 변화를 따라 성경을 해석하다 보니 기록된 말씀을 시대착오적 생각으로 여기거나 무시하게 되는 것입니다.

정확한 측정은 불가능하지만 기독교 신자들이 이처럼 개인적으로 성경을 해석하며, 성경에서 어떤 것을 빼고 더하는 것의 범위는 상당히 넓을 것으로 생각됩니다. 그러나 설교자조차 성경을 보조자료처럼 사용하며 자의적인 말을 늘어놓는 일이 많습니다. 심지어 어떤 이들은 그런 의도는 아니더라도 자신이 사용하는 자료조차 분별하지 못하기에, 듣기에 부담 없고 호감을 줄 만한 해석이면 거리낌 없이 차용하면서 성경의 어떤 부분을 빼거나 왜곡되게 해석하기도 합니다. 성도 역시 자신의 기호에 따라 성경을 읽고 설교를 들으면서 취사선택함으로 자연스럽게 말씀에서 어떤 것을 빼거나 더합니다. 이런 일은 당장은 큰 문제로 부각되지 않지만, 교회 안에 잠재되어 있는 치명적인 위험 요소입니다.

개인적인 성경묵상에서 유의할 점

근래에는 성경 전체를 개관하거나, 권별로 그 내용에 대한 몇 가지 질문을 만들어 공부하는 분위기가 많이 형성되었습니다. 혼자 성경을 묵상하며 기록하는 소위 '큐티'(QT, Quiet Time)가 불과 몇십 년 사이에 크게 유행했고, '개인 귀납적 성경연구'(PBS, Personal Inductive Bible Study)라는 개인적인 성경공부 방식도 개발되었습니다. 그러나 19세기까지만 해도 성경공부는 주로 소요리문답을 가지고 문답하는 방식으로 진행되었습니다. 그것이 종교개혁 이후로 계속되어 온 성경공부 방식이었습니다. 그 외에 많이 사용된 방식은, 칼빈처럼 성경을 일정 분량씩 꾸준히 강론하는 모임에 참여해 사역자의 강론을 들으면서 체계적으로 성경을 알아가거나, 창세기부터 요한계시록까지 본문을 설명해 놓은 책을 성경과 함께 보는 것이었습니다. 지금처럼 신자 각자가 성경에서 느낀 것에 주목해 그것을 자신의 상황에 적용하는 방식은 기독교 역사에서 얼마 되지 않은 최근에 도입된 것입니다.

성경을 개인적으로 공부하는 분위기는 분명 긍정적인 것입니다. 그러나 우리는 각 신자가 개인적으로 성경을 읽고 해석해 삶에 적용하는 이 성경공부 방식의 위험성도 간과할 수 없습니다. 이는 좀더 신중하고 체계적으로 성경을 보게 했던 이전의 성경공부 방식에 비해 훨씬 주관적으로 성경을 대하게 함으로 많은 문제를 야기하고 있습니다. 오늘날처럼 성경에 대한 온갖 잡다한 해석이 난무하는 것은 결코 바람직한 현상이 아닙니다. 결과적으로 교회가 한 믿음 위에 서기보다 극단적인 주관주의에 빠지는 사람이 많아지기 때문입니다.

사람들이 자신이 읽고 느낀 것에 우선적인 초점을 두는 것은, 단순히 해석의 다양성이 확보되는 정도가 아니라 무분별한 주관주의에 빠지게 하고, 결국 성경을 무시하며 임의로 무언가를 빼고 더하게 합니다. 오늘날 많은 성도가 성경을 읽으면서 주목하는 것은 '내가 본문을 읽고 느낀 것이 무엇인가'입니다. 이런 양상은 심지어 설교를 전하거나 듣는 일에도 영향을 미치고 있습니다. 여기서도 중요한 것은 '내가 지금 무엇을 또는 어떻게 느끼는가'입니다.

오늘날 개인적인 성경공부 방식이 발전하고 보편화 되면서, 사람들이 성경을 읽거나 설교를 들을 때 '내가 느낀 것이 무엇인가'에 집중하는 경향도 놀라울 정도로 일반화 되었습니다. 더 나아가 좋은 성경해석이나 설교의 기준까지 자신의 '느낌'에 두는 현상이 벌어지고 있습니다.

보통 주관적인 성경 해석은 이론적으로는 성경 전체가 하나님의 말씀임을 인정하는 가운데서 이루어지기에, 외면상으로는 '오직 성경' 위에 선 것처럼 보입니다. 그러나 사실 그것은 신정통주의 성경관과 별 차이가 없는 성경 접근 방식입니다. 즉, 자신의 현실이나 당면 문제, 기분, 상태 등에 '와 닿는'(encountering) 내용만 가치 있게 여김으로 성경을 축소하는 오류를 범하는 것입니다.

바른 성경 해석 방법:
성령을 의존함

성경은 하나님의 감동으로 된 것입니다(딤후 3:16). 이는 어떤 기자가 기록한 책이든 모두 하나님의 감동으로 되었다는 말로, 성경의 실제적인 원저자는 성령임을 밝혀줍니다. 그러므로 성경 해석에도 성령께서 관여하시고 주도자가 되어주셔야 합니다. 성경을 이해함에서 성경의 원저자이신 성령을 의존해야 한다는 것입니다. 성령 하나님은 성경본문이 본래의 내용이 아닌 다른 것으로 해석되게 하지 않으십니다. 성경본문을 통해 성령께서 말씀하고자 하신 명제적인 진리와 배치되는 다른 것을 깨닫게 하지 않으신다는 것입니다. 같은 본문에서 어떤 사람에게는 이런 진리를, 다른 사람에게는 다른 진리를 얻게하는 일은 성령의 역사 방식이 아닙니다.

그런데 어떤 사람들은 성경을 읽으면서 문맥과 본래 의미보다 거기서 떠오르는 생각에 집중합니다. 예언운동을 하는 사람들은 눈 감고 기도하다 "지금 당신의 생각 속에 떠오르는 것이 무엇입니까?" 하고 묻기도 하고, 어떤 선교단체는 기도 모임 때 각자 기도 중에 떠오르는 것을 나누자고도 합니다. 그리고 그것을 성령의 역사로 간주합니다. 그러나 성령 하나님은 헛되고 자의적인 공상에 영적인 의미를 부여하시는 분도 아니고, 말씀을 읽다 갑자기 떠오른 우연한 생각으로 성경이 의도한 문맥을 벗어나게 인도하시는 분도 아닙니다. 성령께서는 유기적인 역사를 통해 우리로 하여금 성경에 담긴 명백한 의미를 실제적으로 깨닫게 하십니다. 본래 기록된 의미를 벗어난 다른 해석은 다른 영의 역사인 것입니다.

물론 성령의 조명은 단순히 성경구절의 의미를 가르쳐주는 것이 아닙니다. 우리로 하여금 성경의 진리를 인격적으로, 마음에서부터 수용하고 그 말씀에 따라 살게 하는 것입니다. 성령의 이러한 역사로 인해 바울은 '성령이 아니면 영적인 것을 분별할 수 없다'(고전 2:10-16)고 한 것입니다. 성령의 조명은 지식을 넘어 진리를 마음으로 받아들이는 영적 변화를 가져다줍니다. 우리는 성경 해석에서 그것을 구해야 합니다.

신자는 이런 성령의 조명하심에 의지해, 베뢰아 사람들처럼 자신이 읽고 듣는 말씀이 성경 전반의 유기적인 진리 안에서 어떻게 이해되어야 하는지 살펴야 합니다. 성경의 진리를 체계화한 교리로 그것을 분별하려 해야 합니다. 의심 때문이 아니라, 유기적인 성경 진리를 바르게 이해하고 그대로 살아가기 위해서는 더 정확히 알고자 하는 수고도 필요한 것입니다. 성령을 의지한다는 것은 이런 노력도 없이 수동적인 태도를 취해야 한다는 말이 아닙니다. 우리에게는 교리 공부도 필요하고, 성경 전체를 유기적으로 아는 것도 필요합니다.

성경의 유오성을 수용한 신복음주의의 등장 이후, 신자들이 개별적으로 성경을 읽고 해석할 때 주관적인 이해를 추구하는 현상은 더욱 보편화 되었습니다. 그러나 이것 역시 분명히 '오직 성경'을 무너뜨리는 일입니다.

Chapter 08
전통주의와
율법주의

또 하나의 은밀한 대적

'오직 성경'을 떠난 오늘날 개신교회의 현실에 관해 마지막으로 덧붙일 내용은, 예수님 당시 바리새인들이 취했던 것과 같은 전통주의 또는 바리새주의입니다. 당시 바리새인과 서기관은 성경에 정통한 사람들이었습니다. 그들은 성경을 연구하고, 성경을 가지고 말하며, 성경의 규율을 지키는 데 항상 열심이었습니다. 그러므로 외면상으로 볼 때 그들에 대해 성경을 거스르는 자라고 말하기는 매우 어렵습니다. 그러나 예수님은 그들이 성경을 폐하고 있다고 말씀하셨습니다 (마 15:3-6).

우리는 성경을 중요하게 여기는 사람들에게 '하나님의 말씀을 폐한다'고 하신 예수님의 말씀을 깊이 생각해 볼 필요가 있습니다. 일차적으로 이런 모습은 로마 가톨릭교회에서 찾아볼 수 있습니다. 앞서 살펴본 대로 그들은 바리새인들처럼 자신들의 전통에 성경과 동일한 권위를 부여함으로 성경을 폐하는 일을 했습니다. 그러나 이것은 개신교에서도 똑같이 일어날 수 있는 문제입니다.

바리새인들이 성경을 중시하면서 동시에 폐하는 길로 나아갔던 이유는 전통에 대한 그들의 열심에 있습니다(마 15:6). 그들은 성경을 문자적으로 이해하고, 그것을 적용하기 위해 덧붙인 전통까지 성경처럼 믿었습니다. 다시 말하면, 율법에 대한 열심으로 율법에 전통을 덧붙였고, 그 덧붙인 전통을 율법처럼 여긴 것입니다. 그러나 실제로는 율법보다 전통을 더 지켜야 하는 것으로 생각했기에, 결국 성경 이상으로 전통을 중시했습니다.

앞서 살펴본 대로 로마 가톨릭교회는 그 같은 일을 지금도 계속하고 있습니다. 그런데 놀랍게도 복음주의 안에서, 그중에서도 특히 성경을 중시하고 강조하는 가장 보수적인 그룹인 소위 개혁파 정통주의에서도 그런 모습을 볼 수 있습니다. 물론 그처럼 성경을 중시하고 강조하는 이들이 실제로는 성경을 폐하고 있다는 사실은 분별하기가 쉽지 않습니다. 그러나 전통주의자들은 보편적으로 성경을 문자적으로 해석하며, 그것을 적용하기 위해 또는 성경에 대한 나름의 열심으로 세부적인 내용을 덧붙이는 것이 특징입니다. 그리고 그들이 덧붙인 세부사항이 결국 율법주의적인 태도를 갖게 합니다.

전통주의자나 율법주의자는 스스로 성경본문을 범하고 있다는 생각을 거의 하지 못합니다. 자신이 '오직 성경'을 무너뜨리고 있다고도 생각하지 않습니다. 그러나 예수님은 실제적인 면에서 율법주의적인 열심으로 성경에 무언가 더하는 것을 성경을 폐하는 일이라 말씀하십니다.

경계를 늦추지 말아야 하는 바리새주의

오늘날 많은 교인이 이런 전통주의나 율법주의, 바리새주의에 거부감을 느껴 거기서 떠나고 있지만, 그렇다고 이런 위험성이 아주 사라진 것은 아닙니다. 여전히 율법주의가 주는 매력, 곧 자신의 공로와 수고를 인정받아 얻는 성취감을 좋아하는 사람이 많고, 사실상 그것은 모든 사람에게 잠재적인 유혹이 될 수 있습니다.

그런 분위기에 싫증내거나 율법주의적인 열심에도 인정받지 못해 실망하고 돌아서 다른 길을 찾는 사람들 역시 안전한 상태에 있는 것은 아닙니다. 흥미롭게도 그런 사람들은 율법주의적인 분위기에서 떠나, 대부분 그와 반대되는 역동적이고 그럴듯해 보이는 쪽으로 치우칩니다. 즉, 신비 체험을 추구하거나 마케팅적인 사역을 하는 교회를 찾는 것입니다. 그러나 이것도 결국 자기만족적인 신앙생활을 하는 것이며, 근본적인 동기 면에서 보았을 때 율법주의와 다를 바가 없습니다. 그릇되게 성경을 중시하는 전통주의적인 분위기에 대한 반발로 또 다른 형태의 자기만족적인 신앙에 빠져드는 진자운동을 하는 셈입니다.

전통주의 또는 바리새주의는 드러나지 않게 자기중심성을 추구하며 '오직 성경'을 무너뜨린다는 데 문제의 심각성이 있습니다. 복음주의 진영에는 아직도 그런 성향을 가진 교회와 성도가 제법 있습니다. 내가 속해 있는 장로교 교단 안에도 바리새주의적인 분위기가 짙습니다.

우리 교단은 일단 공식적으로 신학적인 자유주의나 신정통주의를 수용하지 않고, 역시 공식적인 입장만 놓고 본다면 다행히 다른 많은 교단과 달리 신사도운동도 배격하는 분위기입니다. 물론 교회별로는 소속 교단과 상관없이 자신도 모르게 그런 신학과 유행을 따르는 목회자와 성도가 많습니다. 그러나 공식적인 교단의 입장은, 종교개혁자들 및 메이첸, 벤자민 워필드, 찰스 핫지 등 근본주의운동 초기에 '오직 성경'을 확립했던 대표적인 사람들 편에 서서 이들의 주장을 중시하는 편입니다.

그러나 그렇게 성경을 매우 중시하면서도 바리새적인 전통주의에 빠져 '오직 성경'을 무너뜨릴 수 있는 요소를 다분히 가지고 있습니다. 물론 다른 교단에도 교회나 개인별로 바리새주의는 있을 수 있습니다. 그러나 문제는 우리 스스로 성경을 중시한다는 사실에 취해, 우리가 가진 전통주의적인 요소가 '오직 성경'을 무너뜨릴 수 있음을 생각하지 않는다는 것입니다.

종교개혁자들의 전통에 따른 성경관에 동의한다고 자동적으로 '오직 성경' 위에 교회가 세워진다고 생각하면 안 됩니다. 우리 장로교회는 목사 안수를 받을 때도 웨스트민스터 신앙고백서를 믿는지 확인하지만, 이는 단지 하나의 전통으로 형식화 되어버린 면이 있습니다. 목사가 안수받을 때 고백한 웨스트민스터 신앙고백을 제대로 알고 또 성도들에게도 가르치는 일은 흔하지 않습니다. 목사들마저 그것을 숙지하기는커녕 읽어보지도 않은 사람이 많습니다. 신학교에서 과제로 대했던 것 말고, 진정으로 성도들에게 꼭 가르쳐야 할 진리라고 생각하며 신앙고백의 내용을 충실히 알고 따르는 사람은 많지 않습니다. 그런 고리타분한 방식으로는 교회가 성장할 수 없다고 생각하기 때문입니다. 오히려 껍데기뿐인 전통적인 성경관을 가지고 바리새주의나 율법주의에 빠져 성경을 폐하는 경우가 많습니다.

우리의 교회와 우리 자신이 '오직 성경'을 무너뜨리는 이러한 현실과 태도에서 자유로운지, 또 진정으로 '오직 성경' 위에 서 있는지 돌아볼 필요가 있습니다. 혹 성경을 그릇되게 신성시하며 문자적인 해석에 얽매여 그것을 적용하기 위한 세부적인 내용을 임의로 덧붙임으로, 사실상 성경을 우상화하고 있지는 않은지 살펴보아야 합니다. 만일 그렇다면 이는 매우 위험한 상태에 있는 것입니다. 이 역시 앞서 살펴본 다른 내용과 마찬가지로 하나님의 말씀에서 이탈하는 것이기 때문입니다. 우리는 이런 점을 잘 알고 분별해야 합니다.

성경관의 타협과 변질을 경계하라

프란시스 쉐퍼는 "하나님의 말씀에서 돌아서는 것은 오늘날의 영적 간음"이라고 말했습니다. 이는 특별히 자유주의를 염두에 두고 한 말입니다. 그리고 뒤이어 복음주의와 관련해 "복음주의자들이 진정한 복음주의자가 되려면 결코 성경관에서 타협해서는 안 된다"고 덧붙였습니다. 여기서 그가 말하는 복음주의자는 종교개혁 전통을 가진 복음주의자를 가리킵니다.

복음주의 신학자 해럴드 브라운은 20여 년 전 신복음주의가 성경의 무오성을 부인하고 성경에 오류가 있다고 주장한 것을 두고 현대판 아리우스 논쟁이라면서, 마치 아리우스가 4세기에 기독교회를 파괴할 잠재력을 가졌던 것처럼 오늘날의 성경 무오성 문제도 그럴 수 있음을 우려하며 다음과 같이 덧붙였습니다. "(그것은) 교회를 다소 변질시키거나 분열시키는 정도가 아니라 송두리째 파괴할 잠재력이 있다." 그의 말대로 성경의 유오성을 인정한 신복음주의로 말미암아, 복음주의는 실제로 크게 변질되고 분열되었으며, 그것은 지금도 계속되고 있습니다. 오늘날 우리는 그것이 교회에 미칠 파괴적인 영향력이 어떤 것인지 목격하고 있습니다.

그러므로 어떤 식으로든 '오직 성경'을 무너뜨리는 일은 결코 가벼운 문제가 아닙니다. 기독교의 근본적인 문제고, 우리의 신앙과 삶에 직접적으로 연결되어 있는 것입니다. 지금까지 살펴본 '오직 성경'이 무너진 역사적 배경과 오늘날의 현실을 바라보면서, 단지 열심히 성경 읽고 예수님 믿는 것만이 기독교 신앙의 전부가 아님을 정확히 알아야 합니다. 우리는 진정으로 '오직 성경' 위에 우리의 신앙과 삶과 교회를 세워야 합니다. 이 일에 사명감을 가져야 합니다. 특히 우리의 자녀들은 세상의 수많은 재밌거리들로 인해 성경에 흥미를 잃어가고 있습니다. 그러므로 우리는 일찍부터 성경의 교리와 요리문답 등 바른 진리를 가르쳐 '오직 성경' 위에 서게 함으로 그런 것에서 보호해야 합니다.

성경의 진리를 확신하는 자

우리는 단순히 성경이 무오한 하나님의 말씀이라고 말만 할 것이 아니라, 그것을 인격적으로 아는 사람답게 살아야 합니다. 성경에 대한 열심이 성경을 그럴듯하고 신선하게 해석해, 새로운 진리를 말하고자 하는 쪽으로 흘러가서는 안 됩니다. 그것은 사탄이 놓는 미끼입니다. 이단이 말하는 것이 다 그런 것들입니다. 진리는 멋있게 포장한다고 진리가 되는 것이 아닙니다. 진리는 인위적인 포장이 없어도 자체의 생명력을 갖습니다. 성경에서 구해야 할 것은 새로운 해석이 아니라, 그 변하지 않는 진리가 우리를 통해 살아있는 진리로 드러나는 것입니다. 머리로만 아는 것이 아니라 진리가 우리 안에 살아, 생생한 확신에 따른 실천적인 삶으로 나타나게 해야 합니다. 물론 이것이 쉬운 일은 아닙니다. 말씀을 자신 안에 인격적으로 수용해야 하고, 언행에서도 그것이 나타나야 하기 때문입니다.

특히 말씀을 전하는 설교자는 그 말씀이 다른 사람들도 다 알고 있는 익숙한 것이라도, 전달자로서 그 진리의 본래 색채를 생생하고 힘 있고 확신 있게 드러내 전해야 합니다. 그렇지 않는 설교자는 단순히 책에서 배운 신학 지식을 활용하는 직업인일 뿐입니다.

물론 설교자든 청중이든 진리의 생명력을 알고 전하는 것보다 새롭고 독특한 것에 더 매력을 느낄 수 있습니다. 그러나 우리가 추구해야 하는 것은 새로운 무엇이 아닌 성경본문이 말하는 살아있는 진리를 경험하고 전달하는 것입니다. 우리에게는 말씀 안에서 이런 씨름이 필요합니다. 익숙한 진리를 확신 있게 소유하는 것이 중요합니다. 우리 자녀들에게도 성경에 계시된 대로 하나님을 설명해 주고 그것을 확신하게 해야 합니다.

우리는 성경에 대한 바르고 견고한 이해와 태도로, 사도들과 종교개혁자들과 그 뒤를 따른 수많은 탁월하고 진실한 신자들의 발자취를 좇아, 하나님의 계시된 말씀을 따라 신앙생활해야 합니다. 우리 자신이 먼저 '오직 성경'이라는 신앙의 기초 위에 서서 그 신앙을 담대히 전파하는 신자가 되기를 구해야 합니다.

Part 3

교회가 회복해야 할
'오직 성경'의 내용

Chapter 09
예수님과 사도들의
성경에 대한 믿음

● 지금까지 살펴본 개신교 역사에서 '오직 성경'을 무너뜨린 운동과 사상, 그리고 그것에 영향받은 오늘날의 현실에 대한 설명이 다소 어렵게 느껴질 수도 있습니다. 그러나 이런 내용은 반드시 지적 수준이 높은 사람만 알아야 하는 것이 아닙니다. 이 책에서 다루는 내용은 지적 수준과 상관없이 진지한 자세를 가진 신자라면 누구나 충분히 이해하고 유익을 얻을 수 있는 것들입니다.

교회는 지적인 사람들을 중심으로 세워지지 않습니다. 바울 당시 로마 교회에는 노예가 상당수 있었는데, 그들은 바울이 보낸 로마서의 깊은 진리를 깨닫고 받아들였습니다. 이처럼 사회적 지위나 지성적 수준에 따라 하나님의 진리를 깨닫는 정도가 달라지는 것이 아닙니다. 오히려 지적 수준이 높은 사람보다 단순히 진리를 사모하는 사람이 깨닫는 바가 크고 은혜를 풍성하게 누리는 경우가 더 많습니다.

성령 하나님께서 진리를 사모하는 자에게 주권적으로 성경을 조명하는 은혜를 베푸시기 때문입니다.

경종을 울려야 하는 현실

지금까지의 내용을 진지하게 받아들였다면 오늘날 다시 '오직 성경'을 말해야 할 필요에 대해 어느 정도 공감하게 되었을 것입니다. 물론 어떤 사람은, 적당히 모른 체해도 별문제 없을 이런 주변적인 문제를 굳이 꺼내 긁어 부스럼을 만들 필요가 있는지 의아해할지도 모릅니다. 그런 사람들은, 그동안 교회사에서 성경의 권위와 신빙성에 대해 제기된 문제들 중에는 아직 모든 사람이 이성적으로 납득할 만한 결론에 이르지 못한 것이 상당히 많은데, 성경에 대한 특정 견해를 고집하는 것은 어리석은 일이라고 말합니다. 그러면서 차라리 이런 사안에는 침묵이 더 좋은 해결책이라고 생각하기도 합니다. 그들은 성경을 단순히 윤리나 도덕, 예수 믿는 사람으로서의 삶 등에 대해 교훈해 주는 책이라 생각하고, 그 정도면 충분하다며 만족합니다. 미국의 유명한 목사인 릭 워렌도 "이제 기독교는 삶과 연관되어야 한다. 기독교는 모두 삶을 위한 것이다."라고 말했습니다. 그 말은 일면 맞지만, 무엇에 근거한 삶인지의 문제를 건너뛰고, 특히 기독교는 교리가 아닌 삶이라는 논리를 제시함으로 혼란을 야기했습니다. 그런 식의 발언은 은근히 '오직 성경' 같은 교리적 기초를 기독교 신앙에서 별 의미가 없는 것으로 치부하는 것입니다.

안타깝게도 오늘날 기독교에 이처럼 본질적인 것을 버리고, 주변적인 것으로 본질을 대체하고자 하는 현상이 많이 나타나고 있습니다. '무엇을 체험했는가' '어떻게 살아야 하는가' 하는 문제를 기독교의 전부인 것처럼 여기는 분위기가 형성된 것입니다. 그런 상황에서 성경 교리와 상관없는 다양한 신앙 이론과 갖가지 체험을 내세운 사람들이 교회 안에 등장하며 혼란을 더해가고 있습니다. 오늘날의 이러한 현상은 '오직 성경'이 무너진 배경과 매우 밀접하게 관련되어 있습니다. 기독교는 '오직 성경'의 기초를 잃어버림으로, 점점 본래의 기독교 진리와 현저하게 다르며, 세상정신과 타협해 변형되고 왜곡된 신앙을 추구하는 병적인 증세에 끊임없이 시달리고 있습니다.

물론 오늘날에도 복음주의 교회 안에는 성경의 진리를 굳건히 붙잡고, 예수 그리스도의 구속과 오직 믿음으로 말미암는 구원을 믿는 사람이 많이 있습니다. 모든 신자와 교회가 변질되거나 배도했다고 단정하고 정죄하는 것이 아닙니다. 다만 우리가 어떤 이유에서든 사도들과 종교개혁자들이 성경에 대해 가졌던 믿음과 태도를 떠나 교회의 참된 신앙을 무너뜨리는 장본인이 될 수 있으며, 실제로 지금의 교회 안에 그런 이상 징후가 나타나고 있다는 사실에 대해 경종을 울리려는 것입니다.

19세기의 폴(Pole) 감독은 "작은 타협이 큰 타협을 불러와 결국 질

식시키는 상태로 나아갈 수 있다"[09]고 경고했습니다. 그리고 성경의 무류성과 무오성에 대한 타협에 대해 "일단 벌레가 어떤 나무의 뿌리를 갉아먹도록 허락했다면, 그 나무의 가지와 잎과 열매가 조금씩 썩어들어 가는 것을 보더라도 놀라지 말아야 한다"[10]고 말했습니다. 21세기에 우리가 경험하는 기독교의 혼란스럽고 기형적인 현실은 폴의 말을 떠올리게 합니다. 오늘날의 기독교는 세상 사람들조차 매우 무시하고 개인의 사욕을 위한 이익집단으로 치부할 만큼, 나뭇가지와 잎은 물론 열매까지 눈에 띄게 썩어들어 가고 있습니다. 그럼에도 이제는 그런 것이 매우 보편적인 현상이 되어버린 탓에 많은 사람이 무뎌져 문제의식을 느끼지 못하고 있습니다.

그러나 이런 무감각은 배교의 환경을 조성해 결국 배교로 나아가는 과정에 있다는 징후일 수 있습니다. 당장 모든 부분을 뒤집어엎을 수는 없더라도 우리는 현실을 돌아보고 경성해야 합니다. 또 '오직 성경' 위에 선 기독교와 신앙과 삶이 바르고 풍요롭다는 사실을 분명하게 알아, 그 길을 가고 또 전하기 위해 힘써야 합니다.

---

09 필립 W. 컴포트 외, 『성경의 기원』, 김광남 역(서울: 엔크리스토, 2010), p. 77.
10 같은 곳.

예수님, 사도들, 종교개혁자들의
성경에 대한 태도

　이제부터는 '오직 성경'이 구체적으로 무엇을 말하는지 그 세부적인 내용을 살펴보려 합니다. 예수님은 "진실로 너희에게 이르노니 천지가 없어지기 전에는 율법의 일점 일획도 결코 없어지지 아니하고 다 이루리라"(마 5:18)고 말씀하셨습니다. 우리는 가장 먼저 예수님의 이런 태도를 주목해 볼 필요가 있습니다.

　예수님이 성경을 대하신 태도는, 계몽주의 이후 이성이 중시되면서 많은 사람이 성경 연구에서 이성적으로 수용되지 않는 내용을 과감하게 제거했던 것과 전혀 달랐습니다. 예수님은 기록된 말씀의 일점 일획까지도 주어진 그대로 다 받아야 한다고 말씀하심으로, 성경 전체가 무오한 하나님의 말씀이라는 사실을 분명히 하셨습니다. "나는 마음이 온유하고 겸손하니 나의 멍에를 메고 내게 배우라"(마 11:29)는 말씀대로 성경에 대해 예수님과 똑같은 이해와 태도를 갖기 위해, 우리는 예수님이 성경을 대하신 태도를 주목해 보아야 합니다. 사도들도 예수님과 같은 태도를 취했고, 종교개혁자들도 중세시대에 상실한 그런 태도를 회복했습니다.

　종교개혁자 마틴 루터는 성경을 통해 '오직 믿음으로 의롭다 함을 얻는다'는 진리를 깨닫고, 우리의 공로가 아닌 오직 믿음으로 구원 얻음을 외쳤습니다. 그러나 로마 가톨릭교회는 교회 회의가 주장해 온 것에 권위를 둠으로, 루터가 성경의 가르침을 따라 외친 '오직 믿음'

에 의한 구원을 무시하고 부정하며, '믿음과 공로(선행)가 함께 있어야 한다'고 주장했습니다. 루터는 성경이 말하는 구원의 교리가 교회의 권위에 의해 무시되는 이러한 현실을 경험하며, 교리를 판단할 최상이자 최종 권위는 성경에만 있어야 함을 절감했습니다. 성경에 비추어볼 때, 오히려 최고의 권위를 가지고 있음을 주장하는 교황과 교회 회의도 오류를 범할 수 있다는 사실을 직접 체감하며 '오직 성경'을 주장한 것입니다. 루터와 종교개혁자들은 오직 성경만이 절대적 권위를 갖는다는 믿음과 확신으로, '오직 성경' 위에 자신의 모든 신학과 신앙과 삶을 세우고 증거했습니다.

성경의 무류성과 무오성

루터를 위시한 종교개혁자들은 '오직 성경이 교회 안에 있는 유일한 권위'라는 의미가 아니라, '오직 성경만이 유일하게 무류하고 무오한 권위'라는 의미로 '오직 성경'을 주장했습니다. 이 둘의 차이는 작아 보이지만, 여기서 우리의 신앙은 완전히 달라질 수 있습니다.

어떤 사람에게는 성경의 무류성이나 무오성을 주장하는 것이 학문적인 융통성을 제한하는 독선적인 태도로 여겨져 불편할 수도 있습니다. 그러나 사실 예수님과 사도들의 성경에 대한 태도가 바로 이 성경의 무류성과 무오성입니다. 성경이 '무류'(無謬)하다는 말이 어렵긴 하지만, 그 의미는 '성경은 하나님의 진리의 근원으로서 결함이 없으므로 신뢰할 만하다, 신빙성이 있다, 완전하다'는 뜻입니다. 이 말은 주로 종교개혁자들이 사용했습니다.

그리고 19세기 말과 20세기에 들어와 주로 '무오성'(無誤性)이라는 말이 다시 성경과 관련해 덧붙여졌는데, 이는 무류성과 밀접하게 관련된 말이지만 성경에 대한 더 구체적인 문제제기와도 관련해 사용되었습니다. 즉, 이 말은 '성경은 행위의 오류나 어떤 내적인 모순을 갖고 있지 않다'는 뜻입니다. '숫자나 역사적인 사실에서 성경 각 부분의 증언이 엇갈린다' '내적인 모순이 있는 것처럼 보인다' 등의 문제제기에 대해 그렇지 않다는 의미에서 무오성을 주장한 것입니다.

따라서 이 두 단어를 함께 쓰면, '성경은 하나님에 대한 우리의 인격적인 지식 및 구원에 대해 절대적으로 믿을 만하며, 동시에 계시의 상세한 내용을 정확하게 전달하는 문제에서도 어떤 모순이나 오류가 없다'는 뜻입니다. 오늘날 복음주의 교회 중에는 이 성경의 무류성과 무오성을 거부하고 다른 성경론을 가지고 있는 교회가 상당히 많습니다. 그들은 성경의 무류성과 무오성을 후세에 비로소 고안된 개념으로 치부합니다. 그러나 분명히 예수님과 사도들 모두 성경 그대로를 하나님의 말씀으로 받아들였습니다.

루터 연구가 파울 알트하우스(Paul Althaus)는 "우리가 무조건적으로 신뢰할 수 있는 것은 교부들의 가르침이 아니라 오직 성경뿐이다. 교부들은 오류의 가능성을 가지고 있었고, 실제로 오류를 범하기도 했다. 그러나 성경은 결코 오류를 범하지 않는다. 그러므로 오직 성경만이 무조건적으로 권위를 갖는다"고 말했습니다. 그것이 루터가 주장한 논지라는 것입니다.

루터 이후로 개신교회는 많은 신앙고백서를 통해 성경의 무류성과 무오성을 고백하며, 예수님과 사도들이 성경에 대해 가졌던 태도를 동일하게 취했습니다. 1536년 제네바 신앙고백서는 "오직 성경만을 신앙과 종교의 법칙으로 따르고자 함을 선언한다"고 했습니다. 또 1559년의 프랑스 신앙고백은 "우리는 이 책(성경)에 포함된 말씀이 하나님에게서 나왔으며, 그 권위는 인간이 아니라 오직 하나님에게서 부여된다는 것을 믿는다. 또 성경은 하나님께 대한 봉사와 인간의 구원에 필요한 것을 모두 포함하고 있으며, 모든 진리의 법칙인 만큼 무엇을 첨가하거나 삭제 또는 변질시키는 것은, 인간은 물론 천사에게도 불법이다."라고 매우 명확하게 밝힙니다. 그리고 이렇게 덧붙입니다. "고대, 전통, 다수, 인간의 지혜, 재판, 선언, 칙령, 법령, 종교회의, 환상이나 기적 등 어떤 권위도 이 성경에 대립되어서는 안 된다. 도리어 모든 것이 성경을 따라 검증되고 개혁되며 변화되어야 한다." 그 후 16세기의 다른 신앙고백들 역시 모두 교회의 최종적 권위의 규범으로서 '오직 성경'을 고백했습니다.

로마 가톨릭교회와 개신교회의 성경에 대한 변질된 태도

그러나 로마 가톨릭교회는 성경뿐 아니라 교회 회의가 내린 결정,

심지어 교황까지 무류하다고 주장했습니다. 1870년 제1차 바티칸 공의회 때 정식 교리로 채택된 이래 지금까지 로마 가톨릭교회는 그렇게 믿고 있습니다. 그들은 특별계시의 원천이 성경과 교회 두 가지라고 말합니다.

분명히 교회 전통에는 중요하게 여길 만한 것들이 있습니다. 특히 로마 가톨릭교회가 존중하는 니케아 종교회의나 에베소, 칼케톤, 콘스탄티노플 종교회의 등에서 결정된 내용은 개신교회도 존중합니다. 또 우리도 그들이 좋아하는 어거스틴 같은 교부들을 존경합니다.

그러나 우리는 프랑스 신앙고백처럼 탁월한 교회 회의나 교부들도 무오하다고는 인정하지 않습니다. 교회가 정통성의 시금석으로 여기는 신앙고백조차 완벽한 교사는 아닙니다. 예컨대 장로교회가 신앙고백으로 삼고 있는 웨스트민스터 신앙고백도 무오한 것은 아니며, 아무리 성경을 기반으로 최상의 내용을 담아냈더라도 개혁될 수 있음을 인정합니다. 개혁의 여지가 없는 권위, 무오한 권위를 지닌 것은 오직 성경뿐입니다. "성경은 모든 기독교 지식의 원천과 규범"이라는 조직신학자 하인리히 헤페(Heinrich Heppe)의 말대로, 종교개혁 이후의 개신교회는 무오한 권위는 오직 성경뿐임을 확신해 왔습니다.

그러나 이성을 신처럼 여기는 계몽주의라는 세상정신이 교회에 들어온 뒤로는 개신교에서도 '오직 성경'이 '이성 안에서의 성경'이 되어, 이성으로 수용하기 어렵다고 판단되는 내용이 거부되며, 성경의 권위가 철저히 무시되고 짓밟히게 되었습니다.

물론 그런 극단적인 태도에 반발해 나름대로 성경의 권위를 인정하고 위상을 높인 신정통주의가 일어나기도 했습니다. 그러나 신정통주의의 창시자라 할 수 있는 칼 바르트의 성경 이해도 예수님과 사도들, 종교개혁자들과 달랐습니다. 신정통주의자들은 성경을 외면적으로는 수용하고 존중했지만, 과학적이거나 역사적인 부분에 오류가 있을 수 있음을 인정함으로, 자유주의적인 성경관과 정통적인 성경관 사이에서 중도적인 입장을 취했습니다. 특히 그들은 실존주의 철학의 영향을 받아 주장한, '성경은 종교적인 경험 안에서 깨닫고 감동받을 때 살아있는 하나님의 말씀이 된다'는 획기적인 개념으로 많은 공감을 얻었지만, 사실상 그것은 성경을 축소하는 것이었습니다.

성경의 무오성과 무류성을 타협하는 자들이 간과하는 것

성경에서 과학이나 역사적인 문제로 의문을 갖고 고민하던 복음주의 안의 사람들은 바르트의 그럴듯한 제안을 명쾌한 답처럼 받아들였습니다. 지금도 많은 사람이 '성경에서 와 닿는 말씀이 하나님 말씀'이라는 식의 접근을, 성경 변증을 위한 복잡한 논쟁을 피하는 성숙한 관점으로 여깁니다. 그러면서 아직까지 성경의 무류성과 무오성을 주장하는 사람을 순진하고 우둔하며 고지식한 독선자로 취급합니다.

그러나 신정통주의 성경관은 사실 성숙한 것이 아니라 타협적인 것입니다. 성경에서 이성적으로 설명하기 어려운 과학과 역사적인 문제를 교묘하게 회피하는 정직하지 못한 태도입니다. '성경은 신앙과 행위에 대해 말할 때만 무류하다'고 보는 태도와 '성경은 신앙과 행위에서 유일하게 무류한 법칙'이라고 보는 것은 다릅니다. 전자의 논리는 상당히 그럴듯하지만, 사실은 예수님과 사도들과 종교개혁자들이 가졌던 태도인 '오직 성경'을 떠난 것입니다.

그들은, 성경은 세상의 모든 지식을 다 말하기 위한 책이 아니며, 중요한 것은 성경을 통해 예수 그리스도를 믿는 것이지 무류성이나 무오성을 고집하는 것이 아니라고 말합니다. 물론 성경은 이 세상의 모든 것을 담고 있지 않습니다. 예를 들면, 수학이나 과학에 대한 모든 지식을 말하지 않습니다. 또 성경에서 가장 중요한 것은 예수 그리스도라는 말도 맞습니다. 그것은 두말할 것이 없습니다.

그러나 예수님과 사도들과 종교개혁자들은 성경이 가르치는 것은 무엇이든 무오한 것으로 여겼습니다. 이 믿음은 매우 중요합니다. 예수 그리스도를 향한 분명하고 확고한 믿음은 그분을 증언하는 성경을 믿는 믿음과 분리될 수 없기 때문입니다. 진실로 예수님을 믿는 자는 또한 예수님처럼 일점 일획도 없어지지 않을 성경을 그대로 믿는 자일 수밖에 없습니다.

예수 그리스도에 대한 믿음과 성경을 믿는 믿음은 결코 나눌 수 없습니다. 실제로 예수님은 성경을 자신과 일치시키십니다. 그러므로 '오직 성경'에 기초한 신앙은, '성경이 신앙과 행위에 대해 말할 때만 무류하다'고 말하지 않고, 예수님을 따라 모든 성경을 무류한 것으로 인정합니다.

'오직 성경'과
진정한 복음의 역사

어떤 사람은 '오직 성경'의 교리는 종교개혁자들이 만든 것이 아닌지 반문합니다. 그러나 우리가 다시 '오직 성경' 위에 서야 한다고 주장하는 것은 종교개혁자들의 말 때문이 아니라, 그것이 예수님과 사도들이 취한 태도기 때문입니다.

예수님과 사도들을 따른 이 확고한 성경관은 진정한 복음의 역사를 위해서도 매우 중요합니다. 교회사를 돌아보면 복음의 역사는 항상 '오직 성경' 위에서 풍성하게 일어났음을 알 수 있습니다. 반대로 '오직 성경'이 무너진 곳에는 혼란과 타락, 치우침이 있었습니다. 중세시대를 비롯해 세상정신의 유입으로 성경관이 혼탁해진 18세기부터 20세기 초의 교회가 그와 같았습니다.

그리고 지금도 그렇습니다. '오직 성경'의 기초가 무너지고 있기에, 기독교회가 성경에 예언을 더하거나 신비주의적인 체험을 추구하는 혼란에 빠져 있는 것입니다. 심지어 나름대로 성경을 존중한 신정통주의도 성경에서 깨닫고 감동받은 내용만 하나님의 말씀이라고 주장하며 성경을 축소시켜, 결국 주관적인 종교 체험을 중시하는 신비주의의 물꼬를 텄습니다. 그래서 신정통주의를 따르는 사람들이 토머스 머튼의 신비주의 사상이나 관상기도에 호의적으로 반응하는 것입니다.

또 성경을 하나님의 말씀으로 믿는 복음주의 진영도 성경의 무오성을 인정하지 않음으로, 성경이 말하는 이혼이나 동성애 등 사회적인 문제를 그 시대에 국한된 것, 곧 현재와 무관하게 여기는 일이 많아졌습니다. 그런 논리로 성경에서 다루기 힘든 문제에 대해 타협적인 해결책을 제시하는 것은, 어떤 면에서 포용력 있게 여겨질 수 있지만, 사실상 이런 태도는 자신의 주관적 판단을 성경의 가르침보다 우위에 두는 것입니다.

그러나 반대로 종교개혁을 비롯해 교회사에서 주목할 만한 영적 각성의 시대에는 한결같이 '오직 성경'의 원리를 외치는 가운데 놀라운 역사가 일어났음을 확인할 수 있습니다. 종교개혁 시대나 청교도 시대에도, 성경을 무오한 말씀으로 받아들이고 하나님 말씀에 대한 신중한 태도로 '오직 성경'을 외친 자들을 통해 한 시대를 깨우는 일이 일어났습니다. 사람들이 구원을 얻고, 생명의 역사와 경건한 삶의 변화가 일어나며, 가정과 사회 심지어 국가가 개혁되었습니다. 스코틀랜드의 언약도들은 국가의 압제로 신앙의 자유를 잃어버릴 위기 앞에서도 타협하지 않고 '오직 성경'을 따르는 길을 갔습니다. 18세기 뉴잉글랜드의 영적 각성 운동 때 조나단 에드워즈와 영국의 조지 휫필드도 성경의 무류성과 무오성을 믿고 성경 그대로의 진리를 외쳤습니다. 조지 휫필드, 존 웨슬리, 다니엘 로우란즈(Daniel Rowlands) 등에 의해 시작된 영국의 영적 각성 운동도 유럽 대륙에서 계몽주의가 기세를 떨치고 있을 때 일어났습니다. 19세기에 성경을 난도질하던 고등비평이 유행할 때, 성경 그대로를 믿으며 많은 사람을 회심시킨 스펄전이나 J. C. 라일, 호라티우스 보나르, 앤드류 보나르, 로버트 머레이 맥체인, 그리고 20세기의 캠벨 몰간이나 마틴 로이드 존스 등도 '오직 성경' 위에서 외쳤기에 생명의 역사에 도구가 될 수 있었습니다.

'오직 성경' 위에서만 일어나는 참된 회심과 변화

물론 성경의 오류를 주장하는 복음주의자들 안에서도 복음의 역사는 일어났습니다. 대표적인 사람이 빌리 그레이엄 목사입니다. 그가 성경의 무오성을 부정한 타협적인 성경관을 가지고 사역했을 때도 복음의 역사는 나타났습니다. 그러나 아쉽게도 그들의 사역에서 일어났다는 역사에는 무언가 인위적인 면이 있고, 교회에 미친 결과에도 혼란이 있었습니다.

반면 성경의 무오성과 무류성을 따르는 '오직 성경'의 기초 위에서는 인위적으로 조장된 흥분이 아닌 하나님에 의한 진정한 역사가 일어났습니다. 교회사에서 진정한 부흥, 성령의 진정한 역사로 알려진 영적 각성은 모두 '오직 성경' 위에서 시작되었습니다. 단순히 사람만 많이 모이는 것이 아니라 참된 회심과 삶의 변화, 진정으로 하나님께 영광 돌리는 거룩한 역사는 모두 '오직 성경' 위에서만 가능했던 것입니다. 이처럼 교회사는 '오직 성경'을 믿는 사람들에게서만 성령 하나님의 진정한 역사가 일어남을 증거해 줍니다.

이 시대의 교회가 나아가야 할 길이 바로 이것입니다. '오직 성경' 위에서 복음의 역사를 이룬 믿음의 선배들의 길을 따라야 합니다. 예수님과 사도들을 따른 종교개혁자들과 청교도들, 조지 휫필드, 조나단 에드워즈, 찰스 스펄전, 로이드 존스 등 '오직 성경' 위에서 복음을 외친 사람들의 연장선상에서, 성경을 강론하고 믿고 순종하며 하나님의 진정한 역사에 쓰임받는 것이 복된 길입니다.

신자는 교회와 자신의 신앙이 '오직 성경' 위에 서야 한다는 사실에 공감하며 그렇게 되기를 구해야 합니다. 영적인 성숙을 사모하면서도 성경의 진리를 분별하지 않고 타협의 길을 가면, 그 신앙은 평범한 윤리 수준으로 전락하고 점차 우매해져, 결정적인 순간에 예수님을 부인하는 배교라는 종착지에 이를 수도 있습니다. 우리는 어떻게든 마음을 같이함으로 '오직 성경' 위에 세워진 신앙과 삶과 구원의 여정을 위해 부지런히 성경을 배우고 전하는 자가 되어야 합니다.

이 시대의 모든 신자가 '오직 성경'의 부요함을 알고 그 길로 갈 수 있기 바랍니다. 지금은 무류성과 무오성을 인정하지 않는 것이 대세지만, 그 대세를 거슬러 '일점 일획도 없어지지 않으리라'는 예수님의 말씀대로 '오직 성경' 위에서 신앙생활하기를 권면하고 구하며 힘쓰는 목사와 성도가 많아지기를 소망합니다.

Chapter 10

성경은 하나님의
특별한 계시다 1

● 지금까지 살펴본 '오직 성경'이 무너진 역사적 배경과 오늘날의 현실을 염두에 두고, 이제부터는 우리가 회복해야 할 '오직 성경'이 무엇을 말하는지 좀더 구체적으로 생각해 보겠습니다. '오직 성경'은 성경에서 이탈한 중세 로마 가톨릭교회에 맞서 종교개혁자들이 외친 내용이지만, 그 전에 이미 예수님과 사도들이 성경에 대해 취했던 태도입니다. 즉, 모든 기독교 신자가 마땅히 가지고 있어야 할 기초적 교리요, 신앙의 기반입니다. 따라서 우리는 그것이 무엇인지 명확하게 알 필요가 있습니다.

하나님에게서 온 말씀

예수님과 사도들, 종교개혁자들 그리고 개혁주의 전통에 선 신자들은, 성경을 하나님과 그분의 뜻을 우리에게 계시해 주는 유일한 책으로 여겼습니다. 세상에는 여러 종교가 있고 그중에는 경전을 가진 종교도 있지만, 하나님과 그분의 뜻을 우리에게 계시해 주는 책은 오직 성경밖에 없습니다. 물론 다른 종교의 경전도 신의 뜻을 말하는 것이라고 주장하는 경우가 있습니다. 그러나 하나님의 인격과 그분의 뜻을 지속되는 역사 안에서 밝혀주고, 그 뜻대로 성취되어 온 바를 증거하는 책은 성경뿐입니다. 이 성경이 하나님과 그분의 뜻을 계시한 유일한 책이며 단순히 인간의 생각을 담은 책이 아님은, 예수님과 사도들이 성경에 대해 취한 태도에서 분명히 나타나며 성경 자체가 증거하는 것입니다.

'오직 성경'이란 그러한 사실에 기초해 우리가 성경에 대해 가져야 할 바른 이해와 태도를 말하는 것입니다. 특히 우리는 성경이 다른 세계에서 온 말씀임을 분명히 알아야 합니다. 다시 말해, 성경은 하나님께서 계시하신 말씀이기에 하나님과 그분의 뜻을 알 수 있는 유일한 책으로 알고 대하는 것이 성경에 대한 바른 태도요, 예수님과 사도들과 종교개혁자들의 신앙을 따르는 길입니다.

옛적에 선지자들을 통하여 여러 부분과 여러 모양으로 우리 조상들에게 말씀하신 하나님이 이 모든 날 마지막에는 아들을 통하여 우리에

게 말씀하셨으니 (히 1:1-2)

이 말씀은 간략하지만 신학적으로나 교리적으로 상당히 중요한 내용을 응축하고 있습니다. 여기서 히브리서 기자는 하나님의 구원 역사와 계시의 전 과정을 간단하게 요약해 줍니다. 이에 대해 설명할 내용은 많지만, 특히 우리는 하나님께서 여러 세대를 거쳐 선지자들을 통해 자신을 계시하시고, 마침내 성육신하신 아들을 통해 친히 자신을 계시하셨다는 이 구절이 성경과 관련이 있다는 사실에 주목해 보고자 합니다.

구약에서 성경은 '여호와의 말씀' '여호와의 율법'으로 일컬어지는데, 이는 성경이 여호와 하나님께로부터 온 말씀임을 의미합니다. 예컨대 다윗이 "(하나님이) 주의 종의 귀를 여시고 이르시기를"(삼하 7:27)이라고 한 것처럼, 성경 기자들은 하나님께서 말씀하셨음을 분명하게 밝힙니다. 이 외에도 구약성경에서만 '주의 입이 말씀하시기를' '주께서 말씀하시기를' '주께서 선포하시기를' '주의 말씀을 들으라' '주께서 내게 이와 같이 보이셨다' '여호와께서 이르시되' '여호와의 말씀이 선지자 누구에게 임하니라' 하는 표현이 약 3,800번이나 나옵니다.

성경의 하나님은 여러 방편을 통해 말씀하셨습니다. 직접 나타나 말씀하시거나 환상, 기적, 선지자, 꿈 등의 다양한 방법으로 말씀하셨지만, 성경은 이 모든 방법을 통해 하나님께서 직접 말씀하시고 우리와 관계를 맺으셨다고 말해 줍니다. 하나님은 이처럼 역사를 통해 자

타협할 수 없는 기독교의 기초, 오직 성경

신을 계시하신 끝에 마침내 친히 오셔서 자신을 계시하셨습니다. 이런 하나님의 계시에 기초한 종교가 바로 기독교입니다.

신약의 사도 바울 역시 "내가 전한 복음은 사람의 뜻을 따라 된 것이 아니니라 이는 내가 사람에게서 받은 것도 아니요 배운 것도 아니요 오직 예수 그리스도의 계시로 말미암은 것이라"(갈 1:11-12)고 말했습니다. 구약뿐 아니라 신약도 하나님의 직접적인 계시를 담고 있는 것입니다. 이는 기독교의 매우 독특한 점입니다.

물론 하나님의 계시에 이렇게 직접적인 계시만 있는 것은 아닙니다. 일반계시 곧 모든 사람에게 드러난 계시도 있습니다. 예를 들면, 하나님은 자연과 역사, 양심 등을 통해 자신의 영광이나 원하시는 뜻을 드러내시기도 합니다. 그러나 그것만으로는 하나님과 그분의 뜻을 충분히 알 수 없습니다. 하나님은 일반계시 외에 히브리서 말씀대로, 옛적에 선지자들을 통해 여러 부분과 모양으로 구약 백성에게 자신의 존재와 속성, 구원 역사에서의 다양한 활동을 계시해 주심으로 자신의 인격과 뜻을 알리셨습니다.

계시와 성경의 차이

성경은 바로 이러한 특별계시를 기록한 것입니다. 그런데 엄밀히 말하면, 계시와 성경 사이에는 구분점이 있습니다. 대략 세 가지가 있는데, 먼저는 시기에서 구별됩니다. 계시는 성경이 기록되기 전부터 있었습니다. 하나님은 아담에게도, 노아에게도 말씀하셨습니다. 계시는 아담부터 시작해 사도시대까지 계속된 것입니다. 그러나 성경은 모세 때부터 기록되었습니다.

성경과 계시는 구원의 방편과 관련해서도 차이가 있습니다. 계시 없이 구원받은 사람은 없지만, 성경 없이 구원받은 사람은 없다고 할 수 없습니다. 아브라함이나 노아 등 성경이 기록되기 전에도 구원받은 사람이 있었습니다. 그것은 성경 없이도 구원받을 수 있었음을 시사해 줍니다. 우리는 여기서 하나님의 구원의 주권성을 보게 됩니다. 성경이 없었을 때도 하나님은 어떤 이들에게 주권적으로 자신을 나타내심으로 구원하신 것입니다. 즉, 하나님은 성경을 전혀 접하지 못했던 시대나 그런 지역에 있는 자에게도 주권적으로 자신을 계시하심으로 구원하실 수 있습니다.

마지막은 분량의 차이입니다. 기록되지 않은 계시가 상당히 많기 때문입니다. 모세가 기록하기 전에도 많은 계시가 있었고, 예수님을 통해 하나님 자신을 계시하신 내용도 무척 많습니다. 그것은 성경에 기록된 분량 이상입니다. 사도 요한은 자신의 복음서에서 "이 책에 기록되지 아니한 다른 표적도 많이 행하셨으나"(요 20:30), "예수께서 행하신 일이 이 외에도 많으니 만일 낱낱이 기록된다면 이 세상이라도 이 기록된 책을 두기에 부족할 줄 아노라"(요 21:25)고 말했습니다. 하나님께서 역사 속에 나타내신 방대한 계시 중 지금의 성경 66권만 남겨두신 것은 그것만으로도 충분하다고 판단하셨기 때문입니다.

타협할 수 없는 기독교의 기초, 오직 성경

계시와 성경 기록의 목적

　성경보다 먼저 있던 방대한 계시는 하나님 자신에게서 자유롭게 나온 것입니다. 계시의 출발점은 하나님 자신이요, 계시의 내용도 하나님 자신입니다. 계시라는 말에는 문자적으로 '벌거벗음'이라는 뜻이 있습니다. 즉, 계시란 하나님께서 자신을 보여주고 드러내신 것입니다.

　그러나 계시의 내용이 하나님 자신이라고 해서 '계시는 곧 하나님의 자의식 그 자체'라고 말할 수는 없습니다. 무한하신 하나님은 자의식 역시 무한하시기에 유한한 우리에게 모두 계시될 수 없기 때문입니다. 우리에게 알려진 계시의 내용은 무한하신 하나님에 대한 지식의 매우 작은 부분일 뿐입니다. 하나님이 계시하신 것은 기록된 것보다 훨씬 더 많은데, 그것조차 하나님의 자의식의 지극히 작은 일부입니다. 그리고 성경은 그 제한된 계시 중에서도 일부에 해당하는 기록입니다. 하나님은 그것만으로도 우리가 하나님을 이해하고 믿고 사랑하며, 그분의 뜻을 알고 따르는 구원과 신앙과 삶을 위해 충분하다고 여기셔서 그것을 남겨두신 것입니다.

　하나님의 존재와 지혜, 능력은 우리가 장차 하나님나라에 이르러 영원이라는 시간 동안 직접 얼굴을 맞대어 보고 알 수 있을 때조차도 영원히 계속 알아가야 할 만큼 무한합니다. 우리가 지금 하나님을 알게 된 것은 시작에 불과합니다. 지금은 불완전하게 아는 그 하나님을 영원토록 더 온전히 알게 될 때가 올 것입니다. 장래에 더 영광스러운 소망이 기다리고 있습니다. 계시와 성경은 그것을 미리 맛보고 알게 해주는 것입니다.

성경에 기록된 계시의 모든 내용은 결국 하나님 자신을 드러내고, 하나님의 영광을 찬미하도록 하는 것입니다. 성경의 계시는 개인의 물질적 유익이나 세상적인 처세술 따위를 얻는 수단이 아닙니다. 계시는 그 출발이 하나님의 자유를 따라 스스로 노출하심에서 시작하고, 내용도 하나님 자신으로 채워져 있으며, 목적도 하나님을 영화롭게 하기 위한 것입니다. 신자는 그런 계시를 통해 하나님을 더 풍성하게 알고 누리며 영화롭게 하는 자입니다. 이것이 우리에게 성경을 주신 이유며, 성경 이전부터 있었던 모든 계시가 바로 그런 성격을 가지고 있습니다.

그리고 이런 계시의 목적은 성경에서 가장 분명하게 드러납니다. 앞서 인용한 히브리서 말씀처럼 "하나님이 이 모든 날 마지막에는 아들을 통하여 우리에게 말씀"하셨습니다. 그 아들은 만유의 상속자시고, 모든 세계가 그로 말미암아 창조되었으며, 하나님의 영광의 광채요 그 본체의 형상으로서 하나님을 직접 계시하신 분입니다. 또 능력의 말씀으로 만물을 붙드시고, 우리 죄를 정결하게 하시며, 이제는 높은 곳에 계신 지극히 크신 이의 우편에 앉아계십니다. 성경은 구약에서부터 특별계시의 중심인 예수 그리스도를 예언했고, 마침내 이 땅에 오셔서 행하신 그분의 일을 모든 사람이 알 수 있도록 기록했습니다. 예수님을 직접 목격한 자들이 기록한 성경을 통해, 그분을 목격하지 못한 모든 세대까지, 성육신하신 그 예수님이 옛적부터 계시해 온

타협할 수 없는 기독교의 기초, 오직 성경

모든 특별계시의 중심이요 초점이라는 사실을 알게 한 것입니다.

성경은 구약에서부터 약속되어 친히 육신을 입고 이 땅에 오신 하나님의 아들이, 우리의 구원에 필요한 모든 것을 행하시고 부활 승천하셔서, 지금 하나님 보좌 우편에서 모든 것을 주관하고 통치하신다는 사실을 기록하고 있습니다. 곧 하나님께서 인간에게 궁극적으로 계시하고자 하신 핵심적인 내용을 담고 있는 것입니다. 바로 이것 때문에 우리는 분명하게 '오직 성경'의 기초 위에 서야 합니다. 우리는 이 성경을 통해서만 하나님의 계시의 궁극적 실체인 그 아들 예수 그리스도에 관해 알게 됩니다.

이처럼 계시의 절정인 하나님의 아들에 대해 기록했다는 사실이, 성경이 하나님의 계시임을 말해 주는 최고의 증거입니다. 구약은 예수님에 대한 예언적인 약속이며, 신약은 예수님이 오신 것을 직접 목격한 사도들의 증언과 성령의 감동으로 받은 교리적인 내용을 담고 있습니다. 그러므로 우리는 성경 전체의 계시에서 예수 그리스도의 복음을 마주하게 됩니다. 이것이 우리가 '오직 성경'을 말할 때 생각해야 하는 내용입니다.

성경의 계시와 예수 그리스도

하나님의 계시로서 성경이 핵심적으로 말하는 바가 예수 그리스도의 복음이라는 사실을 명확히 하지 않으면 '오직 성경'의 의미는 무색해질 수 있습니다. 소위 '성경으로 말한다'는 말은 여호와의 증인을 비롯한 여러 이단에서도 즐겨 사용합니다. 그들은 자신들이 오직 성경으로 대답한다고 말합니다. 그래서 성경에 삼위일체라는 단어가 나오지 않으니 받아들일 수 없다는 식의 논리를 폅니다. 그러나 '오직 성경'이라는 말은, 성경에 충실했던 사람들이 발견하고 정리해 놓은 성경적인 교리와 교훈 같은 교회사의 유산을 무조건 무시하고 몰라도 된다는 것이 아닙니다.

우리가 '오직 성경'을 강조하는 가장 중요한 이유는, 특별계시인 성경이 하나님의 영원한 말씀이신 그 아들 예수 그리스도를 그 계시의 중심이요 절정으로 말하기 때문입니다. 우리는 영원한 하나님의 말씀이 육신을 입고 우리 가운데 거하신다는 성경의 이 엄청난 내용을 통해, 하나님께서 형언할 수 없는 지혜롭고 놀라운 방식으로 자신을 낮추어 계시해 주신 것을 보게 됩니다.

이러한 내용을 기록하고 있는 성경과 성육신한 그리스도는 서로 분리되지 않습니다. 성육신한 말씀인 그리스도는 기록된 말씀을 통해 알려지기 때문입니다. 비록 그리스도는 성경에 기록된 것보다 더 풍부하시지만, 우리는 성경을 통해 성경이 증거하는 그리스도를 아는 것입니다. 그러므로 그리스도께 믿음으로 반응한다는 것은, 곧 그분에 대한 성경의 증거에 반응하는 것이기도 합니다. 우리는 성경을 통해, 하나님의 계시의 중심이요 성경계시 전체의 주제인 육신을 입고 이 땅에 오신 하나님, 예수 그리스도를 보아야 합니다. 그럴 때 성경을 바르게 해석할 수 있습니다.

물론 앞서 언급한 신자유주의자들과 신정통주의자들도 성경에서 예수 그리스도를 매우 강조했습니다. 영국의 인기 작가 알리스터 맥그래스도 이들과 같은 입장입니다. 사람들은 그들이 예수 그리스도를 매우 강조한다는 사실에 호감을 갖고 쉽게 그들의 설명을 수용합니다. 그러나 그들은 계시된 예수 그리스도를 기록한 성경을 하나님의 말씀이 아닌 하나님의 말씀에 대한 증언 정도로 여깁니다. 사도들과 초대교회 신자들이 성경을 하나님의 말씀으로 여기던 것과 달리, 그리스도와 그분에 대해 증거하는 말씀을 따로 분리하는 것입니다. 신정통주의자들은 언어철학자들처럼 인간의 언어가 진리, 곧 하나님의 계시를 표현하는 수단이 되기에는 부적합하다고 회의적으로 평가합니다. 특히 바르트는, 하나님은 무한하고 절대적인 창조주이신 반면 인간은 유한하고 상대적인 피조물이기에, 제한적인 인간의 언어로는 하나님을 표현할 수 없다고 말합니다.

인간의 언어로 하나님을 모두 묘사할 수 없는 것은 맞습니다. 그렇다고 인간의 언어로 하나님을 표현하는 것이 부적당하다고 할 수는 없습니다. 우리가 믿는 예수 그리스도는 바로 성경이 말하는 분이시기 때문입니다. 양자는 분리되지 않습니다. 우리는 기록된 말씀을 통해 예수 그리스도께 나아갑니다. 이 둘을 분리하는 것은 치명적인 잘못입니다.

우리의 언어적인 진술이 하나님을 정확하게 기술하기에 부적당하다는 신정통주의자들의 생각은, 곧 기록된 성경에는 하나님에 대한 오류가 상당히 포함되어 있으므로 성경을 정확무오한 하나님의 말씀이라고 할 수 없다는 결론에 이르게 합니다. 즉, 성경은 단지 하나님과 인간을 만나게 하는 하나님의 도구로, 그 성경을 통해 하나님을 만날 때 비로소 '성경이 하나님의 말씀이 된다'는 것입니다. 그래서 이들이 강조하는 것은 성경이 가르치는 진리가 아니라, 성경을 통해 하나님과 인간이 만나는 '사건'입니다. 그럴듯한 말이지만, 사실상 그들은 사도들이 전한 복음, 곧 언어로 기록해 증거한 예수 그리스도를 거부함으로, 성경에서 말하는 예수 그리스도가 아닌 자신이 만난, 즉 자신의 주관에 따른 예수 그리스도를 믿는 것입니다.

그러나 사도들과 초대교회 성도들, 종교개혁자들, 그리고 그 뒤를 따른 개혁주의자들은, 예수 그리스도를 중심으로 하는 하나님의 계시를 인간의 언어로 기록한 성경을 하나님의 말씀으로 믿었습니다. 우리가 믿는 또 믿어야 하는 예수 그리스도는, 성경에 기록된 하나님의 말씀을 성취하신 바로 그 예수 그리스도, 성경이 증거하는 바로 그분입니다.

기독교 신앙의 확고한 기초

기독교 신앙은 하나님께서 친히 모퉁이돌이 되신 예수 그리스도와 선지자들, 사도들의 말을 통해 자신을 계시하셨다는 확신 위에 세워집니다. 그러므로 성경을 축소하거나 확대하는 것은 곧 기독교 신앙을 무너뜨리는 일입니다. 기독교 신앙이 그 기초 위에 서기에, 성경을 우습게 여겨 임의로 축소하고 확대하는 것은 큰 재앙인 것입니다.

인간의 말로 기록된 성경이 제공하는 진리는 우리 신앙의 변함없는 기초입니다. 우리는 성경이 가르치는 하나님의 속성과 계획, 하나님이 베푸신 구원과 은혜 특히 예수 그리스도에 관한 복음에서 벗어나지 않도록 해야 합니다. 하나님과 그분의 뜻을 알고 그분과 교제하는 신자로서의 구원과 신앙과 삶에 대한 진리는 모두 기록된 하나님의 말씀에서, 더 정확히 말하면 하나님의 말씀에 대한 믿음에서 나옴을 알고, 우리의 신앙을 '오직 성경' 위에 세워야 합니다. 오늘날은 점차 이것을 거부하거나 가볍게 여기는 분위기가 되어가고 있습니다. 우리가 확고히 서 있지 않으면 우리 자신은 물론 우리의 자녀들도 이런 흐름에 휩쓸려 '오직 성경'에서 멀어질 수 있습니다.

성경은 비록 인간의 언어로 기록되었지만, 하나님께서 자신을 낮추어 우리 수준에 맞게 말씀하신 내용을 기록한 것입니다. 마치 엄마가 어린 자녀와 이야기할 때 그 수준의 말을 사용하는 것과 같습니다. 우리가 공감할 수 있는 문제와 인생에서 경험하게 되는 상황을 통해 하나님 자신을 계시하신 것입니다. 무한하신 하나님은 또한 인격적이고 전능하셔서 우리에게 인간의 언어로 말씀하실 수 있습니다. 성령의 감동 안에서 왜곡됨 없이 자신을 계시해 알게 하신 것입니다. 우리는 그 계시를 통해 하나님과 그분의 뜻을 알고 신앙과 삶을 세워가게 됩니다.

성경은 이렇게 하나님께서 인간의 언어로 말씀하신 진리를 기록한 것입니다. 즉, 성경은 하나님의 계시를 담고 있습니다. 이는 '성경에는 하나님의 계시도 있고 아닌 것도 있다'는 의미가 아닙니다. 하나님의 계시는 사실 기록된 성경보다 더 많지만, 성경은 비록 그 전부는 아니더라도 구원에 필요한 계시를 충분히 담아 기록했다는 뜻입니다.

우리는 성경에 계시된 하나님과 그분의 뜻, 그리고 구원과 신앙과 삶에 필요한 모든 것을 얻을 수 있으며 또 얻어야 합니다. 또 성경이 말하는 예수 그리스도를 그대로 믿어야 합니다. 성경에서 벗어난 예수 그리스도를 생각하거나 믿는 것은 우리에게 허용되지 않습니다. 우리는 성경에 무엇을 덧붙이거나 뺌으로 하나님과 그분의 뜻, 구원, 신자의 삶 등에 관한 진리를 얻으려 해서는 안 됩니다. 하나님께서 성경을 허락해 주신 것은 그 계시된 내용으로 충분하다고 여기셨기 때문입니다.

이런 기준이 무너지면서 오늘날 기독교는 예수님을 믿는 사람들 사이에서도 예수 그리스도에 대한 이해나 태도가 달라지게 되었습니다. 많은 사람이 하나님의 계시인 성경에서 하나님의 인격과 뜻을 알아가고, 그것을 통해 하나님과 더 깊이 교제하며, 그에 합당한 신앙과 삶을 세워가려 하기보다, 성경 아닌 다른 무엇을 통해 하나님과 교제하며 하나님을 체험하려는 유혹에 쉽게 빠집니다.

그러나 우리는 신앙의 기초가 되어야 하는 '오직 성경'의 구체적인 내용에 대해 명확하게 이해하고, 인간의 언어로 계시된 하나님과 예수 그리스도를 힘써 알아가며, 계시된 성경이 말하는 신앙과 삶을 얻고자 노력해야 합니다. 예수님이 다시 오실 때까지, 그리고 그 후에도 '오직 성경'이 우리에게 가르치는 진리는 변하지 않을 것입니다.

Chapter 11

성경은 하나님의
특별한 계시다 2

● 기독교의 종교개혁적 전통이 중시하는 '오직 성경'은 무엇보다 '성경의 계시성'을 매우 강조합니다. '성경의 계시성'은 기독교와 다른 종교 사이의 가장 근본적인 구분점입니다. 기독교 신학과 신앙의 기초는 하나님과 하나님의 계시이기 때문입니다. 기독교는 하나님과, 하나님이 자신을 알도록 계시하신 바에 기초해 모든 것을 말합니다. 따라서 기독교회가 근본 정체성을 잃고 타락할 때, 가장 크게 공격당하고 흔들리는 부분도 바로 이 '성경의 계시성'입니다.

하나님의 자기 계시

우리가 우리를 전혀 모르는 사람에게 자신을 알리고자 한다면 말과 행동으로 자신을 드러내야 합니다. 그렇지 않으면 상대는 우리를 알 길이 없습니다. 물론 인간이 자신을 알릴 때는 전달에 오류가 있을 수도 있고, 심지어 때로는 기만과 위선이 섞일 수도 있습니다. 그러나 한 가지 분명한 사실은, 우리가 자신을 다른 사람에게 알리지 않으면 상대는 우리를 전혀 알 수 없다는 것입니다. 하나님의 계시도 마찬가지입니다. 하나님이 자신을 스스로 알리지 않으시면 우리는 그분을 알 수 없습니다. 하나님이 자신을 알리시는 데 오류나 거짓이 없다는 면에서는 인간과 근본적으로 다르지만, 하나님께서 스스로 자신을 알리지 않으시면 우리가 하나님을 알 수 없다는 점은 같습니다.

예수님은 "아버지 외에는 아들을 아는 자가 없고 아들과 또 아들의 소원대로 계시를 받는 자 외에는 아버지를 아는 자가 없느니라"(마 11:27)고 말씀하셨습니다. 여기서는 아버지와 아들만 언급하지만 성령도 마찬가지입니다. 바울은 고린도전서에서 "성령은 모든 것 곧 하나님의 깊은 것까지도 통달하시느니라"(2:10)고 말하면서 하나님의 영 외에는 하나님의 일을 알 사람이 없다고 선언합니다. 성부, 성자, 성령만이 하나님 자신에 대한 완전한 자의식을 가지고 서로 아시는 것입니다. 그러나 우리는 하나님이 자신을 계시하시지 않으면 하나님을 아는 것이 불가능합니다. 그래서 예수님이 "계시를 받는 자 외에는 아버지를 아는 자가 없느니라"고 하신 것입니다. 이 말씀은 인간 스스로 하나님을 알 수 없고, 오직 하나님 편에서 자신을 알리기 위해 나타내신 계시가 있어야 함을 알려줍니다.

기독교는 이처럼 하나님 자신, 그리고 그분을 알게 하는 계시에 기

타협할 수 없는 기독교의 기초, 오직 성경

초한 종교입니다. 성경은 하나님께서 스스로 자신을 계시하심으로 피조물인 우리가 하나님을 알고 인격적인 교제를 나누게 된다는 사실을 밝혀주는 책이며, 또 그 계시의 내용을 기록한 책이기도 합니다.

이런 면에서 기독교는 인격적인 교통이 없는 범신론적 종교와 완전히 다릅니다. 인도의 힌두교나 불교가 대표적인 범신론 종교입니다. 불교의 경우 오늘날에는 부처가 자비로 불자들을 돌보아준다는 식의 신개념을 말하기도 하지만, 본래는 부처와의 교통을 말하지 않았습니다. 힌두교나 불교의 신은 주도적으로 자신을 계시해 추종자들에게 알리는 존재가 아닙니다. 자신을 알리는 신이 아니라면, 그 신은 인간의 상상력에 따른 종교적 신념의 산물에 지나지 않는 것입니다. 그러나 기독교의 하나님은 하나님 편에서 먼저 계시를 통해 우리와 인격적인 교통을 갖는 분입니다.

일반계시와 특별계시로
자신을 알리시는 하나님

성경은 시종일관 하나님께서 자신을 우리에게 계시하시고, 우리와 인격적인 교통을 갖는다는 사실을 말해 줍니다. 하나님은 아담을 불러 자신을 계시하셨듯이, 아브라함에게도 자신을 계시하셨습니다. 성경은 그런 계시의 내용을 담고 있고, 지금도 하나님은 기록된 성경계시를 통해 자신을 우리에게 알리십니다.

물론 하나님께서 자신을 계시하셔도 우리가 그분을 아는 데는 한계가 있습니다. 우리가 하나님에 대해 아는 것은 매우 적습니다. 하나님께서 계시하신 내용을 통해 우리가 그분을 알게 되어도 성부, 성자, 성령 삼위일체 하나님께서 서로 아시는 것에 비추어보면, 우리의 지식은 분량이나 질적인 면에서 비교가 안 됩니다.

그러나 그나마도 우리가 하나님을 알 수 있는 것은, 하나님께서 참되게 자신을 우리에게 계시하셨고, 그 계시 안에서 계속 자신을 알리시기 때문입니다. 즉, 하나님은 이미 자신을 계시하셨을 뿐 아니라 그 계시를 기록한 성경을 통해 지금도 사람들에게 자신을 알리고 계신다는 것입니다.

동시에 하나님은 창조와 섭리를 통한 일반적인 계시를 허락하십니다. 성경은 하나님께서 성육신하신 하나님의 아들을 통해 밝히 드러난 구원의 계시를 거부하는 것도 심판하시지만, 창조와 섭리와 양심을 통한 하나님의 일반적인 계시를 무시하며 예수님께 나아오지 않는 것에 대해서도 심판하리라고 말씀하십니다. 하나님을 아는 계시로 특별계시뿐 아니라 일반계시도 있음을 뜻하는 것입니다.

일반계시만으로는 하나님을 온전히 알기에 역부족이지만, 분명히 성경은 창조와 섭리 등의 일반계시를 통해서도 하나님을 어느 정도는 알 수 있다고 말합니다. 일반계시를 무시하는 것 역시 자신을 계시하시는 하나님, 지금도 살아계셔서 만물을 주관하시고 자신의 속성을 나타내시는 하나님을 무시하고 부정하는 것입니다.

"하나님이 그 해를 악인과 선인에게 비추시며"(마 5:45)라는 말씀처럼 하나님께서는 지금도 이렇게 일반계시를 통해 자신을 알리십니다. 자신이 이 세상을 주관하고 섭리 중에 붙드는 주권자라는 것과, 우리에게 삶을 허락한다는 것과, 그 온전함을 드러내고 알게 하십니다. 우리는 항상 경험하는 일상을 당연하게 생각하지만, 하나님께서는 그 가운데서 자신을 나타내고 알리시는 것입니다. 만일 이 일반계시에 해당하는 일, 즉 악인과 선인 모두에게 해를 비추는 등의 일을 멈추신다면 세상은 더 이상 유지되지 못할 것입니다. 우리는 변해가는 기후와 환경 등을 분석하고 그에 따라 어느 정도 예측까지는 할 수 있지만, 누구도 그것을 조정하지는 못합니다. 관찰과 분석의 결과를 가지고 나름대로 설명할 뿐입니다.

그러나 앞서 말한 대로, 일반계시만으로는 하나님을 온전히 알 수 없고, 특히 하나님께서 구원을 위해 허락하시는 진리는 더욱 알 수 없습니다. 즉, 삼위 하나님을 인격적이며 구체적으로 알고, 그분이 궁극적으로 뜻하신 구원의 계획과 목적 등을 이해하려면, 하나님께서 직접적으로 자신을 알리시는 특별계시가 있어야 합니다. 심지어 하나님께서 악인과 선인 모두에게 햇빛을 비추시며, 땅의 모든 일을 섭리하고 주관하신다는 일반계시조차도 특별계시가 있어야 제대로 알게 됩니다. 특별계시 없이는 신이라는 존재를 어렴풋이 깨달을 뿐이며, 하나님의 일반적인 계시의 영역도 잘 알지 못합니다. 그래서 여러 종류의 신을 만들어 그중 하나를 골라 섬기는 것입니다.

계시의 목적과 전달 방법

하나님께서는 우리에게 자신을 알리고 우리와 인격적인 교통을 갖기 위해 특별히 자신을 드러내십니다. 또 우리가 하나님을 알고 즐거워하며 영화롭게 하는 것을 기뻐하시기에, 바로 그것을 위해 자신을 우리에게 직접적으로 계시하십니다.

예수님도 "천지의 주재이신 아버지여 이것을 지혜롭고 슬기 있는 자들에게는 숨기시고 어린아이들에게는 나타내심을 감사하나이다" (마 11:25)라고 기도하셨습니다. 하나님께서 이렇게 자신을 나타내시는 것은, 우리가 그 계시를 통해 하나님을 알고, 그분과의 인격적인 교통에서 기뻐하며, 그분을 영화롭게 하려는 것입니다. "만물이 주에게서 나오고 주로 말미암고 주에게로 돌아감이라 그에게 영광이 세세에 있을지어다"(롬 11:36)라는 바울의 고백처럼 하나님에게서 시작된 모든 것, 특히 하나님께서 자신을 알리신 계시는 결국 영광으로 그분에게 돌아가야 합니다.

그러려면 우리가 하나님의 특별계시를 내적으로 깊이 이해하고 인식해야 합니다. 그렇게 해야 그 계시를 통해 하나님을 바르게 알고 교제하며 기뻐하고 그분에게 영광 돌리는 것이 가능해집니다. 이처럼 계시의 내용이 우리의 의식 깊이 인식되는 것을, 교리적으로 '계시의 내적인 역사' 또는 '내적 말씀'이라고 말합니다. 더 익숙한 용어로는 '성령의 조명'이라고도 합니다. 즉, 하나님의 계시와 함께 그 계시가 우리의 의식에 깊이 인식되게 하는 성령의 조명이 있기에, 하나님을

타협할 수 없는 기독교의 기초, 오직 성경

알고 기뻐하며 그분께 영광 돌리게 되는 것입니다.

바빙크는 특별계시인 성경을 '외적 말씀', 성령의 조명을 '내적 말씀'이라고 했습니다. 그리고 외적 말씀을 '성경말씀의 역사', 성령의 조명은 '성령의 역사'라고 구분해 설명하면서, 인간이 하나님을 알기 위해서는 세 가지가 있어야 한다고 말합니다. 첫째, 하나님 자신이 계셔야 합니다. 둘째, 하나님 편에서 자신을 알리는 계시가 있어야 합니다. 특히 일반계시까지 깨닫게 하는 특별계시를 기록한 성경이 있어야 합니다. 마지막으로, 성경에 기록된 하나님의 계시를 내적으로 깊이 깨닫게 하는 성령의 조명이 있어야 합니다.

하나님은 절대자며 무한한 분이기에 피조물인 인간은 그분에게 접근할 수 없고 그분을 다 알 수도 없지만, 하나님이 유한한 우리 인간에 맞게 자신을 알리시는 객관적 지식으로 성경계시를 주셨습니다. 그러나 그 객관적인 계시는 여전히 우리 밖에 있는 것입니다. 객관적인 하나님 지식이 우리의 의식에 들어와 진정으로 하나님을 알게 하기 위해서는, 하나님의 깊은 것이라도 통달하시는 성령 하나님의 내적 조명이 있어야 합니다.

우리는 하나님을 알기 위해서는 성령의 조명하심이 있어야 함을 이해해야 합니다. 그러나 동시에 성령 하나님의 조명 또는 하나님을 아는 내적 원리는, 하나님에 대한 객관적인 지식을 담고 있는 특별계시인 성경에 철저하게 의존한다는 사실도 잊지 말아야 합니다. 어떤 사람은 성령의 내적 조명을 경험하는 것은 매우 중요시하면서, 내적 조명을 위한 하나님의 말씀은 소홀히 합니다. 특히 신비주의자들이 그런 양상을 보입니다. 그러면 주관적으로 치우쳐 왜곡된 하나님을 추구하고 그릇된 체험에 몰두하게 됩니다.

우리가 하나님을 바로 알고 제대로 믿는 길은 성경 안에서 성령의 조명하심을 따르는 것입니다. 이 두 가지 모두 하나님께서 내시고 인도하시는 길입니다. 하나님께서는 자신을 계시하시고 그것을 기록하게 하셨을 뿐 아니라, 그 기록된 계시의 말씀으로 우리의 의식을 조명해 깨닫게 하십니다. 이때 깨닫게 하시는 것도 성령 하나님의 역사입니다.

계시 의존 신앙

하나님을 알고 믿는 것, 즉 기독교 신앙은 하나님의 계시를 기록한 성경에 기초해야 합니다. 개혁주의 신학자 박윤선 박사는 이것을 '계시 의존 신앙' '계시 의존 사색'이라는 말로 표현했습니다. 바른 기독교의 신앙과 삶은 계시에 의존한 생각으로 형성될 수 있다는 것입니다. 계시에 의존하지 않은 생각은 우리로 하여금 하나님에게서 멀어지게 하고, 진리에서 이탈해 썩어질 것을 향하게 합니다. 그리스도인은 하나님의 계시된 말씀을 벗어나 생각하거나 살아갈 수 없습니다. 그렇게 해서는 안 됩니다.

오늘날 예수님 믿는다는 사람들이 드라마나 영화 대사는 마음에 되새기고 삶의 신조로 여기면서, 정작 영원하신 영광의 하나님이 자신을 알리시고 참된 길을 갈 수 있도록 계시해 주신 말씀은 가볍게 여기는 경우가 많습니다. 성경계시에 의존하지 않고 세상적 기준으로 살아가는 것입니다. 그것은 기독교 신앙을 바르게 추구하는 것이 아닙니다. 기독교 신앙은 다름 아닌 계시 의존 신앙입니다. 이것이 '오직 성경'의 신앙이 지향하는 바입니다.

하나님께서 자신을 계시하신 방편 1 :
신현(神顯)

우리가 의존해야 하는 성경에는 하나님이 자신을 특별히 계시하기 위해 사용하신 방편이 크게 세 가지로 나타납니다. 첫째 방법은 신현, 즉 자신을 직접 나타내신 것입니다. 이를 위해 여러 세부적인 방법이 사용되었습니다. 야곱의 경우처럼 꿈에 나타나시거나 환상, 불과 구름 기둥, 회오리바람 가운데 직접 자신을 나타내시기도 했습니다. 또 성막 위나 성소, 지성소에서 나타나시거나, 여호와의 사자로 특별한 모양을 취해 나타나시기도 했는데, 이것이 모두 신현입니다.

그러나 무엇보다 신현의 절정은 하나님이 직접 육신을 입고 이 땅에 오신 것입니다. 말씀 곧 하나님의 아들이 육신이 되어 오심으로 자신을 직접 인간에게 나타내 보이신 것입니다(요 1:14, 18). 그래서 예수님이 "나를 본 자는 아버지를 보았거늘"(요 14:9)이라고 말씀하신 것입니다. 이렇게 예수님의 인격 안에서 하나님 자신이 직접 계시되었지만, 신현은 거기서 멈추지 않고 예수님께서 부활 승천하신 뒤에도 이어졌습니다. 오순절에 성령께서 강림하신 것입니다. 구약시대에 하나님이 자신을 나타내실 때 불과 바람이 수반되던 것처럼, 제자들이 모인 다락방에 급하고 강한 바람 같은 소리와 함께 불의 혀처럼 갈라지는 것이 임했습니다. 성경은 그 뒤로도 "성령의 전"(고전 6:19)이요 "하나님의 집"(고전 3:9; 딤전 3:15)인 신약 성도들의 모임에 하나님이 자신을 나타내신다고 말합니다. 과거처럼 직접 눈으로 볼 수 있는 방식이 아닌 신현을 말씀하신 것입니다. 그러나 이 역시 하나님께서 자신을 나타내시는 완전한 신현은 아직 아닙니다. 완전한 신현은 새 하늘과 새 땅, 곧 새 예루살렘에서 하나님의 장막이 온전히 인간과 함께 영원히 거하게 될 그때 이루어질 것입니다(계 21:3). 하나님은 이처럼 신현으로 자신을 계시하셨고, 지금도 계시하시며, 장래에도 계시하실 것입니다.

하나님께서 자신을 계시하신 방편 2: 예언

하나님께서 특별히 자신을 계시하기 위해 취하신 또 다른 방편은 예언입니다. 예언은 '신언'(神言)이라고도 하는데, 하나님께서 인간의 언어로 자신의 뜻을 전달하신 것입니다. 하나님은 구약 선지자들에게 주로 이 예언의 방식으로 자신의 뜻을 계시하셨는데, 예언의 절정 역시 예수 그리스도에게서 나타납니다. 육신이 되어 이 땅에 오신 하나님이 직접 말씀하신 것입니다. 말씀 자체이신 예수님께서 하나님 아버지의 뜻을 직접 말씀으로 전달하셨기에 그분이 바로 예언의 절정이 되십니다. 예수님께서 육신을 입으신 것(신현)도 계시이지만, 말씀하신 것(예언)도 계시인 것입니다.

육신을 입고 오신 예수님이 하나님의 어떠하심에 대해 직접 계시하신 것을 기록한 것이 바로 신약성경입니다. 그리고 그분에 대한 사도들의 영감 된 증언까지도 하나님의 특별한 계시인 예언이라 할 수 있습니다. 그러나 하나님께서 말씀하시는 것은 그것만이 아닙니다. 성경은 하나님이 계시의 영이신 성령을 통해 그 백성의 마음에 말씀을 새기신다고 말합니다.

구약시대에도 계시와 예언의 원천이신 성령께서 선지자나 어떤 사람에게 순간적으로 임해 예언하게 하시는 일이 있었습니다. 그러나 그때는 성령께서 그들에게 계속 내주해 말씀하시지는 않았습니다. 이것은 비록 불완전했지만 분명 하나님께서 자신을 알리시는 한 방식이었습니다. 특히 모세는 하나님을 더 잘 알고 제대로 믿고 섬길 수 있게 하는 예언의 가치와 유익을 알았기에 "여호와께서 그의 영을 그의 모든 백성에게 주사 다 선지자가 되게 하시기를 원하노라"(민 11:29)고 말하기도 했습니다.

구약 선지자들은 장차 신약시대에 하나님의 자녀들에게 하나님의 영이 내주하게 될 것을 예언했습니다(겔 36:26-27; 욜 2:28-29; 참조. 렘 31:33-34, 32:39-41). 그리고 실제로 예수 그리스도와 사도들은 물론 모든 성도가 성령의 기름부음에 참여해 아버지에게서 배우는 일을 경험했습니다(요일 2:20, 27). 이는 장차 하나님의 영을 받은 자들이 예언할 것이라는 요엘서의 말씀(욜 2:28-29)이 성취된 것입니다. 요엘서의 말씀은 오늘날 예언 은사를 받았다는 사람들처럼 어떤 특별한 사람을 언급하는 것이 아닙니다. 신약시대에는 모든 성도가 하나님의 덕을 전파하는 선지자가 될 것임을 말하는 것입니다.

하나님께서 자신을 계시하신 방편 3: 이적

하나님께서 특별하게 자신을 나타내시는 세 번째 방편은 이적입니다. 예언이 말씀으로 자신을 계시하신 것이라면, 이적은 행동으로 계시하신 것이라 할 수 있습니다. 하나님께서는 자기 백성에게 말씀하시고 그 약속한 것을 행하심으로 자신을 계시하십니다. 예컨대 에스겔서에서 하나님은 이스라엘 백성을 심판하겠다고 하시면서 그 일이 이루어질 때 "내가 여호와인 줄을 너희가 알리라"(겔 6:13)고 말씀하십니다.

하나님께서는 여러 가지 이적을 통해 자신의 임재를 나타내 보이셨지만, 성경이 말하는 이적 중의 이적은 예수님께서 보이신 요나의 기적입니다. 즉, 그리스도의 죽으심과 부활입니다. 이것은 하나님께서 보이신 모든 이적을 통틀어 가장 핵심적인 계시의 내용을 담고 있는 이적입니다. 그리고 그 핵심적인 계시에 근거해 사람을 거듭나게 하고, 그 안에서 선한 열매를 맺게 하는 이적이 믿는 자들에게 뒤따릅니다. 이런 역사도 하나님께서 자신을 계시하시는 이적입니다.

구원계시를 대하는 태도

신현과 예언, 이적을 통해 나타내시는 하나님의 특별계시는, 단지 하나님의 어떠하심에 대한 지식을 알려주는 데 궁극적인 목적이 있지 않습니다. 하나님이 자신을 알리시는 특별계시는 구원과 관련되어 있습니다. 그래서 특별계시를 구원계시라고 합니다. 신현과 예언, 이적을 통해 계시하실 때 하나님이 뜻하신 바는 부패한 인간을 전인격적으로 구원하는 것입니다. 하나님을 알고, 부패하고 죄악 된 상태에서 구원 얻는 일이 특별계시, 즉 구원계시가 담겨 있는 성경을 통해 이루어지는 것입니다.

'오직 성경'의 신앙은 일차적으로 이 같은 계시성을 알고 믿는 데 있습니다. 칼 바르트는 일반계시를 소홀히 하고 무시했을 뿐 아니라, 기록된 성경이 아닌 성경이 자기 안에서 주관적으로 '감동 되고 깨달아지는 것'을 계시로 봄으로, '오직 성경'의 신앙에서 이탈했습니다. 그러나 성경에 기록된 계시는 곧 구원의 계시입니다. 우리에게 주관적으로 감동 되는 것만이 아니라 하나님께서 계시하신 모든 성경이 우리의 구원을 위한 계시입니다. '오직 성경'은 바로 그 계시를 믿는 것입니다.

하나님이 우리를 위해 주신 성경은 인간의 생각으로 치장하고 말의 유희로 덧칠해야 계시로서 효력을 갖게 되는 것이 아닙니다. 오늘날은 성경의 계시성을 바르게 이해하고, 구원계시로서의 성경을 순전하게 의지하는 것에 대한 거부감이 팽배해 있습니다. 그러나 우리는 세상 풍조에 휩쓸리지 말고 끝까지 '오직 성경' 위에서 믿음의 길을 가야 합니다.

이런 성경관은 답답하고 재미없으며, 단순히 마음에 와 닿는 감동적인 이야기가 더 좋다고 생각하기 쉽지만, 하나님이 우리에게 주신 계시를 바르게 이해하지 못하고 등한히 여기는 것은, 하나님을 제대로 알고 믿는 것이 될 수 없습니다. 우리의 느낌과 흥미만을 따라가다 보면 '오직 성경'의 길을 떠나 성경의 중요한 교훈을 빼내고 소홀히 하게 됩니다. 특별계시를 기록한 성경은 소홀히 하면서, 하나님을 알고자 하는 체험을 힘써 추구합니다. 우리는 그렇게 넘어지지 않기 바랍니다. 하나님이 우리에게 허락하신 길을 명확하게 알고 신앙생활하며, 우리의 자녀들과 다른 사람에게도 그 길을 말해 줄 수 있기를 소망합니다.

타협할 수 없는 기독교의 기초, 오직 성경

Chapter 12
성경은
역사적인 계시다

● 성경의 계시성은 '오직 성경'의 신앙을 위해 가장 먼저 강조해야 하는 내용입니다. "아들의 소원대로 계시를 받는 자 외에는 아버지를 아는 자가 없느니라"(마 11:27)는 예수님의 말씀처럼, 하나님을 알기 위해서는 계시가 필요합니다. 물론 계시에는 일반적인 섭리와 역사를 통한 일반계시도 있지만, 하나님을 바르게 알고 구원을 얻기 위해서는 특별계시를 기록한 성경이 필요합니다. 특별계시가 없으면 우리는 하나님을 알 수 없습니다.

성경의 계시성은 기독교와 다른 종교 사이의 가장 중요한 구분점입니다. 또 같은 개신교 안에서도, 사도들과 종교개혁자들이 믿어 온 '오직 성경'이라는 신앙의 기초 위에 서 있는지의 여부를 가늠해 볼 수 있는 첫째 기준이기도 합니다. 우리는 앞장에서 이처럼 하나님께서 자신을 알리기 위해 사용하신 특별계시의 방편, 즉 신현과 예언과 이적에 대해 살펴보았습니다.

성경의 계시성과
기독교 계시의 역사성

그런데 여기서 우리가 기억해야 할 사실은 신현과 예언, 이적을 통해 드러내신 하나님의 계시가, 성경에 기록된 것으로 끝나지 않고 지금도 계속되고 있다는 것입니다. 즉, 성경이 완성된 후로도 유효성 있는 계시는 계속되고 있습니다. 우리는 이것을 '계시는 역사성을 가지고 있다'는 말로 표현할 수 있습니다. 이것은 성경의 계시성을 이해하기 위해 꼭 덧붙여야 하는 내용입니다.

성경은 역사 속에서 하나님이 계시하신 것을 기록한 책입니다. 기독교는 다른 종교와 달리 하나님의 계시에 근거하고 있으며, 이 계시는 인간의 주관적인 사변이나 그에 따라 형성된 사상이 아닌 역사성을 지닌 것입니다.

기독교 외의 다른 종교, 특히 토테미즘이나 샤머니즘 등 잡다한 미신적 종교는 역사성이 없으며, 따라서 역사의식 같은 것도 없습니다. 그들은 단지 현실에만 집착합니다. 당장 오늘 복을 받거나 저주를 피하는 것에만 관심이 있습니다. 물론 몇몇 오래된 종교는 경전도 있고, 그것을 계시라 주장하기도 하며, 나름대로 초자연적인 경험과 신앙적인 이론 체계를 내세우기도 합니다. 그러나 엄밀히 말해 거기에는

타협할 수 없는 기독교의 기초, 오직 성경

일관된 역사성이 없습니다. 그들의 경전과 가르침은 나름대로 주관적인 깨달음에 따라 형성된 것이지, 역사적인 계시에 근거한 것이 아닙니다.

반면, 기독교는 역사적인 사건을 통해 계속적으로 나타난 하나님의 계시에 근거하고, 특히 특별한 계시인 성경을 통해 계속되고 있는 계시에 의존하는 종교입니다. 성경에 기록된 내용, 즉 하나님께서 만물을 창조하신 것부터 하나님의 형상대로 지음받은 인간에게 말씀하시고 인간과 행위 언약을 맺으신 것도 계시이고, 타락 후 숨어 있는 아담을 찾으시고 특별히 여인의 후손을 통한 구속(창 3:15)을 말씀하신 것도 계시입니다. 이후에도 하나님의 계시는 계속되어, 하나님이 육신을 입고 역사에 들어오셔서 자신을 더욱 선명하고 완벽하게 드러내신 데서 절정을 이룹니다. 그리고 마침내 장래 일을 기록한 신약의 요한계시록을 주심으로 성경계시가 종결됩니다.

그러나 성경계시가 종결되었다고 하나님이 계시의 행위 또는 사역을 멈추신 것은 아닙니다. 그것은 지금도 계속됩니다. 기독교는 계속 그런 하나님의 계시 행위에 의존해 서 있습니다. 물론 그렇다고 오늘날 어떤 사람들의 주장대로, 성경이 기록될 때와 동일한 계시가 계속되는 것은 아닙니다. 하나님의 계시 행위는 종결된 성경계시에 근거해 계속적으로 이어져 왔고 지금도 계속되고 있습니다.

역사 안에서 계속되는
계시 행위(또는 사역)

성경계시는 역사라는 시간과 공간 속에서 일어난(또는 일어날) 내용을 담고 있습니다. 곧 모든 계시는 예언과 성취라는 도식을 중심으로 역사성을 갖습니다. 성경은 하나님께서 역사 속에서 말씀하신 것을 성취하시고 또 말씀하신 것을 성취하시는 식으로 계속해서 역사성을 드러냅니다. 기독교의 하나님은 어떤 추론이나 사유에서 도출한 원리나 개념이 아니라, 실제 역사 속에서 활동하시는 인격자입니다. 성경에 기록된 계시의 역사는 이러한 사실을 명확하게 보여줍니다. 성경은 인간의 역사에 펼쳐진 하나님의 계시를 기록한 책입니다. 무엇보다 그리스도의 성육신과 그 후의 모든 행적 곧 죽으심, 부활, 승천 등은 모두 역사적으로 일어난 사건입니다. 성경적인 기독교는 성육신 사건을 중심에 두고, 창조부터 예수님의 재림까지 모든 우주적인 사건이 역사 속에 있으며, 있을 것임을 말합니다.

그러나 지난 교회사에는 이 같은 계시의 역사성을 부정한 그룹과 사상이 계속 존재했습니다. 대표적으로는 자유주의자들이 성경에 기록된 계시의 내용을 신화적인 요소로 간주하고, 기독교 진리를 윤리적 차원에서 이해했습니다. 그렇게 되면 기독교의 계시는, 불교나 다른 종교에서 도를 닦고 사색하며 마음에서 발견한 무언가를 말하는 것과 다를 바가 없다는 결론에 이르게 됩니다. 즉, 계시의 역사성을 부정하는 것은 '오직 성경'의 핵심인 성경의 계시성을 가장 강력하게 부정하는 것입니다.

다시 말하지만, 성경은 창조부터 장차 있을 종말까지 그 모든 것이 역사적인 실제성을 갖는다고 말합니다. 비록 아직 성취되지 않은 것이라도 예언과 성취라는 점진적이고 역사적인 계시의 연장선상에 있다고 이야기합니다. 심지어 하나님 자신이 이 땅에 오신 것도 인간의 역사에 들어오신 역사적인 실재였습니다. 성경 및 성경을 기초로 한 교회 역사상의 각종 신조까지도 역사적인 상황에서 만들어진 역사성을 갖습니다. 즉, 성경에 기록된 하나님의 계시는 기록 당대의 역사적인 현실에 근거할 뿐 아니라, 현재도 계속적으로 역동적인 역사성을 갖는 것입니다.

성경계시는 더 이상 더하거나 뺄 수 없는 계시로 종결되었지만, 그 후로도 하나님의 계시 행위 또는 사역은 계속되고 있습니다. 성경이 완성되었지만 완결된 성경계시를 통한 계시 사역은 역동적으로 계속되고 있다는 것입니다. 그 계시가 역사성을 가지고 현재도 하나님께서 우리에게 자신을 알리시는 방편이 되고 있습니다.

역사적 계시인 성경을 통해 계속되는 계시 사역

'오직 성경'을 믿는 사람은 성경의 역사성을 소중히 여깁니다. 역사성 있는 계시 위에 설 때 그리스도와 참된 교제를 가질 수 있음을 알

Chapter 12 _ 성경은 역사적인 계시다

고 믿기 때문입니다.

십자가 죽음을 앞두신 예수님은 대제사장적인 기도를 드리십니다. "내가 비옵는 것은 이 사람들만 위함이 아니요 또 그들의 말로 말미암아 나를 믿는 사람들도 위함이니 아버지여, 아버지께서 내 안에, 내가 아버지 안에 있는 것같이 그들도 다 하나가 되어 우리 안에 있게 하사 세상으로 아버지께서 나를 보내신 것을 믿게 하옵소서"(요 17:20-21). 여기서 우리가 주목해 볼 것은, 예수님의 기도가 "그들(제자들)의 말로 말미암아 나를 믿는 사람들"도 위한 것이었다는 사실입니다. 이것이 의미하는 바는 그들의 말, 즉 사도들의 말씀 위에 설 때 그리스도와 하나 되고, 아버지와 하나 되는 일이 가능하다는 것입니다.

그러므로 이 말씀에서 말하는 참된 신자는, 역사적인 기록으로서의 성경을 중시하고 사도들의 말씀 위에 서는 자요, 그 말씀을 통해 오늘날에도 계시의 사역이 역사적으로 진행되고 있음을 알고 믿는 사람입니다. 하나님의 계시는 과거에 한 번 나타나고는 그친 것이 아니라, 하나님의 백성과 함께 거하며 계속됩니다. 역사의 주인이신 하나님은 자신의 계시를 기록한 성경을 통해 인류 역사 가운데 지금도 말씀하시고, 그 말씀하신 바를 사람들의 삶에 실현하심으로 여전히 자신을 계시하십니다.

하나님께서는 계속되는 역사 속에서 살아가는 인류에게, 이미 계시하신 성경을 통해 계시 사역을 지속하십니다. 신현과 예언, 기적을 통해 역사적으로 자신을 계시하시고 이로써 성경을 기록하게 하셨듯,

성경계시를 완결하신 뒤에도 그 완성된 성경계시를 통해 자신을 나타내시는 것입니다. 우리가 이 하나님의 지속적인 계시 사역 또는 계시 행위를 신학적으로 이해하지 못하면, 신비적인 기적이나 예언 등 새로운 계시를 내세우는 가르침에 빠지기 쉽습니다. 역사성을 결여한 신비적인 현상이나 경험에 취해, 그것이 진정한 역사라고 주장하는 사람들에게 현혹되는 것입니다.

계속되는 신현과 기적, 예언을 통한 계시 사역

우리는 지금도 계속되는 하나님의 계시 사역이 어떻게 이루어지는지 알아야 합니다. 하나님의 계시 행위는, 하나님께서 과거 자신을 나타내기 위해 사용하신 세 가지 방편에 상응해 이루어집니다.

먼저 과거 신현을 통해 자신을 계시하셨듯 지금도 신현의 방식으로 계시 사역을 하십니다. 물론 과거와 완전히 똑같은 신현을 사용하신다는 말은 아닙니다. 이전에는 여호와의 사자나 불과 구름기둥 등의 방식을 취하셨던 하나님이 이제는 성령을 통해 몸 된 교회에 거하심으로 자신을 나타내십니다. 예수님께서 "두세 사람이 내 이름으로 모인 곳에는 나도 그들 중에 있느니라"(마 18:20)고 말씀하신 것이나, 요한계시록에서 환상 중에 보이신 그리스도께서 일곱 촛대 사이에서 다니시는 것(즉 교회에 거하시는 것) 등이 성령을 통한 신현을 말하는 것입니다.

이처럼 오늘날에도 하나님은 성령을 통해 우리 안에 임하심으로 자신을 계시하십니다. 그 임재를 직접 육안으로 확인할 수는 없지만, 그에 대한 증거는 다양하게 나타납니다. 회중 가운데서 말씀을 듣다가 예수 그리스도를 만나 감동받고, 그분 앞에 자복하는 사람이 생기기도 하고, 이전에 교만하고 완악하기 이를 데 없던 사람이 하나님께 예배드리다가 회개하고 삶의 변화를 경험하기도 합니다. 이런 일은 신현의 방식으로 지금도 자신을 나타내시는 하나님의 계시 행위로 말미암은 것입니다.

하나님은 신현뿐 아니라 기적을 통해서도 여전히 자신을 계시하십니다. 이적을 통한 계시 사역은 단지 병 고침이나 초자연적인 특이한 현상만을 말하지 않습니다. 성경계시의 완결 후에도 지속되는 이적을 통한 계시 사역은 일차적으로 거듭남과 성화와 영화로, 성도 개인 및 그리스도의 몸 된 교회가 새롭게 되는 것을 가리킵니다. 지금도 하나님의 말씀으로 사람들이 거듭나 새로운 피조물이 되고 삶이 거룩하게 변화되며 영화로 나아가는 일은 여전히 일어나고 있습니다. 또 변화된 그들이 교회구성원이 되어 그리스도의 몸 된 교회가 새롭게 변화되기도 합니다. 이것이 하나님께서 여전히 자신을 계시하는 방편으로 사용하시는 기적입니다.

바빙크는 "신령한 이적은 중지되지 않으며, 하나님은 항상 일하신다"고 말했습니다. 여기서 신령한 이적이란 거듭남과 성화, 영화를 통해 그리스도의 몸을 새롭게 하는 것을 말합니다. 그 이적은 중지되지

타협할 수 없는 기독교의 기초, 오직 성경

않고 계속되기에 하나님께서 계속 일하신다, 즉 계속해서 계시 행위를 하신다고 할 수 있는 것입니다.

하나님의 계속되는 계시 사역은 신현과 이적뿐 아니라 예언을 통해서도 여전히 나타납니다. 물론 여기서 예언은 성경 외에 추가로 주어지는 새로운 계시가 아닙니다. 하나님은 과거에 예언으로 자신을 계시하셨던 바를 기록된 말씀을 통해 우리에게 남겨주셨고, 이제 그것으로 사람의 인격 안에서 역사하심으로 자신을 계시하십니다. 바로 이것이 하나님께서 계시의 완결 후에도 예언을 통해 자신을 계시하시는 방식입니다. 히브리서 기자는 이것을 이렇게 말합니다. "하나님의 말씀은 살아 있고 활력이 있어 좌우에 날선 어떤 검보다도 예리하여 혼과 영과 및 관절과 골수를 찔러 쪼개기까지 하며 또 마음의 생각과 뜻을 판단하나니 지으신 것이 하나도 그 앞에 나타나지 않음이 없고 우리의 결산을 받으실 이의 눈앞에 만물이 벌거벗은 것같이 드러나느니라"(히 4:12-13). 즉, 성령 하나님이 과거 역사에서 예언을 통해 자신을 계시하셨던 것과 동일한 일을, 기록된 말씀을 통해 지금도 하시는 것입니다.

그래서 종교개혁자들과 청교도들은 성경의 '예언'이라는 표현, 특히 신약성경의 '예언'이라는 표현을 단순히 미래에 대한 말로 이해하지 않았습니다. 구약시대에 하나님이 예언을 통해 자신을 계시하셨던 것처럼, 이제는 말씀으로 자신을 계시하시는 역사를 예언이라고 한 것입니다. 그것은 오늘날 유행하는 신종 사상들의 예언과는 성격이 전혀 다릅니다. 믿음의 선배들이 말해 온 계속적인 예언은, 그리스도께서 진리의 말씀으로 우리의 존재와 의식을 채우시는 것으로, 그것을 통해 사람들에게 진정한 변화가 일어나고 미래가 확실해지는 것을 뜻했습니다.

물론 이런 일은 실제적인 면에서는 성령께서 하시는 사역입니다. 즉, 그리스도께서 기록된 말씀으로 성령 안에서 행하시는 일을 예언을 통한 하나님의 계시 사역이라 할 수 있는 것입니다. 요한계시록까지의 성경계시는 그 자체로서 충분한 하나님의 계시입니다. 다만 하나님은 성경계시가 완결된 후로 그 기록된 말씀을 가지고 성령 안에서 계시 사역을 계속하고 계시는데, 그것이 예언의 성격을 띠고 있다는 것입니다. 그래서 자기 마음대로 살던 이들의 영혼이 기록된 말씀으로 찔러 쪼개지면서 하나님에 대해 이해하고 굴복하게 되는 것, 이것이 예언을 통한 하나님의 계시 사역, 즉 현재까지 계속되는 계시 행위입니다.

우리 신앙의 기초로 삼아야 하는 하나님의 계시 사역

그러나 계시가 완결된 초대교회 시대 이후 지난 교회사에는 지금도 계속되는 하나님의 말씀을 통한 계시 사역을 알지 못하거나 수용하지 않는 사람이 많았습니다. 그들은 영지주의나 신비주의, 지성주의 등으로 빗나갔고, 지금까지도 그런 사상이 이어져 오고 있습니다.

그러나 그들이 무시하는 '이미 기록된 계시를 통한 현재적인 하나님의 계시 사역'은, 사실 완결된 성경계시를 통해 거기에 담긴 모든 내용을 소유하고, 하나님의 인격과 구원에 대해 알게 한다는 면에서 매우 부요한 것입니다.

'오직 성경'의 신앙은 이 같은 하나님의 계시 사역을 알고 거기에 반응하는 것입니다. 이것 없이 외치는 '오직 성경'은 단지 상투적인 구호에 불과할 뿐 실제적인 의미는 없습니다. 이런 면에서 신비주의적 기독교나 현대 예언운동은 노골적으로 성경의 중요성을 부정하지는 않아도, 실제적으로는 사도들과 종교개혁자들이 소유했던 '오직 성경'에서 이탈한 것입니다. 기록된 말씀을 통한 성령의 계시 사역으로 하나님을 알게 되는 것의 부요함을 알지 못하고 한쪽으로 치우치는 것입니다.

근래에는 '설교는 어차피 다 비슷하니, 목회자가 그 외에 다른 것을 얼마나 잘하는지에 목회의 성공 여부가 달렸다'고 생각하는 목회자들이 많아지고 있습니다. 그러나 이런 태도는 하나님께서 기록된 말씀을 통해 오늘날에도 자신을 알리시는 계시 사역의 부요함을 너무 모르는 것입니다. 핵심적인 것을 대충 처리하고 다른 것에 주안점을 두어 성공을 도모하는 목회 사역은, 하나님의 일을 철저히 마케팅 방식으로 접근하는 것입니다.

우리는 하나님께서 과거 성경시대에 신현과 기적, 예언을 통해 자신을 알리신 것처럼, 이제는 이미 기록된 말씀을 통해 자신을 알리시는 계시 행위로 하나님을 알고 그 은혜의 부요함을 경험하게 됩니다.

하나님께서 기록된 성경계시로 자신을 알리시는 계시 사역을 하시기에, 오늘날에도 사람들이 하나님 앞에서 회심하고 성화의 과정을 겪으며 진실한 하나님의 백성으로 성숙해가는 일이 일어나는 것입니다. 이처럼 하나님께서 성경을 통해 현재적인 계시 사역을 하고 계심을 알고 수용해 반응하는 것이 '오직 성경' 위에서 신앙생활하는 것입니다.

이것이 신앙의 기초가 되지 않으면 우리의 믿음은 혼란에 빠지고, 변두리에 있거나 거짓된 것을 의지하게 됩니다. 많은 사람이 하나님의 계시 사역에 무지하고 그것을 무시하기에, 대충 교회 다니며 거룩한 변화도 없이 헛된 것을 구하며 살아가는 것입니다. 결국 그런 사람은 하나님과 그분에게서 나오는 은혜의 부요함을 알지 못합니다. 그러므로 신자가 예배에서 성경을 강론하는 설교를 안 듣는 것은 심각한 일입니다. 말씀 들을 때는 졸면서, 능력이나 신비로운 은사를 구하는 것은 제대로 된 것이 아닙니다. 오히려 사탄의 역사일 가능성이 큽니다.

우리는 성경을 통해 날마다 우리 가까이에서 자신을 알리시는 하나님을 경시해서는 안 됩니다. 하나님께서는 지금도 매일 이 시공간 속에서 우리에게 말씀으로 은혜와 진리의 충만함을 계시하십니다. 그러므로 하나님께서 말씀을 통해 우리에게 자신을 계시하시는 것에 싫증을 낸다면, 은혜를 누리거나 바른 구원의 여정을 가는 것은 불가능합니다.

하나님께서 세상을 창조하시고, 붙드시고, 다스리시고, 유지하시는 가운데 자신의 신성과 능력을 분명히 보여 알게 하시는 것처럼, 성령께서 성경을 통해 무지한 인간의 마음을 열어 계속 하나님을 알게 하시는 것입니다. 성경의 말씀대로 이렇게 계시를 받는 자 외에는 하나님 아버지를 아는 자가 없습니다(마 11:27). 지금도 계속되는 계시 사역이 없다면, 그리스도를 믿거나 아는 것은 물론 그리스도 안에서 하나님을 알고 그분과 화목하며 교제하는 것도 불가능합니다. 이 계시 사역을 무시한 채로 그리스도를 믿거나 하나님 알기를 구하면, 이성을 의지하는 합리주의나 주관적 경험에 몰두하는 신비주의를 뒤따르게 됩니다.

말씀과 성령의 역사에 대한 균형 있는 이해

우리는 성령 하나님께서 말씀을 통해 행하시는 계시 사역을 잘 이해하고 사모해야 합니다. 어떤 사람은 성경 자체가 자동적으로 역사하는 것처럼 생각하는데, 그렇지 않습니다. 특히 루터가 말씀에 성령이 내재해 계셔서 저절로 역사하는 것처럼 설명했고, 루터교회는 지금도 그렇게 이해하고 있습니다.

그러나 우리는 말씀과 성령의 관계를 자동적인 것으로 생각해서는 안 됩니다. 마태복음 11장 27절의 "아들의 소원대로 계시를 받는 자 외에는 아버지를 아는 자가 없느니라"는 말씀에서 '아들의 소원대로 계시를 받는다'는 것은, 하나님이 그 아들의 소원대로 말씀을 통해 임하시고 자신을 계시하심을 가르쳐줍니다. 말씀 자체에 성령이 내재해 있거나 말씀에 성령이 저절로 역사하는 것이 아니라, 성령께서 계시의 주체가 되십니다. 성령께서 말씀을 통해 자신을 계시하실 때 루디아의 마음이 열린 것처럼 우리 마음이 열리는 것입니다. 이 같은 맥락에서 과거 예언을 통해 성경에 기록된 계시를 주실 때와 동일한 일이 오늘날에도 계속됩니다.

이것은 루디아의 마음이 열린 것 같은 일이 일어날 때만 성경이 하나님의 말씀이 된다는 바르트의 말과는 분명히 다릅니다. 이는 계시의 역사성을 무시하는 것입니다. 성경은 그 자체로서 기록된 계시이며, 하나님이 그것을 통해 지속적인 계시 사역을 현재도 행하시는 것입니다. 성경은 이런 면에서 역사적이고 항상 살아있는 하나님의 말씀입니다. 과거에 기록된 역사적인 계시인 동시에, 하나님의 지속적인 계시 사역으로 현재적인 계시의 성격을 갖는 것입니다. 성경은 지난 시대에도, 오늘도 그리고 다음 세대에도 항상 살아있는 역사성 있는 하나님의 말씀입니다.

이 성경의 계시성과 계시의 역사성을 바로 알고 믿는 것이 '오직 성경' 위에서 신앙생활하는 것입니다. 단지 성경을 중요하게 여기는 정도로 되는 것이 아닙니다. 똑같이 성경을 사용하고 그것을 근거로 말해도, 하나님께서 성경을 통해 지속적인 계시 사역을 하시고 있음을 아는 것과 그렇지 않은 것의 차이는 큽니다. 그것을 알고 믿는 신앙은 굳이 새로운 계시나 예언을 찾으려 하지 않습니다. 성경으로 부족하다 여기고 그것을 넘어선 추가적인 깨달음이나 체험을 구하지 않습니다.

하나님께서는 이미 허락하신 성경을 통해 자신을 알리시므로 우리는 그 위에 서 있어야 합니다. 성경에 대한 이러한 이해는 기독교의 모든 신앙과 삶에서 가장 중요한 기초입니다. '오직 성경'이 무엇인지 이해하고 아는 것은 그만큼 중요합니다.

Chapter 13
성경은
무오하게 영감 된 계시다

영감의 의미

본 장에서 살펴보려는 '오직 성경'의 내용은, 성경은 하나님의 영감 된 말씀이라는 것입니다. '성경이 영감 되었다'는 말은 성경의 신적 기원을 또 다른 면에서 주목한 표현입니다.

디모데후서 3장 16절은 이와 관련해 항상 거론되는 말씀입니다. "모든 성경은 하나님의 감동으로 된 것으로 교훈과 책망과 바르게 함과 의로 교육하기에 유익하니" 여기서 바울은 모든 성경은 하나님의 감동으로 되었다는 놀라운 사실을 밝혀줍니다. 일반적으로 '감동으로 되었다'는 영어 번역에서 'inspire'라는 동사로 표현됩니다. 그래서 성경의 이런 특징을 'inspire'의 명사형인 'inspiration'을 사용해 '영 감'이라고 말하는 것입니다.

위 구절에서 '감동으로 된'이라는 말은 문자적으로 '숨이 내쉬어진'

이라는 의미입니다. 그래서 '숨결을 불어넣으신'이라고도 번역할 수 있습니다. 이것은 모든 성경의 기원이 하나님임을 의미합니다. 여기서 우리가 주목할 사실은 하나님께서 숨을 불어넣으신 대상입니다. 즉, 하나님께서 다른 것이 아닌 기록된 성경에 숨을 불어넣으셨다는 사실에 초점을 맞추어야 합니다.

여기서 바울이 '영감'을 말할 때 강조하는 대상은 성경을 기록한 사람이 아니라 성경 자체입니다. 성경을 기록한 인간 저자가 누구든, 하나님이 모든 성경의 근원자요 모든 성경을 형성하신 분이라는 것입니다.

베드로도 비슷한 논조로 "성경의 모든 예언(곧 계시되어 기록된 하나님의 말씀)은 사사로이 풀 것이 아니니 예언은 언제든지 사람의 뜻으로 낸 것이 아니요 오직 성령의 감동하심을 받은 사람들이 하나님께 받아 말한 것임이라"(벧후 1:20-21)고 말합니다. 이 구절과 디모데후서 3장 16절의 '성경'이라는 말은 일차적으로 구약성경을 가리킵니다. 그러나 베드로후서 3장 15-16절에서 베드로가 바울 서신을 '다른 성경'과 동일한 것으로 말함을 볼 때, 그 '성경'이란 말에 신약성경도 포함될 수 있음을 알 수 있습니다. 결국 신구약 전체가 성령의 감동으로 되었고, 기록된 성경이 모두 신적 권위를 갖는다는 것입니다. 그러므로 우리에게 성경은 세상에서 유일하게 온전히 믿을 만한 진리를 말하는 책이요, 우리가 이 땅에서 무엇을 믿으며 어떻게 살아야 하는지에 대한 흔들릴 수 없는 기준이 되어야 합니다.

세상의 다른 모든 책은 사람에게서 나온 것입니다. 아무리 탁월한 통찰과 경험이 담겼더라도 사람의 창작물일 뿐입니다. 그러나 성경은 하나님에게서 말미암은 것입니다. 성경은 하나님께 받은 것이자 하나님의 감동으로 된 것이며, 하나님께서 숨결을 불어넣으셔서 기록하게 하신 것입니다.

계시와 영감

우리는 여기서 '계시'와 '영감'의 차이를 분명히 할 필요가 있습니다. 일단 이 둘은 목적에서 차이가 납니다. '계시'는 하나님께서 자신을 드러내 나타내시고자 하는 진리의 전달에 목적이 있습니다. 그러나 '영감'은 하나님께서 전하시고자 하는 가르침에 오류가 없게 하는 것을 목적으로 합니다. 계시가 그것을 받는 자를 지혜롭게 만들고 하나님에 대한 이해가 넓어지게 하는 것이라면, 영감은 가르침받는 사람을 오류에서 보호하는 것입니다.

두 가지는 종종 동일한 대상에게 동시에 주어지기도 합니다. 성령께서 누군가에게 계시를 통해 어떤 지식을 주실 때(계시), 동시에 그 지식을 다른 사람에게 전할 수 있도록 말과 기록을 위한 감동을 주시기도(영감) 하는 것입니다. 하나님은 종종 시편 기자나 선지자들, 사도들에게 특별한 순간에 계시를 주시면서, 그와 함께 성령의 감동과 인도에 따라 그것을 기록하게 하셨습니다. 예컨대 사도 바울은 사람이 아닌 예수 그리스도에게서 온 계시를 받아, 그것을 자신의 서신을 통해 전했습니다. 하나님께 받은 계시와 그 기록을 위해 성령께서 허락하시는 영감, 이 둘이 함께 주어진 것입니다.

그러나 계시와 영감은 서로 분리되어 주어진 경우가 더 많습니다. 구약의 역사서를 기록한 저자들이나 누가복음과 사도행전을 쓴 누가는 자신이 수집한 지식을 종합해 기록합니다. 그래서 누가는 이렇게 말합니다. "우리 중에 이루어진 사실에 대하여 처음부터 목격자와 말씀의 일꾼 된 자들이 전하여 준 그대로 내력을 저술하려고 붓을 든 사람이 많은지라 그 모든 일을 근원부터 자세히 미루어 살핀 나도 데오빌로 각하에게 차례대로 써 보내는 것이 좋은 줄 알았노니"(눅 1:1-3). 즉, 누가는 여러 자료를 살펴 복음서를 기록한 것입니다. 구약의 역사서를 기록한 사람들 역시 직접적인 계시를 받은 것이 아니라, 이전까지의 어떤 자료들을 가지고 글을 썼습니다. 그러나 그들이 기록할 때 하나님께서는 영감을 통해 그 기록에 오류가 없게 하셨습니다.

이처럼 기록된 모든 성경이 하나님의 감동으로 되었다는 것은, 성경 저자가 직접 계시를 받았든 수집한 자료를 참고했든, 모두 그 기록에 오류가 없도록 성령 하나님의 초자연적인 역사가 있었음을 말해 줍니다.

성경의 영감에 대한
다양한 견해

그런데 성경의 영감에 대해서도 다양한 견해가 존재합니다. 그중 하나는, 성경의 영감을 셰익스피어의 글처럼 탁월한 문학작품을 가능하게 한 무언가와 비슷한 의미로 보는 것입니다. 이 관점에서는 성경을 마호메트의 코란같이 자연적인 영감을 받아 기록한 명작 정도로 생각합니다. 물론 성경을 그렇게 취급하는 대부분의 사람은 예수님을 믿지 않습니다.

또 다른 견해는 전체 성경 중 일부만 하나님에 의해 영감 되었다는 주장입니다. 이른바 부분영감설이라는 것인데, 이것을 주장하는 대표적인 그룹은 구자유주의자들과 신정통주의자들입니다. 구자유주의자들은 예수 그리스도만 하나님의 말씀이라 여기며, 예수 그리스도에 대한 어떤 내용을 담고 있는 성경은 하나님의 말씀을 포함하고 있지만, 성경 전체가 하나님의 말씀은 아니라고 주장합니다. 신정통주의자들도 객관적으로 성경이 하나님의 말씀인 것이 아니라, 그중 어떤 부분이 주관적으로 우리에게 하나님의 말씀이 된다고 설명함으로, 결국 성경이 부분적으로 영감 되었다고 말합니다.

성경의 영감에 대한 또 다른 견해는, 성경에 인간적인 요소가 전혀 들어 있지 않다는 주장입니다. 성경 저자들은 자신의 인간적인 요소가 개입될 여지가 전혀 없이 하나님이 말씀하신 것을 단지 받아쓰셨으므로 오류가 없다는 것입니다. 그들은 성경이 받아쓰기 하듯 기록되었다면서 그것을 영감이라고 말합니다. 이는 이른바 기계적 영감설이라는 것인데, 자유주의자들이나 신정통주의자들은 개혁주의의 축자영감을 이런 식으로 이해하며 비웃습니다.

그러나 개혁주의자들이 믿는 완전영감론 또는 완전축자영감설은 그런 것이 아닙니다. 종교개혁자들로부터 지금까지 개신교회가 주장하는 완전영감설은, 성경이 하나님께서 불러주시는 내용을 기계적으로 받아쓴 것이라 완전하다고 말하지 않습니다. 오히려 완전영감설은, 성경은 사람이 기록한 인간의 말이지만 동시에 하나님의 초자연적 역사로, 그 모든 것이 예외 없이 하나님의 말씀으로 기록되었다는 의미입니다.

앞의 세 가지 견해는 모두 개신교회가 거부하는 비성경적인 주장입니다. 성경적인 영감론은, 성령께서 인간 저자들에게 역사하시되 그가 가진 모든 특성 곧 그의 경험, 재능, 지식, 감정, 사고방식, 문체, 그리고 말솜씨까지도 사용하면서 초자연적으로 역사하심으로 인간적인 오류에 빠지지 않게 하셨다는 것입니다. 이것을 '유기적 영감설'이라고 합니다. 인간 저자의 모든 것을 유기적으로 사용하시되 그에 따라 기록된 내용에 오류가 없게 하셨다는 것입니다. 유기적 영감설은, 성경이 하나님께서 영감하셔서 기록하게 하신 '하나님의 책'인 동시에, 인간 저자의 경험과 지식과 신앙이 반영된 '인간의 말로 기록된 책'이라는 의미를 내포하고 있습니다.

마치 그리스도께서 완전한 하나님이시며 동시에 완전한 사람이시듯, 성경도 하나님의 영감으로 된 것이므로 신적인 책인 동시에 인성을 가진 책입니다. 인간 저자의 고유한 인격과 문체가 반영되고 사용되었기 때문입니다. 그리스도께서 완전한 인간이시면서도 죄가 없었던 것처럼, 성경도 역사적 문화적 환경 속에 살았던 사람들이 기록한 인간의 책이지만 오류가 없습니다. 가말리엘 문하에서 박식한 율법학자로 성장한 바울의 서신에는 그의 풍성한 지식이 반영되어 있고, 요한이 기록한 책에는 그의 감성적인 면이 문체에 드러납니다. 그러나 모두 오류 없이 진리가 바르게 전달되도록 성령께서 역사하신 것입니다.

영감과 무오성

성경이 '영감'이라는 하나님의 역사를 통해 기록되었다는 성경 자체의 증언이, 성경이 지닌 무오성의 근거입니다. 성경에 오류가 있다거나 성경의 일부만을 진리로 인정하는 것은 "모든 성경은 하나님의 감동으로 된 것"이라는 성경의 내적 증언을 부정하는 것입니다.

그러나 성경 자체의 증거를 부정하는 일은 자유주의와 신정통주의는 물론 앞서 언급한 대로 소위 복음주의 진영에서도 계속되었습니다. 특히 신복음주의자들은 성경이 영감 되었다고 하면서도, 성경의 어떤 부분에는 오류가 있다는 견해를 교회 안에 널리 확산시켰습니다.

프린스턴신학교의 교수로 재직했던 벤자민 워필드는 신복음주의

자들이 성경의 오류성을 주장하기 시작하던 무렵 말했습니다. "영감이란 성령에 의해 성경 기록자들에게 임한 특별한 초자연적인 영향력으로, 그 영감에 의해 성경 기록자들의 말이 하나님의 말씀이 되었으므로 절대 무위(無違)하다."

워필드의 이 말은 일찍이 작성된 개신교회의 신앙고백서들, 특히 웨스트민스터 신앙고백서에서 고백된 내용입니다. 웨스트민스터 신앙고백서 1장 5항은 "성경이 무오한 진리요 신적 권위를 가지고 있음을 우리가 충분히 납득하고 확신하게 되는 것은, 우리의 심령 속에서 말씀에 의해, 말씀을 가지고 증거하시는 성령의 내적 사역 때문이다."라고 말합니다. 무엇보다 성경 자체가 성경의 무오성을 가장 강력하게 증거한다는 것입니다.

구약에는 성경 저자들이 하나님의 말씀 그 자체를 전달하는 것이라고 말하는 부분이 무려 3,800곳 이상 있습니다. 모세는 율법에 대해 "내가 너희에게 명령하는 말을 너희는 가감하지 말고 내가 너희에게 내리는 너희 하나님 여호와의 명령을 지키라"(신 4:2)고 말했습니다. 또 시편 기자는 이렇게 말합니다. "여호와의 율법은 완전하여 … 여호와의 증거는 확실하여 …"(19:7). "모든 완전한 것이 다 끝이 있어도 주의 계명들은 심히 넓으니이다"(119:96). "주의 말씀의 강령은 진리이오니 주의 의로운 모든 규례들은 영원하리이다"(119:160).

신약에서도 예수님이 "천지가 없어지기 전에는 율법의 일점 일획도 결코 없어지지 아니하고 다 이루리라"(마 5:18)고 하셨고, 사도 바울은 "율법은 거룩하고 계명도 거룩하고 의로우며 선하도다"(롬 7:12)

라고 기록했습니다. 성경 전체가 하나님에게서 기인해 완전하다는 것입니다.

완전축자영감설

성경의 영감과 관련해 개혁주의 전통의 사람들은 '축자'(逐字)라는 말과 '완전'(完全)이라는 말을 함께 사용해, 모든 성경이 영감 되었다는 성경 자체의 가르침을 '완전축자영감설'이라고 표현했습니다. '축자'라는 말은, 성령께서 영감 하실 때 성경 기록자들의 전반적인 사상뿐 아니라 그 사상을 적절하게 표현하기 위해 사용한 단어에까지 관여하셨다는 것을 의미합니다. 이는 일차적으로 성경 원본에 해당하는 내용으로, 성경의 모든 단어에 성령께서 영감으로 개입하셨다는 것입니다. 번역할 때도 모든 단어에 오류가 없게 하신다는 의미는 아닙니다.

이는 앞서 말한 받아쓰기 하듯 기록하는 기계적 영감설과는 다릅니다. 성경 저자들이 자신의 성향과 능력을 자유롭게 행사하되, 오류 없이 적절한 단어를 사용하도록 성경께서 유기적으로 역사하셨다는 것입니다. 축자, 즉 단어마다 영감 되었다고 해서 기록자의 경험적 배경과 지식 등이 무시되는 것은 아니라는 뜻입니다.

사람들에게는 저마다 자신이 즐겨 사용하는 용어가 있습니다. 같은 내용을 전달하더라도 사람마다 자기에게 익숙한 어휘와 문체를 사용하기 마련입니다. 바울의 경우는 자신에게 친숙한 법적 용어를 사용할 때가 많은데, 성령께서 그가 자신의 언어를 사용하는 데 관여하심으로 진리를 담아내고 전달하는 것에 오류가 없게 하신 것입니다. 축자영감설은 이 같은 성령의 영감을 말합니다.

물론 성경의 어떤 부분은 받아쓰기 하듯 기록되기도 했습니다. 예컨대 하나님께서는 모세에게 십계명을 새길 돌판을 준비하게 하시고(출 34:1-4), 거기에 직접 십계명을 기록하셨습니다(출 34:28). 출애굽기 24장에서도 모세가 모든 말씀과 율례를 백성에게 전하기 위해, 하나님이 말씀하신 것을 듣고 기록했다고 말합니다(2-4절). 축자영감설은 이렇게 성경의 어떤 부분은 거의 받아쓰기 하듯 기록하게 하셨음을 인정합니다. 그러나 성경 전체를 그런 식으로 기록한 것은 아닙니다.

완전축자영감설에서 우리가 기억해야 할 또 한 가지는, '완전'이라는 말의 의미입니다. 여기서 '완전'은 '전체적인'이라는 뜻입니다. 즉, 완전축자영감설은 성경의 각 단어가 영감 되었을 뿐 아니라, 성령의 영감이 성경 전체에 적용되었다는 것입니다. 이는 예수님과 바울이 취한 태도와 같습니다.

'성경 전체에 영감이 적용되었다'는 것은, 마치 화가가 그린 초상화 전체에 그의 손길이 닿아 있다는 것과 비슷한 의미입니다. 초상화는 주로 중심인물과 배경을 그리는데, 그림 중 귀퉁이 부분은 사실 초상화의 중심인물에 비하면 덜 중요합니다. 그러나 중요성이 덜해도 그 부분 역시 화가의 손길이 닿아 있는 것입니다. 이처럼 성경에도 매우 뚜렷하게 영감의 흔적이 보이는 부분이 있고, 그렇지 않은 부분이 있습니다. 그러나 성경의 그렇지 않은 부분 역시 성령의 영감으로 오류가 없습니다.

성경에 오류가 있다는 반론

이처럼 완전축자영감설은 성경 자체의 가르침을 따라, 성경은 성령에 의해 영감 된 무오한 책이라고 말합니다. 그러나 많은 사람이 계속해서 성경에 오류가 있다고 주장합니다. 신복음주의가 태동하면서 복음주의 진영에서도 성경의 무오성을 포기하는 일이 생겨났습니다. 그런데 그런 반대 주장은 주로 성경의 무오류성의 한계를 오해해 생긴 경우가 많습니다.

먼저 성경이 무오하다는 말은, 성경의 여러 저자가 사용한 세부표현까지 정확히 일치한다는 의미가 아님을 유념할 필요가 있습니다. 예를 들면, 열왕기서나 역대서는 같은 역사서고 내용이 중첩되는데, 서로 간에 강조점과 표현이 다소 다른 경우가 있습니다. 신약에서도 복음서 기자 네 명이 모두 그리스도의 공생애를 기록하지만, 세부표현에서는 조금씩 다릅니다. 사도행전에서는 바울의 회심 사건을 무려 세 번이나 기록하고 있는데, 이 세 번의 기록도 각각 조금씩 그 표현을 달리합니다. 그러나 이런 차이를 모순이나 오류로 보아서는 안 됩니다.

성령에 의해 성경이 무오하다는 것은, 영적 영역이든 도덕적 영역이든 또는 역사나 과학의 영역이든, 그 어떤 영역에서도 틀린 것을 가르치지 않는다는 의미입니다. 성경의 참됨과 거짓됨에 대한 평가는, 성경이 기록되던 당시의 상황 곧 그 기록의 목적이나 의도와 상관없는 기준으로 이루어질 수 없습니다. 즉, 현대의 사고나 표현방식을 기준으로, 성경의 자연에 대한 묘사, 과장법, 숫자를 대략적인 수치로 사용하는 것, 자료를 시간 순서가 아니라 전달 의도에 맞게 재배열하는 것, 인용문을 다소 자유롭게 사용하는 것 등을 들어, 성경의 무오성을 반대하는 근거로 삼아서는 안 된다는 것입니다.

성경의 무오성에 반대하는 가장 대표적인 논리는 '인간 저자가 성경을 기록했는데 어떻게 오류가 없겠는가' 하는 것입니다. 물론 우리는 타락한 인간의 문제와 한계를 인정하지 않을 수 없습니다. 그러나 성경은 모든 성경이 인간의 자의가 아니라 하나님의 감동으로 기록되었음을 강조합니다. 즉, 사람의 오류성과 한계보다 성경을 오류 없이 기록하게 하신 하나님의 능하심과 지혜에 중점을 두어야 합니다. 인간의 기록이기에 오류와 문제가 있다는 것은, 인성을 취하신 그리스도에게도 죄가 있다는 말과 같습니다.

성경의 무오성에 대한 다른 반론은 성경의 기록에 대한 역사적 또는 과학적 의구심에서 제기되는데, 특히 창세기 전반부의 천지창조 기사를 문제시합니다. 성경의 이런 내용이 오늘날의 과학적 지식이나 역사 이해와 맞지 않다고 주장하는 것입니다. 그러나 성경은 역사나 과학과 관련된 의문에 답하기 위해 기록한 책이 아닙니다. 물론 성경이 역사적인 기록을 담고 있지만, 기록자들은 오늘날에 갖게 될 의문을 염두에 두고 기록하지 않았습니다. 그러므로 성경이 우리의 의문에 정확한 답을 주지 않는다고 역사적인 오류가 있다고 할 수는 없습니다.

과학과 관련해서도 마찬가지입니다. 과학은 늘 변하고 불완전합니다. 과학 부문에서 몇 년 전에 이룬 성취가 얼마 지나지 않아 뒤집어지는 것은 이제 흔한 일이 되었습니다. 이렇게 가변성 있는 상대적 기준으로 절대적인 하나님의 일을 판단하는 것은 모순입니다. 성경은 과학의 관점으로 풀어낼 책이 아닙니다. 성경이 때로 역사적 과학적 궁금증을 자아내는 내용을 기록하고 있더라도, 우선은 그 기록이 원래 의도한 교훈적 의미에 관심을 기울여야 합니다. 어떤 과학적인 해답을 줄 것이라 여기고 성경에서 설명거리를 찾는 데 초점을 두는 것은 성경에 대한 바른 접근법이 아닙니다.

성경의 무오성에 대한 또 다른 반론은, 지금은 성경의 원본이 없다는 데서 제기됩니다. 비교적 늦게 기록된 신약성경조차도 현재 원본이 존재하지 않습니다. 성경 원본은 법궤나 최초의 성전처럼 숭배의 대상이 될 수 있으므로, 하나님의 섭리에 따라 역사 속에서 모두 사라졌다고 봅니다. 문제는 오늘날 우리가 가지고 있는 것이 성경의 원본이 아니라 그것을 옮겨 적은 사본이라는 데 있습니다. 원본을 옮겨 적어 사본을 만드는 과정에서 오류가 발생할 수 있고, 실제로 현존하는 사본들 사이에는 얼마간의 차이점이 있습니다. 이로 인해 성경의 무오류성에 회의적 입장을 취하는 이들이 있습니다.

물론 사본과 원본 사이에는 차이가 있습니다. 그래서 지금 존재하는 사본들만으로는 원본에 기록된 단어 표현을 백 퍼센트 모두 정확하게는 알 수 없는 것이 사실입니다. 그러나 그렇게 사본상의 문제로 불확실한 부분은 신약성경 전체에서 천분의 일 분량도 안 됩니다. 더욱이 그것들은 성경 전체의 맥락과 가르침을 이해하는 데 전혀 문제가 되지 않습니다. 즉, 대부분의 사본이 원본의 내용을 충실하게 반영하고 있고, 따라서 그 사본들을 통해서도 성경 원본에 담긴 전체적인 메시지를 충분히 이해하는 데 아무 문제가 없습니다. 그러므로 우리는 성경이 무오류하다고 말할 수 있습니다.

한편 신약성경에는 구약을 인용한 부분이 많은데, 거기서 구약성경을 문자 그대로 인용하지 않는다는 것을 근거로 성경의 무오성에 대한 반론이 제기되기도 합니다. 예컨대 사도행전에서 베드로가 오순절에 성령에 감동해 말씀을 전할 때 구약의 요엘서를 인용했는데(행 2:17-21), 그 내용과 표현이 요엘서 본래 본문(2:28-32)과 조금 다릅니다. 이처럼 신약성경에서 인용된 많은 구약 본문이 구약성경 본래의 표현과 완전히 똑같지 않다는 이유로 성경에 오류가 있다는 반론을 제기하는 것입니다.

그러나 신약의 구약 인용에서 나타나는 차이는 내용이 아니라 표현상의 차이입니다. 베드로의 경우도 요엘서의 '여호와'를 '주'로, '그 후'를 '말세'로 바꾸었습니다. 이렇게 내용이 아니라 표현만 바꾼 것입니다. 이런 차이는 성경 저자들이 히브리어로 된 구약성경을 헬라어로 번역한 칠십인 역을 인용함으로 발생한 경우가 많습니다. 그러므로 이것을 가지고 성경에 오류가 있다고 하기는 어렵습니다. 오히려 성령께서는 그 인용에서 생긴 차이로 하나님의 목적이 더 분명히 드러나고, 말씀의 의미가 더 선명해지게 하셨습니다.

또 어떤 이들은 성경의 무오성을 주장하는 것은, 성경을 화석화하고 우상시함으로 문자에 얽매인 영적 노예가 되게 한다며 그것을 반대합니다. 특히 신정통주의자들이 이렇게 주장했습니다. 그러나 이것은 성경의 성격을 제대로 이해하지 못한 말입니다. 성경에 기록된 말씀은 살아있는 성령의 말씀이기에 그 권위를 높인다고 화석화 되거나 우리를 얽매지 않습니다. 성경은 성령의 말씀으로서, 살아 움직이며 혼과 영을 찔러 쪼개기까지 합니다(히 4:12).

신정통주의자들은 성경의 무오성을 주장하는 개혁주의 전통의 사람들이 성경을 '종이 교황'으로 만든다고 주장합니다. 그러나 사실 그들이 성경의 영감을 축소하고 실질적으로는 부정함으로 '오직 성경'이라는 기독교의 중요한 기초를 무너뜨린 것입니다. 물론 성경축자영감설을 주장하는 사람들 중에 성경을 우상시하며 문자주의에 빠지는 사람도 있습니다. 그러나 그런 사람은 소수며, 축자영감설을 믿는다고 성경을 우상시하거나 문자에 얽매인다고 일반화할 수는 없습니다.

성경이 성령의 감동 곧 영감으로 되었다는 사실은 분명한 성경 자체의 가르침이고, 성경의 무오성과 무류성을 내포합니다. 무류하다는 것은, 모든 성경은 참되고 완전히 믿을 만한 것으로 결코 잘못 인도하는 일이 없다는 것입니다. 예수님은 그 무엇도 성경을 폐하지 못하며, 하나님의 말씀은 진리라고 말씀하셨습니다. 이런 표현이 성경의 무류성을 말해 주는 것입니다. 성경은 성령의 영감으로 말미암아 무류할 뿐 아니라 무오합니다. 즉, 잘못이 없다는 것입니다. 성경은 신앙의 내용이 되는 교리를 가르치든, 삶에 필요한 교훈을 가르치든, 또는 역사적인 사실을 기록하든, 언제나 진리와 진실을 말합니다. 이러한 성경의 진리 됨과 진실성은, 모든 성경의 문단을 기록자의 의도와 일치되게 설명하고 다른 문단과 조화되게 해석할 때 드러납니다.

따라서 우리는 성경의 해석 문제를 중요하게 여길 수밖에 없습니다. 바른 성경 해석이 성경의 무오함을 제대로 보게 합니다. 지난 기독교 역사에는 이 무오한 말씀을 매우 해괴하게 해석함으로 결국 성경에 오류가 있는 것처럼 보이게 하는 자들이 있었습니다. 그러므로 우리는 성경을 바르게 해석해 거기에 담긴 무오한 진리를 뚜렷하게 알려야 합니다.

성경의 영감성과 '오직 성경'의 신앙

지금까지 살펴본 성경의 영감에 대한 성경적인 이해와 믿음은 '오직 성경' 위에 선 신앙과 삶을 가름하는 것입니다. 성경이 영감 되었다는 바른 성경관이 없으면, '오직 성경' 위에 선 신앙을 확고하게 가질 수 없습니다. 신앙의 기준이 점차 와해되어 혼란스러운 상태에 빠지게 됩니다.

지금까지의 내용에 근거해, '오직 성경' 위에 선 자로서 알고 믿어야 하는 성경의 영감성은 다섯 가지로 요약할 수 있습니다. 첫째, 영감의 원천은 하나님이며, 그 과정에 인간 저자가 관련됩니다. 둘째, 영감은 기록된 최종 산물인 성경, 곧 우리가 지금 가진 성경과 관련됩니다. 지금도 영감을 받았다는 사람이 종종 있지만, 영감은 다만 기록된 최종적 계시인 성경과 관련된 것입니다. 오늘날 우리에게는 성령의 조명하시는 은혜와 역사는 있지만 영감이 있다고 말할 수는 없습니다. 셋째, 영감은 축자적이어서 완전하며, 성경 전체에 적용됩니다. 넷째, 영감은 원본에만 국한됩니다. 마지막으로, 영감의 결과는 절대 무오하며, 따라서 신자의 삶을 위한 규범적인 권위를 갖습니다. 신자는 신앙과 삶에 관한 법칙을 성경에서 얻고, 또 반드시 그것을 따라야 합니다.

안타깝게도 오늘날 기독교 안에서 성경축자영감설을 믿는 사람은 그리 많지 않습니다. 복음주의 진영도 마찬가지입니다. 우리나라의 장로교에는 성경영감설과 관련된 아픈 역사가 있습니다. 기독교장로교와 예수교장로회가 갈라질 때도 성경영감설이 중요한 논쟁점 중 하나였습니다. 김재준 박사가 성경의 오류성을 주장함으로 분열이 있었던 것입니다. 당시 예수교장로회 측은 모두 성경의 무오성을 주장했습니다. 그러나 지금은 예수교장로회에서도 통합 측은 신정통주의를 수용함으로 결국 성경의 오류성을 인정하게 되었습니다. 성경의 완전축자영감설을 믿지 않음으로 신앙의 기초가 불완전한 근거 위에 서게 되고, 이로써 여러 이설(異說)의 영향을 받게 된 것입니다.

성경의 완전축자영감설은 사람이 만들어낸 것이 아닙니다. 성경이 "모든 성경은 하나님의 감동으로 된 것"(딤후 3:16)이라고 말합니다. 또 성경은 성령의 감동하심을 받은 사람들이 하나님께 받아 말한 것이므로 사사로이 풀 것이 아니라고 말합니다(벧후 1:20-21). 베드로는 당시 회람되던 다른 사도가 쓴 서신도 그렇게 대했습니다(벧후 3:16). 다름 아닌 성경이 성경의 모든 내용은 완전한 영감으로 된 것이라고 말하고 있습니다. 그러므로 성경을 따라 믿는 우리는 성경에 대한 그러한 믿음 안에서 성경에 기초한 신앙생활을 해야 합니다.

그리스도인은 이론적이 아닌 실제적인 믿음을 가지고 모든 성경을 자신에게 주시는 하나님의 말씀으로 여기며, 그것을 신앙과 삶의 준칙으로 삼아야 합니다. 성경공부를 통해 교리적 지식을 갖는 것으로 그치면 안 됩니다. 성경이 성령의 감동으로 되었음을 진정으로 믿는 신앙 위에 서야 합니다. '오직 성경'의 신앙이란 성경이 하나님의 감동으로 된 말씀임을 믿는 것입니다. 오늘날 많은 사람이 이 신앙에서 이탈하더라도 우리와 우리의 자녀들은 이 신앙을 반드시 지켜야 합니다.

'성경이 중요하긴 하지만 꼭 성경만을 말할 필요는 없지 않는가?' '문자에만 갇힐 것이 아니라, 하나님의 능력과 은혜에 대한 어떤 특별한 체험을 하는 것이 살아있는 믿음이 아닌가?' 하며 성경 외의 것에 더 의미를 두는 태도를 경계해야 합니다. 성경만 하나님의 말씀이라고 말하는 것을 따분하게 여긴다면 무언가 크게 잘못 되어가고 있는 것입니다. 신앙의 기준이 되어야 하는 하나님의 진리에 자신을 비추어보기는커녕 그에 대해 거부감을 갖는 것이기 때문입니다. 성경에 대한 바른 이해와 믿음을 잃으면 모든 신앙의 기초가 무너집니다. 우리는 이 영감 된 말씀을 붙들고 그 위에서 신앙생활하며, 자녀들도 그렇게 가르쳐야 합니다.

타협할 수 없는 기독교의 기초, 오직 성경

Chapter 14

성경은
권위 있는 계시다

성경의 권위가 인정되지 않는
교회 현실

본 장에서는 '오직 성경' 위에 선 신앙의 또 다른 의미인 성경의 권위를 인정하는 믿음에 대해 살펴보겠습니다. 기독교 신자로서 성경의 권위를 인정하며 믿는 것은 지극히 당연합니다. 그러나 오늘날의 실상은 그렇지 않습니다. 과거부터 지금까지 로마 가톨릭교회가 성경의 유일한 권위를 인정하지 않았는데, 이제는 개신교회도 점차 그렇게 되어가고 있습니다. 이는 무엇보다 성경의 영감을 인정하지 않거나 영감의 범위를 제한함으로 일어나는 일입니다.

교회가 말이나 이론적으로는 성경의 권위를 얼마든지 인정하지만, 실제로는 그렇지 않은 경우도 많습니다. 일전에 어느 교회 찬양대의 1년 예산이 10억 원인데, 그중 지휘자의 연봉이 1억 원이고, 관현악

단원들에게도 모두 사례비를 지급한다는 말을 들은 적이 있습니다. 사실 성경의 권위는 설교뿐 아니라, 교회가 예배를 준비하고 드리는 일이나 교회를 행정적으로 운영하는 일, 신자들의 삶을 상담하고 조언해 주는 일 등 세부적인 것에서까지 존중되어야 합니다. 즉, 성경의 권위를 인정한다는 것은 성경을 따라 예배하고 행하며 삶의 실제적인 의사결정을 하는 것입니다.

우리는 오늘날 교회의 각 분야에서 성경보다 다른 것이 더 큰 권위를 행사하고 있는 현실을 이상하게 여겨야 합니다. 교회운영에는 경영학적 원리가, 상담에는 심리학이, 삶의 실제적인 문제에는 은사주의적 직통계시가, 영적 갈함에는 신비주의적 체험에 대한 열심이 성경보다 더 큰 비중을 차지하고 있습니다. 이런 현실은 성경의 권위를 부분적으로만 인정하거나 사실상 인정하지 않는 우리의 믿음을 반영한 것입니다. 그뿐 아니라 성경을 임의로 자신의 주관에 따라 해석하는 사람도 많습니다. 이는 성경을 따라 믿는 것이 아니라, 자신의 왜곡된 신앙을 따라 성경을 주관적으로 해석함으로 성경의 권위를 무시하는 것입니다.

성경에 대한 예수님의 태도

이런 현실에서 '오직 성경'의 신앙생활을 한다는 것은 쉬운 일이 아닙니다. 그러나 우리는 신앙의 기준이 '현실'이 아니라 '성경'임을 분명히 해야 합니다. 예수님과 사도들은 모두 성경의 권위를 실제적으로 인정하며, 신앙과 삶에서 유일한 권위로 믿었습니다.

예수님은 엠마오로 가는 제자들의 불신앙을 보시고 책망하셨습니다. "미련하고 선지자들이 말한 모든 것을 마음에 더디 믿는 자들이여 그리스도가 이런 고난을 받고 자기의 영광에 들어가야 할 것이 아니냐"(눅 24:25-26). 그리고 모세와 모든 선지자의 글로 시작해 성경에 기록된 자신에 관한 모든 것을 자세히 설명해 주심으로, 구약 전체의 권위를 인정하심을 보여주셨습니다.

예수님은 광야에서 시험받으실 때도 마귀에게 "기록되었으되"(마 4:4, 7, 10)라고 말씀하시며 구약성경을 들어 그 시험을 이기셨습니다. 예수님은 성경을 분명한 하나님의 말씀, 성령의 감동으로 주어진 하나님의 계시로 믿었습니다. 이혼에 관해 질문하는 바리새인들에게는, 창세기의 말씀을 하나님이 직접 하신 말씀으로 언급하시기도 했습니다. "사람을 지으신 이가 본래 그들을 남자와 여자로 지으시고 말씀하시기를 그러므로 사람이 그 부모를 떠나서 아내에게 합하여 그 둘이 한 몸이 될지니라 하신 것을 읽지 못하였느냐"(마 19:4-5). "네 부모를 공경하라"는 십계명의 말씀을 무시하는 자들에 대해서는 "너희가 전한 전통으로 하나님의 말씀을 폐하며 또 이 같은 일을 많이 행하느니라"(막 7:13)고 하시며, 성경에 기록된 십계명이 사람이 아닌 하나님의 말씀임을 분명하게 하셨습니다.

예수님은 또 시편을 인용하시며 "다윗이 성령에 감동되어 친히 말하되 주께서 내 주께 이르시되 내가 네 원수를 네 발 아래에 둘 때까지 내 우편에 앉았으라 하셨도다 하였느니라"(막 12:36)고 하셨는데, 이는 다윗이 성령의 감동으로 그 말을 한 것임을 인정하신 것입니다. 예수님은 구약 전체가 성령의 감동으로 주어진 하나님의 계시이기에 신적 권위를 지닌 것으로 믿으셨습니다.

예수님은 구약의 역사적인 기록도 모두 참된 것으로 받아들이심으로, 아브라함과 이삭 등 족장을 언급하시고(막 12:26), 남방(스바) 여왕이 솔로몬을 방문한 사건도 말씀하시며(마 12:42), 요나가 물고기 뱃속에 3일 동안 있었던 사건을 인용해 자신의 부활을 말씀하셨습니다(마 12:39-40). 또 다윗이 하나님의 전에서 진설병을 먹은 사건(눅 6:3-4), 어떤 사람들이 신화로 여기는 노아의 홍수사건(눅 17:26-27), 롯과 소돔의 멸망(눅 17:28-29)까지 역사적인 사실로 인정하시며 말씀하셨습니다. 예수님은 구약의 역사뿐 아니라 기적도 그대로 모두 받아들이셔서 엘리야와 엘리사의 사역도 언급하십니다(눅 4:24-27). 또 구약의 예언도 모두 받아들이시며 구약성경이 자신에 대한 계시라고 말씀하셨습니다(눅 24:44).

이처럼 예수님은 구약성경의 권위를 인정하셨습니다. 오늘날 성경의 영감성에 이의를 제기하는 사람들과는 분명히 다릅니다.

성경의 권위에 대한
사도들의 태도

예수님뿐 아니라 사도들도 성경의 권위를 그대로 인정하고 믿었습니다. 바울은 출애굽기에 기록된 하나님께서 바로에게 하신 말씀을 "성경이 바로에게 이르시되 내가 이 일을 위하여 너를 세웠으니 곧 너로 말미암아 내 능력을 보이고 내 이름이 온 땅에 전파되게 하려 함이라 하셨으니"(롬 9:17)라고 인용했습니다. 하나님께서 바로에게 말씀하신 것을 "성경이 바로에게 이르시되"로 기록한 것입니다. 곧 바울은 성경과 하나님을 일치시켰습니다. "또 하나님이 이방을 믿음으로 말미암아 의로 정하실 것을 성경이 미리 알고 먼저 아브라함에게 복음을 전하되 모든 이방인이 너로 말미암아 복을 받으리라 하였느니라"(갈 3:8)는 갈라디아서 말씀도 마찬가지입니다. 하나님께서 아브라함에게 말씀하신 것을 성경이 말했다고 언급함으로, 성경이 이른 것과 하나님께서 말씀하신 것을 동일하게 여깁니다.

이 외에도 신약성경의 사도들은 구약성경을 인용하면서 종종 하나님이나 성령께서 이르신 것으로 말합니다. 사도들이 자주 사용하는 "기록되었으되"라는 말 역시 그들이 성경의 권위를 인정하고 믿었음을 보여줍니다. 그들은 자신이 구약에 근거해 이야기함을 밝힘으로 그 말의 권위와 정당성을 찾은 것입니다. 사도시대 당시부터 구약성경뿐 아니라 신약성경의 권위도 분명하게 인정되었습니다. 당시 성도들이 '믿는다'고 할 때 그 믿음은 사도들의 말과 기록, 곧 신약성경을 믿고 거기에 순종하는 것을 말했습니다.

사도들은 구약성경과 신약성경에 기록된 모든 것이 하나님의 감동으로 되었다는 것, 즉 그 모든 것의 근원이 하나님이라는 사실을 분명히 믿었기에 성경과 하나님을 일치시켰습니다. 히브리서 기자는 자신의 서신 서두에서, 옛적에 선지자들을 통해 여러 부분과 모양으로 우리 조상에게 말씀하신 분이 바로 하나님이라고 말했습니다(1:1). 여러 선지자가 선포했지만 그들을 통해 말씀하신 분은 하나님이기에 하나님이 성경의 저자라고 말한 것입니다. 또 바울은 고린도교회에 보낸 편지에서 "내가 너희에게 편지하는 이 글이 주의 명령인 줄 알라"(고전 14:37)고 말했습니다. 자신의 편지를 하나님의 명령으로 여기라고 한 것입니다. 이렇게 말할 수 있었던 것은, 구약과 신약 모두 성령의 감동으로 기록되었기에 그 모든 말씀의 근원이 하나님임을 확신했기 때문입니다.

기록된 성경은
하나님의 권위를 갖는다

예수님과 사도들은 기록된 성경이 신적인 권위를 갖는 것으로 믿었습니다. 성경에 기록된 모든 것이 신적 권위를 가지므로 무조건적으로 믿고 순종해야 한다고 믿은 것입니다. 물론 성경에는 인간의 이해가 미치지 못하는 부분이 있을 수 있습니다. 그러나 우리는 성경을 우리의 이성을 만족시켜야 하는 자료로 생각해서는 안 됩니다. 성경에 기록된 모든 말씀이 하나님의 권위를 가졌음을 알고 무조건적으로 순종하는 것이 예수님과 사도들이 지녔던 모습입니다.

권위에 대한 인정은 순종으로 그 진정성이 드러납니다. 성경의 권위는 인간들 사이의 권위 개념을 훨씬 뛰어넘습니다. 그 권위가 신적인 기원을 가지고 있기 때문입니다. 다시 말해, 성경의 권위는 성부, 성자, 성령 하나님 안에 있는 권위입니다. 성경은 인간이 만들어낸 것이 아니라 하나님께서 인간에게 직접 말씀하신 것이기에 절대적 권위를 갖습니다. 그러므로 그에 걸맞은 순종이 요구됩니다.

이처럼 성경은 어떤 것과도 비교할 수 없는 권위를 갖습니다. 성경의 음성은 곧 하나님의 음성이기에, 성경의 권위는 궁극적이고 최종적입니다. 성경의 권위는 여러 권위 중 가장 높은 것이 아니라, 오직 하나뿐인 유일한 것입니다. 성경과 견줄 수 있는 권위는 없습니다. 오직 성경만이 그 권위의 원천을 하나님께 두고 있기 때문입니다.

웨스트민스터 신앙고백은 바로 이 부분에 대해 매우 명확하고 일목요연하게 설명합니다. "성경에는 권위가 있다. 그 권위로 인해 우리가 성경을 믿고 그에 순종해야 하는 것이다. 성경의 권위는 사람이나 교회의 증거에 좌우되는 것이 아니라, 성경의 저자요 진리 자체이신 하나님께 전적으로 달려 있다. 그러므로 우리가 성경을 받아들여야 하는 것은 그것이 하나님의 말씀이기 때문이다."

성경의 권위에
반대하는 신앙

대부분의 신자는 자신이 성경의 권위를 인정한다고 생각합니다. 그러나 우리는 자신이 진정으로 성경의 권위를 하나님의 권위로 여기며 진중하고 소중하게 대하는지 생각해 볼 필요가 있습니다. 하나님의 말씀에 싫증 내며 지루해하지는 않는지, 성경을 흥미 차원에서 보려 하지는 않는지 자문해 보아야 합니다. 이런 질문에 분명하게 아니라고 대답할 수 없다면 성경의 권위를 진정으로 인정한다고 보기 어렵습니다.

이는 대충 넘어갈 문제가 아닙니다. 하나님의 말씀으로서 성경을 믿음에 대한 유일한 권위의 근거로 여기는 개신교회와 달리, 로마 가톨릭교회는 긴 역사와 전통을 거치면서 지금까지도 성경의 권위를 인정하지 않습니다. 로마 가톨릭교회는 종교개혁 진영의 신앙고백에 맞서 1546년 트렌트 종교회의에서, 성경에 대한 자신들의 입장을 고심 끝에 정리했습니다. "복음의 순전함 자체는 교회 안에 보존되어 있다. 하나님의 아들 우리 주 예수 그리스도는 복음을 처음 공포하신 후 사도들에게, 성경에서 선지자들을 통해 이전에 약속하신 것을 구원의 진리요 도덕적 훈련을 위한 모든 것의 근원으로 피조물에게 설교하라고 명하셨다. 그리고 이 구원의 진리와 도덕적 교훈은 기록된 책과 '기록되지 않은 전통' 이 두 가지에 들어 있기에, 공의회는 정통 교부들의 본을 따라 신약과 구약의 모든 책을 동일한 경건함과 경외심을 가지고 존중한다. 한 분이신 하나님께서 이 둘, 즉 기록된 책과 '기록되지 않은 전통'의 저자시다.”(강조는 저자의 것임)

이처럼 로마 가톨릭은, 하나님이 기록된 책인 성경의 저자이신 동시에, 성경에 기록되지는 않았지만 그들이 자신들의 전통 속에서 추가로 내린 결정의 주체자시라고 주장합니다. 믿음과 도덕적 훈련에 관해, 기록된 성경과 성경에 기록되지는 않았지만 자신들에게 계승되어 온 전통이 동등한 권위를 갖는다는 것입니다. 이는 구전된 이야기나 교부들의 말, 로마교회에서 만든 신조, 교황이 내린 결정 등이 성경과 동등한 권위를 갖는다는 노골적인 선언으로, 결국 성경의 권위에 도전하는 것입니다.

트렌트 종교회의의 이러한 결정에 근거해 현대 가톨릭교회의 교리문답서는 이렇게 덧붙입니다. “전통은 주 예수 그리스도와 성령께서 사도들에게 맡기신 하나님의 말씀을 하나도 빠짐없이 전하고 있다. 그 결과 계시의 전달과 해석을 위임받은 교회는 계시된 모든 진리에 대한 확실성을 성경에서만 추론해내지 않는다. 우리는 성경과 전통을 동일한 열심과 존경심으로 받아들여야 한다.” 즉, 여전히 성경과 전통을 동등하게 여기고 있습니다.

그런데 가톨릭교회가 성경과 동등한 권위를 갖는다며 떠받드는 전통 중에는, 마리아 무죄설이나 승천설 같은 마리아 숭배와 성상 숭배에 대한 옹호 등이 있습니다. 하나님과 예수님과 성령의 개입으로 허락되었다는 전통이 성경과 매우 동떨어진 내용을 담고 있는 것입니다. 그래서 그들은 우상숭배 행위를 허용하고, 제사를 드리면서도 신앙을 가질 수 있다고 가르칩니다. 성경의 권위에 대한 인정과 의존성이 무너짐으로 분별하지 못하는 것입니다. 로마 가톨릭교회가 지닌 외면적인 매력은 진리와 무관한 것입니다. 예배의 엄숙함을 고수하는 것이나 구원을 위해 선행을 강조하는 것 등은 하나님과 그분의 말씀인 성경에 대한 인정에서 나온 것이 아닙니다. 인간중심적인 종교성의 발현일 뿐입니다.

물론 개신교회 안에 있다고 무조건 하나님의 말씀에 대해 그들보다 온전한 태도를 갖는 것은 아닙니다. 우리는 개신교회 안에서도 성경의 가르침을 겸손히 청종하기보다, 진리를 가지고 장사하듯이 성경을 아무렇게나 인용하며 복 받으라는 말을 남발하는 모습을 많이 볼 수 있습니다. 이로 인해 개신교회는 로마 가톨릭교회보다도 못한 추태를 보이기도 합니다. 이름만 개신교회일 뿐 실제로는 '오직 성경' 위에 바르게 선 신앙과 삶에서 떠났기 때문입니다. 교회는 불완전하고 죄로 가득한 인간이라는 존재로 구성되어 있기에, 잘못된 길로 가지 않으려면 철저히 '오직 성경'에 근거해야 합니다. 중요한 것은 성경의 권위를 진정으로 인정하는가 하는 것입니다.

신앙과 삶의 유일한 권위를 '오직 성경'에 두라

개신교회는 로마 가톨릭교회와 달리 '오직 성경'이 신앙과 삶의 유일한 권위임을 주장한 종교개혁에 뿌리를 두고 있습니다. 그러나 중요한 것은 그 개신교회에 속한 우리가 정말 그렇게 하고 있는가 하는 것입니다. 이런 내용을 지루하게 생각하고 그 진리에 자신을 깊이 비추어보지 않으면 소속 자체는 무의미합니다. 개신교회의 바른 가르침을 정상적으로 배운 신자라도, 자신의 신앙과 삶에서 중요한 결정이나 행동의 근거를 분명히 성경에 두고 있는지, 아니면 자기 경험과 이성의 판단에 두고 있는지 돌아보아야 합니다. 즉, 자신이 성경의 권위를 실제적으로 인정하는지 점검해 볼 필요가 있습니다.

예배하는 태도와 마음이 성경에 근거하고 있습니까? 혹시 사람이 만든 전통이나 주변의 유행하는 풍조에 근거하고 있는 것은 아닙니까? 서로 간에 나누는 교제는 어떻습니까? 단지 맛있게 먹고 즐거우면 좋은 것으로 여기고 있지는 않습니까? 일상생활의 언어나 인생의 계획에 대해서는 어떻습니까? 삶의 계획과 방향이 성경에 근거해 있습니까?

교리적 지식을 아는 정도로 자신이 성경의 권위를 인정한다고 여겨서는 안 됩니다. 자신의 신앙과 삶의 권위를 실제로 성경에 두는 것이 '오직 성경' 위에 선 신자의 모습입니다. 오늘날 성경론의 위기는 성경의 영감을 부분적으로 인정하거나 새로운 계시를 운운하는 등의 방식으로만 찾아오지 않았습니다. 실제 삶에서 성경의 권위와 무관하게 살아가거나, 심지어 성경을 볼 때도 자기중심적으로 마음에 끌리는 부분만 주관적으로 수용하고 참고하는 등, 실질적으로는 성경의 권위를 인정하지 않는 모습이 성경론을 심각하게 위협하는 것입니다.

우리가 신자로서 '오직 성경'의 신앙 위에 서야 하는 것은, 그것이 종교개혁자들의 가르침이기 때문이 아닙니다. 그 전에 이미 예수님과 바울 같은 사도들이 신앙과 삶 전반에서 성경을 유일한 권위로 삼았습니다. 이에 따라 우리도 예배하고 교제하는 것에서나 인생의 큰 계획을 세우는 데서, 그리고 일상의 말과 행실에서 그 모든 것이 성경에 근거해야 합니다. 우리가 알아야 하는 이 교리는 살아있는 지식이어야 합니다. 참 교리는 절대로 죽은 지식이 아닙니다. 그 교리의 풍성함과 부요함을 생각하면서, 삶에서 실제로 어떻게 그것을 적용해야 할지 고민하고 순종함으로 경험해야 합니다.

현재 우리 삶의 위치가 어디든 그 방향을 결정하는 일과 앞으로 나아가는 길에서 하나님의 말씀을 인정해야 합니다. 하나님에게서 온 말씀을 하나님으로 인정하며 따라야 합니다. 사도들처럼 성경과 하나님을 일치시키는 것이 '오직 성경' 위에서 신앙생활하는 것입니다.

Chapter 15

성경은 신자의 구원과 신앙을 위한
충분한 계시다

● 우리는 지금까지 '오직 성경'의 믿음을 구성하는 성경의 계시성과 영감으로 인한 무오성, 그리고 성경의 권위에 대해 살펴보았습니다. 본 장에서 한 가지 덧붙일 내용은 성경의 충족성입니다. 이는 성경만으로 충분함을 믿는 것입니다. 그리고 더 나아가 성경의 최종성을 믿는 것입니다. 이것이 '오직 성경'을 외친 종교개혁자들과 그 뒤를 이은 개신교회의 신앙입니다.

안팎으로 부정당하는
성경의 충족성

예수님 당시 유대인들은 이미 기록된 말씀인 구약성경이 있는데도 그것만으로는 충분하지 않다고 생각했습니다. 그래서 그에 더해 '사람의 전통' 또는 '장로의 전통'이라는 것을 만들어 따랐습니다(막 7:1-13). 그들은 자신들이 만든 전통을 실제적이고 실천적인 면에서 중요하게 여겼습니다. 비록 성경이 있지만, 성경을 기초로 그보다 더 세부적인 내용까지 규범화한 자신들의 전통을 실제적으로는 성경보다 더 중요하게 여긴 것입니다. 손을 씻지 않고 먹는 제자들을 정죄한 것도 그 전통의 기준에 따른 것이었습니다.

예수님은 그들에 대해 하나님의 계명과 말씀을 저버리고(막 7:9) 폐한다고(막 7:13) 말씀하셨습니다. 성경의 충족성을 부정한 유대인들의 태도, 곧 '성경 더하기 전통'이라는 잘못된 태도를 중대한 범죄로 여기시며 강하게 책망하신 것입니다. 성경에 전통을 더한 유대인들의 행동이, 하나님께서 모세를 통해 하신 말씀, 곧 "내가 너희에게 명령하는 말을 너희는 가감하지 말고 내가 너희에게 내리는 너희 하나님 여호와의 명령을 지키라"(신 4:2)는 명령을 범한 것이기 때문입니다.

문제는 이 같은 일이 교회사에서도 반복되었다는 것입니다. 예수님 당시 유대인들이 행한 일을 답습한 대표적인 그룹은 로마 가톨릭교회입니다. 그들은 지금도 그 전통의 연속선상에 있습니다. 그러나 이제는 개신교회에서도 성경에 무언가를 덧붙이는 일이 많아지고 있습니다. 대표적으로 오순절 분파의 계시적 성격을 가진 은사주의운동이나 예언운동이 성경만으로는 부족하다는 의식을 가지고 있습니다. 그 외에도 많은 교회가 성경에 없는 방법을 끌어다 교회를 운영하거나 세속적인 전도방법을 개발하고, 여타 많은 신앙의 규범을 임의로 덧

타협할 수 없는 기독교의 기초, 오직 성경

붙이고 있습니다.

개신교의 이런 변화는 처음에는 미미했지만, 지금은 놀랍게도 오순절 은사주의운동 그룹이 세계 개신교에서 가장 큰 규모를 갖게 되는 등 커다란 흐름을 형성하게 되었습니다. 20세기 전반기에 시작된 개혁주의 전통의 한 지류였던 오순절 분파가, 짧은 시간 동안 세계에서 가장 큰 교세를 확보해 많은 영향력을 미치게 된 것입니다. 이 흐름은 지금도 계속되고 있어, 개신교회는 앞으로도 '오직 성경' 위에 건강하고 견고하게 설 것을 예측하기 어려운 상황이 되었습니다. 예수님과 사도들, 그리고 종교개혁자들이 외친 '오직 성경'은 앞서 말한 성경의 계시성, 영감성, 권위성과 더불어 충족성을 갖습니다. 그런데 로마 가톨릭교회뿐 아니라 개신교회에 속한 사람들까지도 그것을 부정하며 스스로 '오직 성경'을 무너뜨리고 있습니다.

성경의 충족성이 무너지면

로마 가톨릭교회는 종교개혁 이래로 개신교회가 붙들고 있는 '오직 성경'을 다각적으로 공격해 왔고, 지금도 계속하고 있습니다. 이것만 무너뜨리면 개신교 신앙의 모든 것이 잇따라 자연스럽게 와해될 것을 알고 있기 때문입니다. 스콧 한(Scott Hahn)이라는 가톨릭 변증가는 "성경 어느 곳도 하나님의 말씀을 성경에만 국한하지 않는다"면서, 그들이 성경 외에 또 다른 하나님의 말씀이라 여기는 전통을 옹호했습니다. 그는 자신의 입장을 "오히려 하나님의 권위 있는 말씀은 교회에서 발견되어야 한다고 (성경) 여러 곳에서 말하고 있다. 즉, 설교나 가르침과 마찬가지로 교회 전통에서도 발견된다는 것이다. 이런 이유로 나는 성경만을 중시하는 '오직 성경'이라는 개신교의 슬로건보다 전통과 성경을 모두 포함하는 하나님의 말씀, 곧 '오직 하나님의 말씀만'(*Sola Verbum Dei*)이라는 로마 가톨릭교회의 원리를 지지한다"고 표명했습니다. 성경과 교회 전통에서 결정하고 발견한 것이 모두 똑같이 하나님 말씀이라는 것입니다.

역사적으로 개신교회는 이런 로마 가톨릭교회에 맞서, 성경과 전통을 동일시함으로 야기되는 문제를 성경으로 밝히고, '오직 성경'의 관점에서 종교개혁 전통의 교리를 수호해 왔습니다. 즉, '오직 성경'은 사실상 개신교회를 지탱해 주는 뿌리입니다. 그런데 오늘날 개신교회는 안타깝게도 '오직 성경'을 다시 배우고 회복해야 할 상태가 되었습니다. 즉, 개신교회가 발 벗고 자신들의 뿌리를 버리면서까지 가톨릭에 호의적인 태도를 취하며 그들과 연합하려 하기에 이른 것입니다. 신정통주의자들이 세계교회협의회(WCC)의 에큐메니컬운동에 힘을 쏟으며 로마 가톨릭교회와 함께하려 한 것이 그 대표적인 경우입니다. 그러나 이는 매우 위험한 일입니다. '오직 성경'을 포기하면 다른 모든 교리, 심지어 종교 다원주의도 수용이 가능해지기 때문입니다.

교회 전통이 실제적으로는 성경보다 중시되는 로마 가톨릭교회의 치명적인 오류 중 하나는 "하나님은 한 분이시요 또 하나님과 사람 사이에 중보자도 한 분이시니 곧 사람이신 그리스도 예수라"(딤전

2:5)고 밝히는 성경을 무시하고, 마리아를 그리스도와 공동 중보자로 내세우는 것입니다. 이처럼 로마 가톨릭교회는 성경이 명백하게 가르치고 있는 사실을 자신들의 '해석권'으로 뒤집어 무용하게 만듭니다. 이 외에도 1854년 회의에서는 마리아의 무흠수태 교리, 1870년에는 교황무오 교리, 1950년에는 마리아 승천 교리를 결정하고 그렇게 믿습니다. 교회가 성경과 동등한 권위를 갖기에 성경이 말하지 않아도 교회가 말하면 따라야 하는 것입니다.

성경의 충족성

종교개혁자들은 이런 로마 가톨릭교회에 반대해 '오직 성경'을 외치며 성경의 충족성 또는 충분성을 주장했습니다. 그러면 성경의 충족성이란 구체적으로 무엇일까요? 이 말은 성경에 모든 종류의 진리가 다 있다는 의미가 아닙니다. 우리가 알다시피 성경이 침묵하고 있는 중요한 문제도 많습니다. 성경은 오늘날 우리가 궁금해하는 과학적 또는 사회적 문제에 대한 해답을 전부 담고 있는 백과사전 같은 책이 아닙니다. 예수님이 하신 모든 말씀을 기록한 것도 아닙니다. 요한복음 말미에서 언급하는 대로 성경은 예수님이 행하신 일을 모두 다 기록한 책도 아닙니다. 사도들이 가르친 모든 것을 담고 있지도 않습니다.

그럼에도 우리가 '성경으로 충분하다'는 것은, 성경이 우리가 구원

얻기 위해 믿어야 하고, 하나님을 영화롭게 하기 위해 행해야 하는 모든 것을 무류하게 계시해 주는 영적 진리로서 충분하다는 의미입니다. 성경이 구원과 신앙을 위한 유일하고 온전한 기준으로서 충분하다는 것입니다.

웨스트민스터 신앙고백은 "하나님 자신의 영광 및 인간의 구원과 신앙과 생활에 필요한 모든 것에 관한 하나님의 모든 계획이 성경에 분명하게 기록되어 있다. 그러므로 이 성경에 성령의 새로운 계시에 의해서든 인간의 전통에 의해서든, 아무것도 어느 때를 막론하고 더 첨가할 수 없다"고 말합니다. 이것이 당시 교회들이 함께 모여 성경을 연구함으로 내린 결론이자 고백입니다. 바로 그런 면에서 성경은 충분하므로, 새로운 계시나 인간의 전통 같은 것을 성경에 첨부할 수 없다는 것입니다. 비록 예수님과 사도들의 가르침이 성경에 다 기록되지는 않았지만, 그 성경만으로도 충분하다는 뜻입니다. 사도 바울이 "기록된 말씀 밖으로 넘어가지 말라"(고전 4:6)고 한 것도 같은 맥락입니다.

성경 외에
추가적인 계시적 예언은 없다

그러나 종교개혁 당시의 재세례파나 청교도시대에 '내적인 빛'을 주장했던 퀘이커교도들은 이 성경의 충족성을 부정했습니다. 그리고 오늘날에는 은사적 신비주의 전통을 따르는 자들이 예언적인 은사, 곧 직통계시를 주장하면서 성경의 충족성을 부정하는 풍토가 폭넓게 조성되고 있습니다. 처음 오순절운동이 일어났을 때는 방언 하나만 이야기했지만, 은사주의적 운동이 이 운동을 비판적으로 계승하면서 여러 기적의 은사를 첨가하고 방언에 예언적인 성격을 더했습니다. 그 다음에는 '제3의 물결'이 이 흐름에 가세하더니, 곧이어 신사도적 개혁운동이 일어났습니다. 이들은 1세기 신약성경이 기록될 당시 계시의 통로였던 사도들과 선지자들, 방언과 통역하는 자들의 계시적 은사가 지금도 계속된다고 주장했습니다. 그러면서 자기들끼리 사도와 선지자를 임명해 아예 계시적인 예언을 배우고 가르치는 일을 세계적으로 확산해 나갔습니다.

이제 개신교회 안에 성경 외의 새로운 계시를 주장하고, 사도나 선지자 같은 조직적인 직제를 구성하며, 그런 사역자로 일하기 위한 기술을 가르쳐주는 일까지 생겨난 것입니다. 외국에서는 '텍사스 예언자 그룹'이라는 예언자 학교가 따로 생겼고, 우리나라에도 비슷한 단체가 급격히 늘고 있습니다. 단지 예언의 은사만 가르치는 것이 아니라, 1세기 때와 똑같이 계시를 전할 수 있는 자격을 갖춘 사도와 선지자를 임명하고 있는 것입니다. 그런데 많은 사람이 여기에 매력을 느끼며 동조하고 있습니다. 특히 열심은 있으나 분별하지 못하는 상태에서 그런 것을 배우고 경험하며 거기서 영향을 받아, 결국 그에 대한 확신으로 신학을 하고 목사가 되어 그것을 전파하는 이들이 많습니다.

실로 많은 사람이, 이런 흐름이 어떤 역사적 배경에서 형성되었으며, 얼마나 치우친 것인지도 모른 채 그것을 따르고 있습니다. 성령에 의한 새로운 계시든 인간의 전통이든, 성경에 아무것도 첨가할 수 없다며 성경의 충족성을 인정하고 따르던 개신교회가 스스로 그 신앙을 부정하고 있는 것입니다.

그러나 과거 개신교회의 신앙고백서들은 한결같이, 초대교회 당시 살아있는 계시의 통로자들을 통해 기록된 정경의 완성과 함께 교회에서 직접적인 계시는 사라졌다고 증언합니다. 어느 때를 막론하고 성경 외에 계시를 추가할 수 없다고 고백한 것입니다. 이는 단순히 개신교회의 '새로운 전통'이 아니라 성경이 증언하는 바입니다. 성경은 초대교회가 세워질 때 있었던 사도들과 신약의 선지자들이 교회의 터가 되었다고 말합니다(엡 2:20). 교회는 사도들과 선지자들을 기초로 세워진 것입니다. 그들이 살아있는 계시의 통로로서 성경을 남긴 후 이제 다른 계시는 없습니다.

바울은 사도들에 의해 세워진 교회를 향해, 다른 계시적 은사가 아니라 '모든 성경'이 "하나님의 감동으로 된 것으로 교훈과 책망과 바르게 함과 의로 교육하기에 유익하니 이는 하나님의 사람으로 온전하게 하며 모든 선한 일을 행할 능력을 갖추게"(딤후 3:16) 한다고 말합니다. 데이비드 존스(David C. Jones)는 이와 관련해 "성경의 기록이 완료되면서 신약시대의 예언과 가르침의 은사는 하나로 합쳐지게 되었다"고 말했습니다. 성령 하나님께서 오류가 없도록 바울이나 베드로 등의 성경 기록자들에게 직접 영감을 주셨지만, 이렇게 직접적으로 영감하시던 성령의 사역이 성경 완성 이후로는 기록된 말씀 안에서 조명하시는 것으로 대치되었다는 것입니다.

예수 그리스도의 초림과 재림 사이에 나타날 일에 대한 예언인 요엘서 말씀도 이런 의미에서 해석되어야 합니다. "그 후에 내가 내 영을 만민에게 부어주리니 너희 자녀들이 장래 일을 말할 것이며 너희 늙은이는 꿈을 꾸며 너희 젊은이는 이상을 볼 것이며 그때에 내가 또 내 영을 남종과 여종에게 부어줄 것이며 내가 이적을 하늘과 땅에 베풀리니 곧 피와 불과 연기 기둥이라 여호와의 크고 두려운 날이 이르기 전에 해가 어두워지고 달이 핏빛같이 변하려니와 누구든지 여호와의 이름을 부르는 자는 구원을 얻으리니 이는 나 여호와의 말대로 시온 산과 예루살렘에서 피할 자가 있을 것임이요 남은 자 중에 나 여호와의 부름을 받을 자가 있을 것임이니라"(욜 2:28-32). 여기서 예언된 대로 하나님이 자신의 영을 부어주신 신약의 선지자들은, 1세기 정경 완성 이후 그 계시적 예언의 임무가 중단되면서 가르치는 임무로 바뀌어, 결국 그들의 '예언'이 오늘까지 계속된다는 것입니다. 이 예언은 성경이 기록될 당시 그 일부가 성취되었고, 최종적으로 재림 때까지 가르치는 일로 성취될 것입니다.

가르치는 은사로서의 예언과
성경의 충족성

그래서 청교도들은 예언을 가르치는 은사로 설명했습니다. 영국 청교도의 아버지라 불리는 윌리엄 퍼킨스(William Perkins)는, 성경의 기록이 완성된 후에는 가르치는 은사가 예언의 기능을 한다고 했습니다. 곧 기록된 하나님의 말씀을 바르게 가르치며 전할 때, 하나님께서 우리에게 말씀하시고자 하는 예언적 내용이 담겨 있는 성경말씀이 예언적인 것으로 전달되게 하셨다는 것입니다.

이 사실을 증명해 주는 또 다른 예는, 디모데전서 3장과 디도서 1장에 기록된 신약시대 교회 직분자의 자격 목록입니다(딤전 3:1-13; 딛 1:5-9). 1세기 교회는 이제 어느 정도 기틀이 마련된 상태에서 신중하게 직분자를 선택해야 했습니다. 그런데 직분자의 자격을 제시한 이 목록은, 사람을 세울 때 더 이상 성령께서 누군가를 정확하게 지목하는 식의 직접적인 계시를 따르지 않고, 이제 교회가 그 자격을 살펴보아야 함을 말해 줍니다(행 13:2 참조). 또 정경이 완성된 이후 세워진 교회 일꾼의 자격 목록에 계시적인 예언의 은사에 대한 언급이 없다는 사실도 중요합니다. 대신 그들은 바르고 성실하게 가르치는 임무를 통해, 기록된 성경의 예언적인 성격을 드러내야 했습니다.

신약성경 완성 이후 교회의 일꾼들이 성경을 가르치는 일이나 계시된 하나님의 말씀을 구원과 관련해 이해하는 일은, 성령의 영감이 아니라 내적인 조명에 의해 가능해집니다. 이제 성도가 하나님의 인도를 받는 것은 성경에 기록된 말씀에 근거한 성령의 내적 조명에 따른 것이지, 더 이상 성령의 직접적인 영감에 의해서가 아닙니다. 성령 하나님은 정경이 완성되면서부터는 기록된 말씀을 통해서만 사람들의 심령에 역사하시고, 영적인 생명을 나누어주심으로 사람들을 구원하시며, 신앙과 삶에 필요한 모든 것을 알게 하십니다. 과거 사도들과 선지자들로 영감에 의해 직접적인 계시를 기록하게 했던 것과 달리, 이제는 보편적으로 기록된 말씀을 조명하심으로 감동하게 하시는 것입니다.

그러므로 이제 우리는 성령의 직접적인 계시를 구할 것이 아니라, 사도들에게 계시를 주셨던 동일한 성령께서 이미 계시하신 말씀을 통해 우리로 하나님을 잘 섬기고, 하나님께 영광 돌리며, 구원과 신앙과 삶에 필요한 모든 것을 깨닫도록 조명하시는 바에 순종해야 합니다. 여기서 벗어나면 엉뚱하게 마귀에게 휘둘리며 미혹당하게 됩니다. 참되신 성령 하나님은 결코 스스로 성경의 충족성을 무너뜨리지 않으시며, 오히려 그 기초 위에서 우리를 인도하십니다.

오늘날에도 계속되는 참된 성령의 역사

성경은 하나님의 계시로 오류 없이 영감된 책입니다. 그것은 우리 신앙과 삶에서 유일한 신적 권위를 갖습니다. 또 성경은 그 자체로 충분해 더 이상 덧붙일 것이 없는 최종성을 지닙니다. 전통이나 또 다른 계시를 더할 필요가 없는 최종적인 말씀이라는 것입니다. 이것이 '오 직 성경'입니다.

오늘날 개신교회는 성경에 무언가를 더함으로 '오직 성경'을 스스로 무너뜨리는 혼란 속에 있지만, 우리는 그 흐름에 휩쓸리지 말아야 합니다. 성경 외의 것에 미혹되거나 다른 것을 찾아 기웃거리지 말고, 예수님과 사도들과 종교개혁자들이 취한 기록된 말씀 안에서 신앙과 삶을 세워가야 합니다. 그리고 그것을 예수님이 다시 오실 때까지 계속해 나가야 합니다. 성경이 구원과 신자로서의 삶을 위한 충분한 계시의 기록임을 기억하고, 이 말씀에 의존해 신앙생활해야 합니다.

오늘날에는 성경에 심리학 같은 다른 무언가를 덧붙여 가르침으로, 오히려 우리의 신앙과 삶이 기록된 말씀 안에서 성령의 조명하심을 따라, 바르고 부요하게 되는 것을 가로막는 경우가 많습니다. 물론 '오직 성경' 위에 서지 않더라도, 당장은 주관적인 신앙에 따라 설정한 소기의 목적을 성취하며, 만족스럽고 자아도취적인 상태를 경험할 수 있습니다. 하나님께서 주신 것이 아니라도 하나님이 주셨다고 믿으며 만족할 수 있는 것입니다. 어떤 사람들은, 말씀을 진지하게 배우는 이들은 너무 심각해 보이는 반면, 체험을 추구하고 방언으로 시작해 방언으로 끝내는 기도를 하며 열성으로 신앙생활하는 사람들의 얼굴은 밝고 행복해 보인다고 말하기도 합니다.

사실 교회에서 열심을 내며 하나님을 향한 어떤 갈망을 드러내는 것은, 일반은총 면에서는 긍정적인 부분이 있습니다. 그런 사람들은

타협할수없는기독교의기초, 오직 성경

방언하면서 행복해하고, 긍정적인 마음으로 "예수 믿으면 행복하고 좋습니다. 모든 일이 잘 됩니다." 하며 전도도 열심히 하기 때문입니다. 그러나 긍정적인 요소가 일부 있더라도 오류가 섞인 상태로 신앙생활하며 복음을 전하는 일은 성령의 실제적인 인도라고 하기 어렵습니다.

한 예로, 어떤 분이 미용실을 개업하며, 하나님께서 자신을 통해 큰일을 행하실 것이라고 믿었습니다. 상상을 초월하는 액수를 벌어 십일조나 선교도 많이 하게 하실 거라 믿으며 계속 기도했고 얼굴도 밝았습니다. 방언기도도 열심히 하고, 자신에게 일종의 예언 은사가 있는 것처럼 말하기도 했습니다. 그러나 안타깝게도 개업한 지 몇 년 안 되어 가게 문을 닫게 되었습니다. 사실 그분은 그런 식의 '비전'에 앞서 삶의 거룩함을 도모해야 했습니다. 정작 자신은 정상적인 결혼관계가 아닌 상태로 살고 있으면서도, 하나님이 자신을 통해 하실 일에는 지나치게 몰두해 열심을 내고, 심지어 신학까지 틈틈이 공부했던 것입니다. 그러나 결국 미용실은 문을 닫았고, 그 삶은 오류투성이가 되었습니다.

우리의 신앙은 기본적으로 '오직 성경' 위에 있어야 합니다. 그것은 따분한 것도, 우리를 속박하는 것도 아닙니다. 우리를 부요하게 하려 하나님이 허락하신 길입니다. 우리는 지금까지 살펴본 내용을 통해, 사도 바울이 말한 것처럼 기록된 말씀을 벗어나지 않는 신앙을 갖고 삶을 살기 위해 힘써야 한다는 결론에 도달해야 합니다. 다른 경험이나 잡다한 지식이 아니라 항상 하나님의 계시된 말씀을 따라 믿음으로 판단하고 행하는 삶을 소유해야 하는 것입니다. 이것은 당연하고 쉬운 결론으로 보일 수도 있습니다. 그러나 이것을 단지 머리로만 알면 당면한 삶의 환경과 자신의 본성에 굴복해, 기록된 성경 위에 서는 신앙과 삶을 쉽게 포기할 수 있습니다. 단순히 옳은 것을 배우는 것에 만족해 안일하고 교만한 마음을 품을 것이 아닙니다. 앞선 믿음의 선배들처럼 하나님의 계시 위에 선 견고한 신앙과 삶을 갖고자 겸손히 성령의 인도하심을 구해야 합니다.

'성경으로 충분하다'는 것은,
성경이 우리가 구원 얻기 위해 믿어야 하고,
하나님을 영화롭게 하기 위해 행해야 하는 모든 것을 무류하게 계시해 주는
영적 진리로서 충분하다는 의미입니다.
성경이 구원과 신앙을 위한 유일하고 온전한 기준으로서
충분하다는 것입니다.

Part 4

'오직 성경' 위에 선
믿음과 교회의 회복

Chapter 16

거듭난 사람만
'오직 성경' 위에 설 수 있다

● 우리는 앞서 1, 2부에서 왜 '오직 성경'을 말하는
지, 그리고 3부에서는 '오직 성경'이 무엇인지 살펴보았습니다. 이제
부터는 어떻게 '오직 성경' 위에 설지 이야기하고자 합니다. 따라서
'오직 성경'의 믿음을 따르는 교회나 신자를 위한 적용적인 부분을 다
룰 것입니다. 이는 오늘날 기독교 전반에 복잡하게 얽혀 있는 문제를
위한 적용점인 동시에, 교회적이고 개인적인 적용점이 될 것입니다.

'오직 성경' 위에 선 삶을 위한
전제조건

본 장에서는 '오직 성경' 위에 선 신앙과 삶을 위해 가장 먼저 전제

되어야 하는 거듭남의 문제를 살펴보고자 합니다. 예수님은 니고데모에게 거듭난 사람만이 하나님나라를 볼 수 있다고 말씀하셨습니다(요 3:3). 예수님이 이렇게 말씀하신 것은 우리가 부패한 죄인이기 때문입니다. 따라서 우리는 스스로 하나님과 하나님의 통치 영역, 하나님께서 하시는 일, 하나님께 속한 진리 등을 제대로 깨달을 수 없습니다.

어떤 사람은 예수님이 말씀하신 거듭남의 실체와 가치, 그로 인한 구별됨을 대수롭지 않게 여길 수도 있습니다. 그러나 하나님 편에서 볼 때 이 문제는 실로 엄청난 것입니다. 하나님께서 하나님의 진리를 깨닫지 못하고 오히려 거역하며 대항하는 우리의 본성을 직접 굴복시키시고, 우리의 어두워진 마음에 빛을 비추어주셔야만, 우리가 하나님나라를 보고 소유할 수 있기 때문입니다. 이 은혜 없이는 하나님의 진리를 듣고 말할 수는 있어도, 자신의 것으로 소유할 수는 없습니다. 거듭나야만 하나님과 그분의 진리를 진정으로 알 수 있는 것입니다.

그러므로 우리는 '오직 성경' 위에 서는 것에 대해 말할 때 거듭남의 문제를 이야기하지 않을 수 없습니다. 이것은 선교단체의 전유물이 아닙니다. 교회는 예수님이 니고데모에게 말씀하신 것처럼 거듭남의 문제를 중요하게 다루어야 합니다. 물론 거듭남은 복음이 전파됨으로 수반되는 것이지만, 우리는 거듭남 자체의 중요한 가치도 분명하게 말해야 합니다. 거듭난 사람이 아니면 하나님과 그분의 진리를 알 수 없기 때문입니다.

어떤 사람은 '오직 성경'을 말하면서 거듭남의 문제를 거론하는 것을 불편해할지도 모릅니다. 심하게는 사람에 차등을 두는 말로 생각할지도 모르겠습니다. 그러나 거듭남 없이 '오직 성경'이 말하는 것을 믿고 그렇게 사는 것은 불가능합니다. 단지 '오직 성경'의 대략적인 지식을 아는 것이라면 모르지만, 진실로 그 기초 위에 선 신앙과 삶 그리고 그에 따른 실질적인 변화는 불가능한 것입니다. 거듭나지 않은 사람은 모든 진리를 단지 자신의 이성과 감정 수준에서 이해하며, 말씀을 따르기는커녕 오히려 판단하는 태도를 드러냅니다.

거듭남의 기적

우리는 모든 성경이 하나님의 감동으로 되었다는 사실을 잊지 말아야 합니다. 이것은 매우 중요합니다. 모든 성경은 하나님의 감동으로 되었기에, 성령께서 성경의 진리를 이해할 수 있도록 역사하셔야만 깨달을 수 있습니다. 즉, 이성만으로는 성경을 깨달을 수 없습니다. 하나님의 감동으로 된 성경은 성령으로 말미암은 거듭남과 성령의 조명하시는 역사가 있어야 이해할 수 있습니다. 혹자는 이 같은 역사를 기적이라고 했습니다.

이것은 정말 기적입니다. 하나님의 말씀을 아무리 들어도 전혀 깨닫지 못하고, 오히려 힘써 부정하고 무시하고 거부하며 말씀에 반응하지 않는 상태를 생각해 보십시오. 그런 상태에서 돌이켜 하나님의 말씀을 믿고 깨달아 반응하게 되는 것은 정말 기적이 아닐 수 없습니다. 성경을 읽고 연구하면서도 예수님을 하나님의 아들이요 주님으로 믿지 못하는 사람이 많습니다. 알버트 슈바이처는 예수님에 대해 연구하고 책을 쓸 정도로 열심이 있었지만, 그리스도를 선지자로 이해할 뿐이었습니다. 어떤 사람은 오랫동안 교회에 다니면서 성경말씀을 들었지만, 믿음 없이 단지 교회만 오가기도 합니다.

신구약 전체가 예수님이 하나님의 아들이심을 예언하고, 그 놀라운 역사적 성취에 대한 증언을 기록하고 있음에도, 수많은 사람이 그것을 깨닫지 못했고 지금도 그렇습니다. 이는 니고데모처럼 거듭나지 않았기 때문입니다. 니고데모는 구약에 정통한 지식을 가진 이스라엘의 선생이었습니다. 그럼에도 그는 사람들로 하여금 성경을 통해 하나님나라를 보게 하지 못했습니다. 거듭나지 않았기 때문입니다.

사람은 환경에 적응하는 존재입니다. 종교적인 환경과 행동양식에도 얼마든지 적응할 수 있습니다. 그리고 그런 '적응'을 믿음으로 착각할 수도 있습니다. 그러나 설령 니고데모처럼 구약성경에 정통한 지식이 있어도 거듭나지 않으면, 하나님과 그분의 진리의 말씀을 깨닫거나 믿음으로 받아들일 수 없습니다. 거듭나지 않은 사람은 성경이 말하는 죄와 그로 인한 멸망, 그리고 오직 예수 그리스도를 믿음으로 얻는 구원을 가르치는 진리에 반응하지 않습니다. 오히려 그런 내용에 거북함을 느끼고, 자존심에 상처를 입으며, 자신을 협박하는 것으로 여겨 반발합니다.

이처럼 인간은 모두 "총명이 어두워지고 그들 가운데 있는 무지함과 그들의 마음이 굳어짐으로 말미암아 하나님의 생명에서 떠나"(엡

4:18) 있습니다. 그래서 아무리 구원과 예수 그리스도에 대한 말씀을 듣고, 모태신앙인으로 자라 일찍부터 그런 가르침에 익숙해 있어도, 그 은혜로 인한 감사나 기쁨, 경외함, 겸손, 순종이 없습니다. 그런 사람들이 이제 교회에서 말씀을 듣고 배움으로 복음을 깨닫고 구속의 참된 가치를 알며, 그에 대한 반응으로 인격적인 변화를 얻는 것은 진실로 기적입니다.

우리는 이 기적, 즉 거듭남을 통해서만 하나님의 감동으로 된 성경의 참됨을 믿고, 거기에 기록된 구원의 복음으로 소생함을 경험하며, 하나님의 말씀을 따라 살 수 있습니다. 성령으로 거듭나지 않으면 하나님의 말씀을 믿고 깨닫거나 거기에 진실하게 반응할 수 없습니다. 오직 성령으로 거듭난 사람만이 성령의 조명하심을 따라 말씀이 진리임을 깨닫고 그 말씀을 따르게 됩니다.

거듭남으로 인한
말씀에 대한 태도의 변화

죄인인 우리는 오직 거듭남과 성령의 조명이라는 신적인 역사로 복음을 깨달을 때, 신앙과 삶의 중심을 성경에 두게 됩니다. 스스로 도덕적으로 무기력하고 부패한 큰 죄인임을 깨닫고, 죄를 지적하는 하나님 말씀 앞에서 회개하고 은혜를 구하는 일은, 성령으로 거듭난 사람에게 성령께서 말씀으로 조명하시고 그 마음을 감화 감동하실 때 비로소 일어납니다. 하나님께서 이 땅에 육신을 입고 오셔서 세상 죄를 대신 지신 것과, 그와 관련된 예언 및 구원을 위해 행하신 예수님의 모든 행적을 믿게 되는 것, 어두워진 인간의 이성으로는 깨닫지 못했던 구속의 비밀을 믿고 가치관과 삶이 변화되는 것 모두 거듭남과 성령의 조명으로 인한 일입니다.

거듭난 사람은 성경의 모든 기록 앞에서 찬송가 가사처럼 "주의 음성을 내가 들으니 사랑한단 말일세"라고 고백하게 됩니다. 심지어 죄와 심판에 대한 경고의 말씀도 그렇게 듣게 됩니다. 심판에 대한 말씀조차 자신이 심판으로 가지 않게 경고하시며 붙드시는 것임을 깨닫기 때문입니다.

반면 거듭나지 않은 사람은, 죄인들에게 진노와 심판을 말씀하심으로 거기서 벗어나 살 길을 찾게 하시려는 하나님의 뜻을 깨닫지 못하고 듣기를 거부합니다. 그런 사람에게는 깨닫게 해주시는 성령의 조명이 없기에, 철학자이자 사상가인 김용옥 교수처럼 기독교와 성경을 단지 문학, 철학, 과학, 예술 같은 학문이나 일반 종교적 수준에서 이해합니다. 성경의 원어를 연구하고 여러 자료를 분석하며 학문적으로 접근해도 그 수준을 넘어서지 못합니다. 거듭나지 않아도 성경을 읽고 사용할 수 있습니다. 그러나 겨우 도덕주의 종교로서나 신비주의적인 차원에서 기독교에 매력을 느낄 뿐, 성경이 하나님의 말씀임을 깨닫고 순종하지는 못합니다.

물론 거듭난 사람도 말씀에 대한 순종에서 불안정하고 성숙하지 못할 수 있습니다. 그러나 모든 성경의 기록에 영감을 허락하신 성령께서는 거듭난 자 안에 직접 거하셔서, 성경이 하나님의 감동으로 된 진리임을 깨닫고 그에 따라 살 수 있도록 도우십니다. 성령은 모든 성경의 저자일 뿐 아니라, 그 말씀을 읽고 듣는 자 안에서 역사하고 조명하시는 분이기 때문입니다. 그러므로 이런 성령의 역사가 아니면 하나님의 말씀을 따를 수 없습니다.

사도 바울은 이 사실을 잘 알았기에 "내 말과 내 전도함이 설득력 있는 지혜의 말로 하지 아니하고 다만 성령의 나타나심과 능력으로 하여 너희 믿음이 사람의 지혜에 있지 아니하고 다만 하나님의 능력에 있게 하려 하였노라"(고전 2:4-5)고 말한 것입니다. 바울은 자신이 말씀을 전할 때 일어나는 참된 역사는 자신의 말이 아니라 성령에 의한 것임을 분명히 밝힙니다. 이는 바울이 말씀을 선포한 고린도교회 성도들에게만 국한되는 것이 아닙니다. 모든 세대에 걸쳐, 성경을 읽고 해석해 주는 강론을 들었을 때 그것을 하나님의 말씀으로 믿고 따른 신자들은, 사실상 그 안에서 직접 증거하시는 성령의 역사로 인한 기적을 경험한 것입니다.

바울을 통해 복음을 들은 데살로니가교회 성도들에게도 같은 역사가 있었습니다. 그들은 바울에게서 말씀을 들을 때, 그것을 사람이 아닌 하나님의 말씀으로 받았습니다. 그리고 바울은 그 말씀이 믿는 자 가운데 역사한다고 말합니다(살전 2:13). 바로 이것이 성령의 역사입니다. 신자는 하나님의 깊은 것까지도 통달하시는 성령(고전 2:10)의 역사하심을 따라, 하나님의 말씀인 성경의 권위와 설득력에 순복하게 됩니다. 성령께서 성경을 읽고 듣는 사람에게 역사하셔서, 그것이 곧 창조주와 구속자, 주권자 되시는 하나님의 말씀이요 자신을 부르시는 소환장임을 알고 그 말씀에 반응하게 하시는 것입니다. 누구든지 그리스도를 믿는 자에게는 그 같은 성령의 역사가 이미 있었던 것입니다.

가볍게 지나칠 수 없는 문제

그러나 오늘날 많은 교회가 이 같은 성령의 역사와 그로 인해 성경을 온전히 믿고 따르게 되는 인격적인 변화를 가볍게 여깁니다. 성경의 진리는 기본적으로 다 알고 믿는다 생각하고, 듣기 좋거나 감동적인 이야기 따위로 신앙의 기초를 놓으려 합니다. 건강하고 행복하게 사는 길, 피상적인 위로와 아부, 기만적인 심리치유 같은 것을 줄기차게 강조합니다.

오늘날 한국 교회에 온갖 잡다한 세상의 사상과 정신이 모두 들어와 있고, 이단이 활개 치며 수많은 영혼을 노략하고 있는 것은, 교회가 반드시 가지고 있어야 할 기초를 잃어버렸기 때문입니다. 말씀에 대해 완고한 죄인을 성령께서 거듭나게 하시는 사역을 가볍게 여기고 건너뛴 것입니다. 성경을 영감하신 성령 하나님께서 거듭난 자들에게 조명하심으로 성경이 하나님의 말씀임을 깨닫고, 그것에 무엇을 더하거나 뺄 수 없음을 확고히 알게 하신다는 사실을 생각하지 않습니다. 그러므로 '오직 성경'이라는 신앙의 확고한 기초를 역사 속의 구호 정도로만 여기게 된 것입니다.

거듭남과 말씀의 조명으로 하나님의 말씀을 온전히 받아들이고 순종하는 것은 기독교 신앙에서 가장 중요한 문제 중 하나입니다. 성경을 하나님의 말씀으로 인정하지 않는 기독교 신앙은 정상이 아니며, 그런 신앙을 가진 자들은 반드시 신앙적인 모순과 어려움, 혼란에 빠지게 됩니다. 또 성령께서 말씀을 통해 성경 진리의 핵심인 예수 그리스도의 구속을 깨닫고 그 은혜를 온전히 인정하게 하시는 일 없이 예수님을 믿는다는 신앙은 기독교 신앙이 아닙니다. 거짓된 신앙입니다.

참 신앙을 가진 기독교 신자는 기록된 성경말씀과 그에 대한 강론과 선포에 진실하게 반응하며 거기서 은혜를 경험합니다. 이것이 성령께서 자기 백성에게 하시는 일입니다. 다양한 사람의 상태와 필요를 모두 파악해 일일이 답을 제시해 주며 은혜를 경험하게 하는 것은 목회자를 비롯해 어떤 사람도 할 수 없습니다. 교회 안에는 겉보기에는 아무렇지 않은듯 보여도 속에는 여러 가지 생각, 곧 불안하고 복잡하고 우울하고 힘들고 괴로운 생각 등을 가진 다양한 상태의 사람이 있습니다. 성령께서는 각 사람의 영적 상태를 아시므로, 때로는 그 사람과 전혀 관련 없어 보이는 말씀을 통해서라도 다각적으로 그 인격을 다루시고 은혜를 주십니다.

이처럼 성령으로 거듭난 사람은, 동일한 성령의 감동으로 기록된 모든 말씀을 가감 없이 하나님의 말씀으로 인정하여 '오직 성경' 위에 선 신앙과 삶을 소유하게 됩니다. 그것의 소중함을 알기 때문입니다.

나아가 거듭난 사람은 계속적으로 '오직 성경' 위에서 견고하게 신앙 생활하기 위해 성령의 조명하심을 날마다 구해야 합니다. 이는 이 땅에 사는 동안 끝까지 계속해야 할 일입니다. 거듭난 사람은 자기 임의대로 신앙생활하는 것이 아니라 모든 삶의 기초를 '오직 성경' 위에 둡니다. 우리는 자신에게 그런 모습이 있는지 신중하게 돌아보아야 합니다.

성령으로 인해
'오직 성경' 위에 서는 신자

현재 우리의 삶이 우리를 일깨워 말씀을 깨닫게 하시는 성령의 조명 아래 있다면, 그것은 신적인 역사요 참된 기적이며, 거듭난 사람으로서 성령의 인도하심을 받고 있는 증거입니다. 우리가 성경말씀에 감동과 은혜를 받는 것은 단순히 일상적이거나 우연한 일이 아닙니다. 모두 신적인 것입니다.

우리는 그 은혜를 귀하게 여기며, 계속적으로 성령의 조명 아래 하나님의 말씀을 가까이하고 그 위에 서야 합니다. 때때로 하나님의 말씀을 연구하고 암송하는 것은 물론, 늘 말씀에 기초해 기도하고 순종하며 살고자 노력해야 합니다. 하나님의 말씀을 듣고 따르기 위해 스스로 겸비하면서, 성령 하나님의 조명하심을 계속 구하는 것이 '오직 성경' 위에 서는 것입니다.

그러므로 '오직 성경'의 다른 구체적인 적용 이전에 먼저 거듭나야 합니다. 거듭난 사람에게 임하는 성령의 조명하심이 있는지 스스로 돌아보아야 합니다. 거듭나지 않으면 하나님의 말씀을 온전히 깨달을 수 없을 뿐 아니라, 말씀에 방어적인 태도를 취하게 됩니다. 성경의 일부는 받아들이더라도, 복음 전체에 대해 '아멘' 하거나 모든 성경을 하나님의 말씀으로 받으며 기쁨으로 순종할 수는 없습니다.

우리는 거듭나지 않은 인간의 부패성에 대해, 그리고 거듭남이 성경을 하나님의 말씀으로 믿고 '오직 성경'의 신앙과 삶을 사는 데 얼마나 결정적이고 필수적인지 분명히 알아야 하며, 다른 사람에게도 알려주어야 합니다. 이 크고 놀라운 성령의 역사로만 얻을 수 있는 '오직 성경'의 신앙과 삶을 귀하게 여기며, 스스로 하나님의 말씀을 더 사모하고 구해야 합니다.

우리 모두 하나님의 영감된 성경말씀을 기쁨으로 받고 그대로 순종하기 위해 노력하기 바랍니다. 계시된 말씀에 무엇을 더하거나 빼지 않고 그 자체를 귀하게 여기며, 우리 신앙과 삶의 전반 곧 우리의 생각, 계획, 판단, 예배, 전도, 교제 등에서 말씀을 따라 행할 수 있어야 합니다. 성경의 모든 말씀이 "사랑한단 말일세"로 고백될 수 있기 바랍니다. 죄에서 돌이켜 하나님을 향한 진실한 마음을 갖도록 말씀을 통해 감화하시고 조명하시는 성령을 따르는 신앙의 진보가 평생 계속되기 바랍니다. 그것이 '오직 성경' 위에 선 신자의 삶이요 여정입니다.

Chapter 17

'오직 성경' 위에 선 설교자의 필요성

● 우리는 앞 장에서 '오직 성경' 위에 서는 것은 근본적으로 성령 하나님의 사역과 밀접하게 관련되어 있음을 살펴보았습니다. 신자는 성령으로 거듭남과 성령의 조명을 통해 성경을 하나님의 말씀으로 믿고 따르게 됩니다. '오직 성경'을 무너뜨리는 자들은 성경을 연구하는 인간의 이성이나 주관적인 감정은 중요하게 생각하지만, 성령의 거듭나게 하심과 조명하심에 따라 성경을 보고 깨닫고 순종하는 일에는 무지합니다. 그러나 '오직 성경' 위에 선 신앙과 삶을 소유한 사람은 성경을 대할 때, 무엇보다 성령 하나님의 은혜의 역사를 의식하고 의지합니다.

본 장에서는 교회와 각 성도가 '오직 성경' 위에 서는 데 매우 중요한 영향을 미치는 또 한 가지 요소를 살펴보려 합니다. 바로 '오직 성경'을 외치는 설교자입니다.

성령의 역사에 사용된 '설교'

설교는 역사적으로 개신교회에서 가장 중요시 하는 사역입니다. '오직 성경'의 권위를 인정하며 그것으로 충분하다는 개신교회의 믿음은, 무엇보다 설교를 통해 표현되어 왔습니다. 이런 방식은 종교개혁자들이나 그 계승자들이 처음 만들어낸 것이 아니라, 일찍이 예수님과 사도들이 취했던 것입니다. 예수님과 사도들도 설교를 통해 '오직 성경'의 권위에 대한 믿음과 그것으로 충분하다는 확신을 드러냈습니다.

사도행전 2장에 기록된 베드로의 설교에서 우리는 성경의 권위에 대한 사도들의 확고한 믿음을 엿볼 수 있습니다. 베드로는 그 같은 믿음으로 '오직 성경'에 근거해 설교함으로, 사람들을 구원하고 삶을 변화시키는 도구로 사용되었습니다(행 2:14-36). 베드로는 얼마 전까지 여러 가지 놀라운 기적을 직접 보고 경험한 사람입니다. 예수님과 함께 물 위를 걷고, 복음을 전해 귀신을 쫓아내며, 예수님의 이름으로 병자를 낫게 하고, 심지어 죽은 자를 살리기도 했습니다. 무엇보다 베드로는 예수 그리스도의 죽으심과 부활, 승천을 직접 목격했습니다. 더 나아가 예수님이 약속하신 대로 오순절에 성령이 부어주시는 놀라운 은혜를 경험하기도 했습니다.

그런데 지금 베드로의 설교는 그런 자신의 체험에 초점을 맞추고 있지 않습니다. 대신 기록된 하나님의 말씀을 구체적으로 인용하면서, 그 말씀들이 예수 그리스도 안에서 성취되었다는 사실을 증거했습니다. 베드로의 설교는 처음부터 끝까지 성경을 인용하면서 그것을 그리스도와 연관 지어 설명하고, 마지막에는 청중에게 적용하는 식으로 구성되어 있습니다. 베드로는 요엘서 2장의 예언뿐 아니라 시편 11, 16, 17편 등을 인용하며 그리스도의 우월성을 강조합니다. 이로써 청중이 말씀의 실체 앞에 서게 한 것입니다. 즉, 먼저 구약성경을 인용한 다음 그것을 설명하고, 다시 구약을 인용하고 설명하는 식으로 설교한 것입니다.

구조와 내용에서 조금씩 차이가 있지만 사도행전에 기록된 다른 설교, 곧 스데반이나 바울의 설교도 대부분 공통적으로 성경말씀 자체를 완전한 하나님의 말씀으로 인정하면서 그것을 인용하고 설명합니다. 기독교는 바로 이런 말씀에 대한 믿음 위에 세워진 종교입니다. 즉, '오직 성경'의 권위를 믿고 기록된 성경말씀을 선포함으로, 그 말씀을 통해 죄인들이 회개해 돌이키게 하는 종교입니다. 성경말씀이 권위 있게 선포될 때 죄인들이 거듭나고 회개하게 되는 것이, 사도행전과 교회사에서 줄곧 이어져 온 참된 구원의 역사입니다.

기독교의 이런 참된 역사(役事)에는, 사도들처럼 '오직 성경'의 권위와 성경의 충분성을 믿으며 말씀을 선포하는 설교자와 증거자가 크게 사용됩니다. 이는 1세기부터 발견되어 온 사실입니다. 교회사에서 신앙과 삶이 혼란하고 죄인들이 거듭나는 구원의 역사가 드문 시기에는, '오직 성경' 위에 선 설교자도 드물었습니다. 반대로 교회사에서 영적 각성과 회심의 역사가 크게 일어난 부흥기에는, 그 중심에 성경으로 충분하다는 '오직 성경'의 믿음 위에서 진리를 힘 있게 외친 설교자들이 있었습니다. 어설프게 이런저런 인간적인 논리와 세상적인 지혜를 섞어 전하는 설교자는 영적 각성과 회심의 역사에 크게 사용되지 않았습니다.

16세기 종교개혁을 일으킨 루터와 칼빈, 존 낙스, 17세기 스코틀랜드의 언약도들과 영국의 청교도들, 네덜란드 개혁교회의 수많은 목사들, 18세기 부흥기 중 잉글랜드의 존 웨슬리와 조지 휫필드, 웨일즈의 다니엘 로우란즈와 하웰 해리스, 스코틀랜드의 제임스 로브 같은 그 주역들은 예외 없이 '오직 성경' 위에 서 있던 사람들입니다. 호라티우스 보나르, 찰스 스펄전, J. C. 라일 등 19세기의 유명한 설교자들과 20세기의 마틴 로이드 존스 역시 '오직 성경'의 믿음을 따라 쓰임받은 사람입니다. 지금도 하나님의 신실한 역사는 동일한 기초 위에서 일어납니다.

사람이 많이 모이는 것에
속지 말라

물론 '오직 성경' 대신 마케팅이나 세상적인 치유논리, 심리학, 포스트모더니즘 등에 영향받은 설교도 많은 사람을 모을 수 있습니다. 오히려 그런 설교에는 사람들의 마음을 불편하게 하는 것이 없어 더 많은 사람이 모일 수 있습니다. 그러나 그것을 통해 거듭남이나 회심 같은 하나님의 참된 구원의 역사가 일어나는 경우는 드뭅니다.

오늘날 많은 교회가 현 세대의 취향에 맞추어 기독교 신앙에 마케팅 기법과 오락적인 것을 동원하는데, 이는 실천적인 면에서 성경의 권위를 부정하는 것입니다. 성경만으로는 충분하지 않다고 생각하는 것입니다. 또 죄나 거듭남 등의 기독교 진리가 말하는 실체를 심리적인 것으로 바꾸어, 기독교 신앙을 심리치료로 개조하는 치유 프로그램 역시 성경의 충분성을 인정하지 않는 것입니다. 물론 그들은 결코 성경을 부정하지 않는다고 말합니다. 그러나 실제적인 면에서는 부정하는 것입니다.

이런 방법을 취하는 교회에도 많은 사람이 모이고, 거기서 상처를 치유받은 사람들은 그런 가르침에 더 심취하기도 합니다. 그러나 성경이 말하는 죄를 회개해야 할 죄가 아닌 심리치료의 차원에서 다루며, 자연인을 하나님의 진노에서 구원받아야 할 죄인이 아니라 용납과 이해를 통해 치유되어야 할 환자 정도로 취급하는 것은 성경의 진리를 따르는 모습이 아닙니다. 그들이 말하는 감격과 변화는 성경이 말하는 부흥과 회심이 아닙니다.

그들은 성경의 권위를 부정하지는 않지만, 성경의 진리를 어떤 교리적 진술보다도 불확실하고 유연하게 만들어, 자신들의 경험에 맞게 받아들입니다. 즉, 교회를 세우기 위해서는 마케팅에 충실해야 한다거나, 물질문명의 발달로 급증한 우울증 등 심리적인 문제에 관한 연구결과를 활용하지 않으면 교회가 현대인들을 변화시킬 수 없다고 합니다. 젊은 세대의 사고방식에 맞추기 위해 현대 문화와 유행을 적절히 수용하지 않으면 교회가 뒤처질 것이라고 주장합니다. 그러면서

타협할 수 없는 기독교의 기초, 오직 성경

성경을 그런 논리에 따라 사용합니다. 그들은 그것이 시대에 적실하게 진리를 계승하는 것이라 생각하지만, 실제적으로는 성경의 권위와 충분성을 부정하고 믿지 않는 것입니다.

그럼에도 놀라울 정도로 많은 복음주의자가 이 길을 따르고 있는 것은, 그런 사역 현장에 많은 사람이 모이고 즉각적인 반응이 나타나기 때문입니다. 이것이 오늘날 많은 사람이 쉽게 속는 이유입니다. 우리는 세상의 물량주의적이고 실용주의적인 가치에 익숙합니다. 그래서 사람이 많이 모이면 옳을 것이라 생각하고 그것을 쉽게 따르는 것입니다. '대형 교회에는 무언가가 있을 것이다.' '당연히 그런 교회는 성경을 바르게 따르는 믿음 위에 서 있을 것이다.'라고 생각합니다.

그러나 신천지 같은 이단만 보아도 그런 생각이 잘못되었음을 알 수 있습니다. 수많은 사람이 따르는 신천지나 여호와의 증인 같은 이단은 성경을 사용하기는 하지만, '오직 성경'과는 전혀 상관없는 집단입니다. 이와 비슷하게 복음주의 진영에 있는 교회들도, 성경은 사용하지만 성경뿐 아니라 세상의 문화와 정신과 필요도 수용하기에 많은 사람이 모이는 경우가 허다합니다.

릭 워렌의 새들백교회나 조엘 오스틴의 레이크우드교회, 로버트 슐러 목사가 세운 수정교회 같은 대형 교회 중에도 '오직 성경' 위에 온전히 서 있지 않은 경우를 많이 볼 수 있습니다. 물론 큰 교회 중에도 '오직 성경' 위에 선 교회가 있지만, 교회가 큰 것만 보고 바른 진리를 전한다고 할 수는 없다는 것입니다.

오늘날 교회에 수많은 사람이 몰려들고 있음에도, 초대교회처럼 사람들을 회심하게 하고, 그 가운데 교회를 세우고 견고하게 하시는 하나님의 역사가 희귀해진 것은, 성경만으로는 충분하지 않다는 의식이 보편화 된 현실과 맞물려 있습니다. '오직 성경'의 중심을 가진 설교자와 증거자가 드물어지고, 자연스럽게 '오직 성경' 위에 선 교회를 찾는 것이나 그런 신앙과 삶을 갖는 것도 쉽지 않게 된 것입니다.

위대한 설교가
사라진 이유

지금 우리 시대는 종교개혁자들의 뒤를 따라 '오직 성경' 위에 선 신앙과 삶으로 설교 사역을 감당하는 목회자가 필요합니다. 그것은 말처럼 쉽지 않습니다. 설교자가 '오직 성경' 위에 서는 것은 결코 저절로 되는 일이 아닙니다. '오직 성경' 위에 서서 말씀을 선포함으로 강퍅한 심령이 깨지고 사람들이 변화되는 하나님의 역사를 보기 위해서는, 그런 참된 생명의 역사가 일어나는 교회에 대한 확고한 소망과 인내가 필요합니다. 이것이 쉬운 일이 아니기에 역사상 많은 교회와 신자가 '오직 성경'에서 멀어진 것입니다. 그러나 설교자가 '오직 성경' 위에 바로 서지 않으면 교회도 바로 설 수 없습니다.

강해설교가 제임스 몽고메리 보이스(James Montgomery Boice)는 우리와 크게 다르지 않은 미국 교회의 현실을 보며 질문했습니다. "많은 사람이 자기에게 무엇이 필요한지 안다. 그들은 매주 풍성하게 성경 가르치는 것을 일차적인 목표로 삼으며, 자기가 가르친 바를 자신의 개인생활에서 실행하는 목사를 원한다. 그러나 대표적인 교단에서든 다른 어떤 곳에서든, 이런 목사를 찾기는 매우 어려우며 시간이 갈수록 점점 더 어려워지고 있다. 무엇이 잘못된 것인가? 우리가 필요로 하는 것과 대부분의 신학교에서 실제로 배출되는 것 사이의 이 이상한 부조화를 어떻게 설명할 수 있는가?"[11]

그리고 다음과 같이 말합니다. "요즘 와서 설교가 쇠퇴하는 것은 외적인 원인 때문이 아니라, 교회의 신학자들과 신학교 교수들, 그리고 이들에 의해 훈련받는 성직자들이 성경을 권위 있고 무오한 말씀으로 믿는 믿음에서 먼저 쇠퇴했기 때문이다. 간단하게 말하면 하나님에게서 나오는 확신의 말씀에 대한 신뢰 상실이 그 원인이다."[12]

그는 계속해서 말합니다. "이런 참된 권위의 상실보다 더 슬픈 일은 없다. 특히 설교자 자신이 이것을 알지 못하고 있을 때는 더욱 그렇다. 랍비(유대교)와 사제(가톨릭)와 개신교 성직자가 참석한 한 공개토론 보고서에서 그 문제가 드러났다. 랍비가 일어나 '나는 모세의 법도에 따라 말한다'고 말했다. 그러자 사제는 '나는 사제의 전통에 따라 말한다'고 했다. 그러나 개신교 목사는 '내 생각에는 …' 하고 얼버무렸다."[13]

그러고는 과거 마틴 로이드 존스가 웨스트민스터신학교에서 신학

---

11 제임스 보이스 외, 『성경의 무오설』, 황영철 역(서울: 생명의말씀사, 1997), p. 184.

12 같은 책, pp. 187-188.

13 같은 곳.

생들에게 강의한 것 중 설교의 쇠퇴에 대한 부분을 인용합니다. "나는 주저 없이 맨 첫자리에 성경의 권위에 대한 믿음의 상실, 진리의 신앙에 대한 믿음의 감소를 놓는다. 내가 이것을 첫자리에 놓는 것은, 그것이 주요인이라고 확신하기 때문이다. 만약 여러분에게 권위가 없다면 말을 잘할 수도, 설교를 잘할 수도 없다. 설교자들이 성경을 하나님의 권위 있는 말씀으로 믿고, 권위의 근거 위에서 말하는 동안에는 위대한 설교를 들을 수 있었다. 그러나 일단 거기서 떠나 사변에 빠지고, 이론을 내세우며, 가설을 끌어들이고 나서부터는 (설교가) 쇠퇴하기 시작했다. 위대한 교리에 대한 믿음이 없어지기 시작하고, 설교가 윤리적 강연이나 훈계, 도덕 함양과 사회 정치적인 말로 대체되었으므로, 설교가 쇠퇴하는 것은 당연하다. 나는 바로 이것이 설교 쇠퇴 추세에 대한 첫째 되고 가장 큰 요인이라고 생각한다."[14]

마지막으로, 보이스는 다음과 같은 결론을 내립니다. "위대한 설교가 최근에 와서 쇠퇴하는 현상은 주로 성경의 권위에 대한 믿음의 상실에서 기인한다. 이 상실은 성경의 우월성을 포함해 높은 영감론에서의 이탈까지 거슬러 올라갈 수 있다."[15] 다시 말해, '오직 성경'이 무너졌기에 오늘날은 위대한 설교를 볼 수 없다는 것입니다.

---

14 같은 책, pp. 188-189.
15 같은 책, p. 189.

하나님의 권위를 드러내는
위대한 설교

기독교회는 사도행전에 기록된 1세기의 사도들처럼 '오직 성경'의 권위와 충분함을 믿고 말씀을 전한 이들의 설교를 통해 영혼들이 거듭나고 회심하는 역사가 일어남으로 세워졌습니다. 어떻게 하면 교회가 다음 세대까지 이어질 것인지 방법론적으로 연구하여 반영함으로 오늘날까지 이른 것이 아닙니다.

사도시대에도 시대적 적실성이라는 유혹이 있었습니다. 1세기 당시의 고상한 헬라 식 지혜와 지식이 있었고, 거기서 발전된 일종의 영지주의적 비밀종교의식과 신비주의적인 체험을 추구하는 움직임도 존재했습니다. 그중에는 당시 사람들이 얼마든지 '세련되고 이 시대에 적실하다'고 여길 만한 것이 있었고, 어떤 이들은 실제로 그런 것으로 사람들의 관심을 끌기도 했습니다. 사도들이 전혀 유혹이 없는 상태에서 사역한 것이 아니라는 것입니다. 그러나 그들은 당시의 다른 적실성 있는 사상과 방법론을 교회의 토대로 삼지 않고, 신자들의 믿음을 세우고 양육하기 위한 내용으로 차용하지도 않았습니다. 오직 하나님의 계시의 말씀을 교회의 기초와 기둥으로 삼았습니다.

바른 기독교 신앙은 이처럼 초대교회가 서 있던 '오직 성경'이라는 기반 위에 설 때 가능합니다. 이는 근본주의적인 태도가 아닙니다. 실제로 2천 년의 교회사가 그 위에 서 있었습니다. 사도들과 선지자들은 세상에서 유행하는 사상이나 인위적으로 만들어낸 사변을 덧붙이지 않았고, 구약성경을 하나님의 말씀으로 믿어 그 안에서 예수님의 가르침과 사역을 이해하고 가르쳤습니다. 기독교는 이런 사도들의 가르침 위에서, 또 그 가르침을 따라 기독교다운 모습을 갖추고 세워져 갈 수 있었습니다.

사도들의 가르침은, 성경은 하나님의 말씀이라는 믿음을 따라 분명한 권위를 가지고 신자의 신앙과 삶을 교훈하는 교리적인 진술이었습니다. 그들은 상대적인 윤리나 인생 경험을 늘어놓지 않았습니다. 하나님의 진리체계를 교리 형태로 전했습니다. 본래 기독교는 심리치료나 관상을 통해 안정을 추구하는 종교가 아니었습니다. 세상 사람들에게 상품을 팔듯 '당신에게 꼭 필요한 종교'라는 식으로 홍보에 힘쓰는 종교도 아니었습니다. 그 자체로 하나님의 말씀으로서 권위를 갖는 성경은 그렇게 취급할 수 있는 것이 아니기 때문입니다.

성경이 권위 있고 충분한 하나님의 말씀이라고 믿은 사도들은, 장엄한 영광 중에 계신 하나님께서 그 말씀을 통해 자신을 낮추심으로 자기 백성에게 말씀하시고, 그들을 만나주시며, 자신의 임재를 드러내신다는 것을 믿고 설교했습니다. 사도들은 하나님을 직접 대면할 수 없는 연약한 우리를 위해, 하나님이 말씀으로 자신의 권위와 위엄을 드러내심을 알았기에, 그 말씀을 하찮게 취급할 수 없었습니다.

이는 영광스러운 하나님의 말씀을 두려움과 떨림으로 설교하는 대신, 성경만으로는 충분하지 않다고 여기며 잡다한 것을 더하는 현대의 설교자들과 많이 다른 모습입니다. 요즘은 포스트모더니즘의 영향으로 하나님의 권위를 배제하고 서로 생각을 나누는 설교가 유행하기도 합니다. 하나님의 권위를 드러내야 할 설교에서 권위를 배제하는 것은 하나님을 가볍게 여기는 기만적인 태도입니다. 하나님이 말씀을 통해 자신의 임재를 드러내심을 인정하지 않는 설교는, 결코 하나님이 우리에게 말씀하시는 통로로 사용될 수 없습니다.

설령 설교자가 말을 더듬더라도 말씀을 기준으로 생각하고 그 마음이 하나님 앞에 있다면, 하나님께서는 그 입술을 통해 자신을 드러내고 역사하십니다. 뉴잉글랜드 앤필드에서 일어난 부흥에 쓰임받은 조나단 에드워즈는 시력이 약해, 설교할 때 등불을 들고 설교문에 눈을 가까이 대고 읽어야 했습니다. 그러나 그의 설교는 성경말씀에 충실하고 그 마음도 하나님 앞에 있었기에, 그 말씀을 듣던 사람들에게 놀라운 부흥의 역사가 나타났습니다. 한번은 설교를 듣다 마음에 찔림을 받은 회중이 바닥을 뒹굴어 소란스러워지자, 그는 설교에 집중하기 위해 정숙해 달라고 말했습니다. 그 부흥의 역사는 그의 언변이 아니라 하나님께서 그의 입술을 통해 말씀하신 결과였습니다.

루터가 말한 대로 하나님은 설교자의 입안에 살아계신 것입니다. 따라서 설교자가 증거하는 말씀을 들을 때 우리는 하나님 앞에 서게 됩니다. 거기서 하나님의 진리를 알고, 하나님의 성품과 사역으로 인한 경외심과 감사를 경험하며, 격려와 책망을 듣게 됩니다. 그리고 그로 인해 하나님 앞에서 갖추어야 할 진지한 반응과 영혼의 소생을 경험하게 됩니다.

교회에 오래 다녔지만 하나님의 성품과 사역에 대한 경외심과 감사가 없고 하나님께 마음이 향하지 않는다면, 그것은 그 사람의 옥토

같지 않은 마음 탓일 수도 있으나, 혹 하나님의 말씀을 그대로 드러내는 설교자가 없기 때문일 수도 있습니다. 하나님의 권위를 드러내는 설교를 들으면 누구든 하나님 앞에 있음을 알고 느낄 수 있습니다.

설교를 강조하는
두 가지 관점

설교의 중요성을 인식하는 이들이 설교에 대해 말할 때 강조하는 것은 관점에 따라 크게 두 가지로 나뉩니다. 먼저 어떤 이들은 성경본문의 중심성을 강조합니다. 이들은 설교는 하나님의 말씀만으로 충분하다는 확신에 따라 흔히 강해설교 방식을 선호합니다. 곧 성경 본문에서 설교의 구조와 내용 모두를 얻습니다. 이와 달리 어떤 이들은 설교가 청중에 대한 이해를 담고 그 필요를 다루어주어야 함을 강조합니다. 이는 예로부터 매우 인기 있는 관점으로, 오늘날 포스트모더니즘의 입장에 선 사람들도 이편에 속합니다. 이들은 설교가 인간의 다양한 경험과 상황에 주목해야 한다고 주장합니다.

이 두 부류는 모두 장점을 분명히 가지고 있어 어느 것도 무시할 수 없지만, 한편으로는 약점도 가지고 있습니다. 전자는 성경본문의 진리를 유혹과 시험이 가득한 이 세상에서 적용하게 하는 구체적 적용이 상대적으로 부족할 수 있습니다. 반면, 후자는 이 땅에 사는 우리를 괴롭히는 현실적인 문제를 다룸으로 위로하는 기능은 할 수 있지만, 정작 우리의 삶을 성경에 근거해 바르고 포괄적으로 보게 하고, 정확하고 근본적인 답을 찾게 하지는 못합니다. 우리가 처한 현실적 문제를 직접적으로 다루어주므로 당장은 만족할 수 있지만, 그저 심리치료 수준에서 멈추기 쉽습니다.

설교자는 하나님의 말씀을 전하는 통로로서 회중이 하나님과 그분의 말씀을 대면하게 하도록 세움받은 사람입니다. 그것이 없다면 아무리 많은 사람이 교회에 와서 기분이 좋아지고 위로를 받더라도, 그 마음은 지속되지 못하고 곧 공허해집니다. 그런 설교를 듣는 신자들은 일주일 동안 하나님의 진리를 적용하며 사는 대신 세상에 빠져 살다, 또 주일이 되면 약간의 심리적인 위로를 받으려 하는 것을 반복합니다. 전인격적인 삶의 변화는 물론 일어나지 않고, 혹 일어난다 해도 유지되지 않습니다.

설교의 회복, '오직 성경'의 회복

설교는 하나님의 말씀을 계속 생각나게 하고, 한 주간의 삶에서 그 말씀으로 계속 씨름하게 해야 합니다. 그러나 사도들처럼 성경의 권위를 믿고 의지해 설교하지 않으면, 그 같은 성령에 의한 전인격적인 변화와 자발적인 순종은 볼 수 없습니다. 그러므로 설교자는 성경의 권위와 충분성을 믿고 '오직 성경' 위에서 설교해야 합니다. 성경이 말하는 분명한 진리를 설교하되, 그것이 사람들의 진정한 필요를 채우는 유일한 길이라는 확신을 가져야 합니다.

성경의 진리와 그 능력에 대한 확신이 없는 설교자는, 회중에게 피상적인 격려나 감동을 주거나 삶의 긴장과 좌절을 잊게 하는 기분전환 등에 만족하게 할 것입니다. 즉, 하나님의 말씀인 성경의 권위와 충분성을 믿지 않으며 전하는 설교는 회중을 하나님 앞으로 이끌지 못합니다.

신학자 데이비드 웰스는 말했습니다. "최고의 설교는 성경본문에서 시작해 결국은 그 진리를 오늘날 우리 삶의 한복판에 가져오는 설교다. 이런 설교가 없으면 우리는 현대 교회의 고질병, 곧 신앙이 사적인 영역에만 머물러 있고 공적인 영역과 일터에서는 사라져버리는 문제에 빠지게 된다. 설교는 두 세계 사이에 몸담고 있다. 하나는 하나님의 진리의 세계고, 다른 하나는 우리가 날마다 살아가는 세계다. 설교가 이 두 세계를 효과적으로 이어주지 못하면, 교회는 비틀거릴 수밖에 없다. 설교가 이 세계들을 잘 연결해 주는 곳에는 진정한 영성이 꽃피게 된다."

'오직 성경' 위에 선 교회에는 분명히 이런 설교가 있을 것입니다. 그리고 그 설교는 '오직 성경' 위에 선 성도들의 신앙과 삶으로 이어질 것입니다. 교회에서는 거룩해 보이지만 일상으로 돌아가서는 그 모습을 잃어버리는 모순에서 허우적대지 않을 것입니다. 이를 위해 '오직 성경' 위에 서서 하나님 말씀의 권위를 드러내는 설교가 반드시 필요합니다. 성경의 진리를 삶의 현장에서 적용하게 하는 설교가 있어야 합니다.

교회가 '오직 성경' 위에 서는 것과 성도가 그 위에 선 신앙과 삶을 갖는 것은 설교자와 밀접하게 관련되어 있습니다. 즉, 교회와 이 시대를 위해 '오직 성경' 위에 확고하게 선 신앙과 삶을 가진 설교자가 있어야 합니다. 말씀을 통해 성도들의 마음을 하나님께로 향하게 하고, 그분께 진실로 감사하게 하며, 그 말씀에 순복하게 하는 설교자가 필요합니다. 하나님께서 조국 교회 안에 그런 종을 많이 세워주시기를 바랍니다. 그리고 그들이 하나님 말씀의 권위를 그대로 드러내는 중에, 더 많은 사람이 하나님 앞으로 이끌려 나아와, 그분의 진리를 풍성하게 알고 따르게 되는 은혜와 복을 허락해 주시기를 바랍니다.

Chapter 18

말씀을 통한
성령의 능력을 경험하라 1

● '오직 성경' 위에 선 신앙과 삶을 위해서는 거듭
남과 '오직 성경' 위에 선 설교자뿐 아니라, 성령께서 성경을 통해 일
으키시는 구원의 역사에 대해 현실적으로 아는 것이 필요합니다. 성
령께서는 성경말씀을 통해 영혼의 생명이 발아하게 하시고, 말씀 안
에서 예수 그리스도를 믿는 자들의 삶에 분명한 변화를 가져오신다
는 확고한 믿음과 경험이 필요하다는 것입니다. 이것 없이 '오직 성
경' 위에 선 신앙과 삶을 외치는 것은 한낱 죽은 구호에 불과합니다.

우리가 경험해야 하는
성경의 능력

앞서 살펴본 것처럼 오늘날은 '오직 성경'이 아니라 성경에 무엇을 더해야 한다는 의식이 대중적인 호소력을 가지고 많은 사람에게 영향력을 미치고 있습니다. 그러나 예수님을 비롯해 사도들, 종교개혁자들, 청교도들은 '오직 성경'을 믿고 가르침으로, 성경을 통해 구원에 이르는 지혜를 얻고 삶이 변화되는 것을 교회사에서 생생하게 보고 경험했습니다. 성경의 권위와 충분성을 믿고 말씀을 증거함으로 성령께서 성경을 통해 사람을 변화시키시는 능력을 직접 보고 드러냈다는 것입니다.

반면 '오직 성경'이 무너진 오늘날에는, 성경을 통한 놀라운 생명의 역사와 삶의 변화를 알지 못한 채 다른 대체물로 만족하는 현상이 생기고 있습니다. 구원과 삶의 변화를 가져오는 성경의 놀라운 능력에 무지해, 성경을 단지 수양이나 마음의 위안을 위한 도구, 심리치료의 수단, 심지어는 신비주의적인 체험이나 관상을 위한 도구로 여겨 '오직 성경' 위에 선 신앙을 떠나는 것입니다.

성경과 관련된 매우 중요한 구절인 디모데후서 3장 15-17절은, 모든 성경은 하나님의 감동으로 되었으며, 구원에 이르는 지혜가 있게 하고, 더 나아가 하나님의 사람으로 온전하게 하며, 모든 선한 일을 행할 능력을 갖게 한다고 가르칩니다. 우리는 '오직 성경'의 교리를 강조하고 수호하고자 할 때, 그것이 단지 죽은 이론이 아니라 실제로 어떤 능력을 가지고 있는지 알고 경험하며 드러내야 합니다. 개혁주의적인 신학에 기초해 성경의 영감과 충분성을 믿고 논리적으로 그것을 변호하면서도, 성경을 통한 역사가 얼마나 능력 있고 놀라운지를 개인적으로나 교회적으로 알고 경험하며 드러내는 데는 상대적으로 소홀할 수 있기 때문입니다.

물론 '오직 성경'을 무너뜨릴 만한 오류를 방어하기 위한 변증도 필요하지만, 실제적인 면에서는 구원의 역사를 이루고 우리의 삶과 성품의 변화를 일으키는 성경의 능력을 알고 경험하며 증거하는 일이 더 시급합니다.

하나님의 말씀을 통한 변화와 성령의 능력

하나님 말씀의 능력은 우리에게 어떤 신비스런 체험을 주는 데 주된 목적이 있지 않습니다. 물론 우리는 말씀을 통해 감동을 받습니다. 하나님의 말씀은 사람의 영혼에 감화와 감동으로 영향을 미쳐 신비스럽다고 할 만한 일을 일으킵니다. 이전에 완악하고 단단했던 마음이 무너지거나 부드러워지기도 합니다. 그러나 하나님의 말씀은 그런 것을 넘어 궁극적으로 구원에 이르는 지혜를 얻게 하고, 하나님의 사람으로 온전히 변화되게 하는 것을 목적으로 합니다. 이 목적이 우리가 정서적으로 경험하는 그 어떤 것보다 중요합니다.

하나님의 말씀은 우리를 구원에 이르게 하고 온전하게 하려는 목적에 따라 사용되는 통로이자 도구입니다. 다시 말해, 하나님 말씀은 우리로 그리스도의 형상을 닮게 하려는 목적성을 가지고 있습니다. 세상의 다른 책은 아무리 탁월한 사상을 담고 있다 해도, 정보와 지식을 주거나 마음을 정화시켜줄 뿐입니다. 불교의 경전도 기껏해야 심성수련을 갖게 하는 정도입니다. 우리를 변화시켜 구원에 이르게 하며 그리스도의 형상을 닮게 하는 것은 오직 하나, 성경뿐입니다. 성경은 하나님의 감동으로 되었기에 구원을 이루는 생명의 역사에 사용되어, 도덕성의 개선 정도가 아니라 하나님의 사람으로 변화시킵니다. 이런 책은 성경이 유일합니다.

성경이 이런 변화를 일으키는 것은, 성경을 심장 가까이에 붙여 항상 가지고 다니거나 베고 자거나 또는 처음부터 끝까지 읽어보는 등의 일을 통해서가 아닙니다. 생명의 역사가 나타나 하나님의 사람으로 변화되는 일은 그런 식으로 일어나지 않습니다. 성경을 통한 사람의 변화와 구원의 역사는 성령과 분리해 설명할 수 없습니다.

이에 대해 바울은 말했습니다. "우리는 모세가 이스라엘 자손들에게 장차 없어질 것의 결국을 주목하지 못하게 하려고 수건을 그 얼굴에 쓴 것같이 아니하노라 그러나 그들의 마음이 완고하여 오늘까지도 구약을 읽을 때에 그 수건이 벗겨지지 아니하고 있으니 그 수건은 그리스도 안에서 없어질 것이라 오늘까지 모세의 글을 읽을 때에 수건이 그 마음을 덮었도다 그러나 언제든지 주께로 돌아가면 그 수건이 벗겨지리라 주는 영이시니 주의 영이 계신 곳에는 자유가 있느니라 우리가 다 수건을 벗은 얼굴로 거울을 보는 것같이 주의 영광을 보매 그와 같은 형상으로 변화하여 영광에서 영광에 이르니 곧 주의 영으로 말미암음이니라"(고후 3:13-18).

여기서 바울은 모세의 율법을 읽을 때 마음을 덮었던 수건이 복음에 의해 벗겨진다고 말합니다. 즉, 예수님을 믿으면 수건이 벗겨지고 주의 영광을 봄으로 "그와 같은 형상으로 변화"하는데, 이런 변화는 "주의 영으로 말미암음"이라고 한 것입니다. 이 같은 성령의 역사는, 새 언약의 일꾼들이 전하는 복음을 들을 때, 성령 하나님께서 사람들로 하여금 그리스도 안에 계시된 하나님의 영광을 보게 하심으로 일어납니다. 하나님 백성의 변화는 하나님의 말씀뿐 아니라 그 말씀을 가지고 일하시는 성령의 역사로 일어난다는 것입니다.

하나님의 백성을 향한 하나님의 뜻을 이루는 데 성령과 말씀은 항상 함께합니다. 그러므로 우리가 성경을 읽는다면서 성령을 무시하는 것은 옳지 않습니다. 반대로 성령의 체험을 구하면서 하나님 말씀을 등한시하는 것도 마찬가지입니다. 지금까지 교회사에서는 이 둘을 분리해 한쪽으로 치우치는 일이 놀라울 정도로 많이 있었습니다. 칼빈 같은 종교개혁자들은 성령과 말씀을 분리할 수 없다는 사실을 매우 중요한 문제로 여겨 바로잡고자 했습니다.

성령께서 사용하시는 말씀에 대한
비유적 표현 1 : 등

성경에는 성령과의 관계 속에서 말씀에 의해 나타나는 역사와 변화를 시사하는 비유적 표현이 많이 있습니다. 예를 들면 등, 방망이, 불, 검, 씨앗 등이 모두 그런 표현입니다.

그중에서 먼저 성경은 우리가 말씀을 읽을 때 성령께서 그 말씀으로 심령을 비추신다는 의미로, 하나님의 말씀을 '등'이라고 표현합니다. 즉, 빛을 비추어 깨닫게 하신다는 것입니다. 시편 기자는 말씀이 빛과 등처럼 자신을 비추어 깨닫게 한다고 고백합니다. "주의 말씀은 내 발에 등이요 내 길에 빛이니이다"(시 119:105). "주의 말씀을 열면 빛이 비치어 우둔한 사람들을 깨닫게 하나이다"(시 119:130). 성령의 역사로 하나님의 말씀이 등과 빛처럼 마음을 비추어 죄인을 거듭나게 할 뿐 아니라, 이미 믿는 자들도 죄를 자각하고 경성하게 해 변화된 삶으로 이끈다는 것입니다. 즉, 성령께서 하나님의 말씀을 통해 우리의 구원과 삶을 조명해 주십니다. 이와 관련해 '성령의 조명'이라는 표현을 사용합니다.

만약 성령께서 말씀을 통해 조명해 주시지 않으면, 신자라도 인생을 어떻게 살아야 할지 알 수 없습니다. 우리에게 성경이 없다면, 그리고 성경을 통해 성령께서 우리를 깨닫게 하시지 않으면, 우리 인생은 갈 바를 알지 못하고 헤매게 될 것입니다. 우리 신앙의 여정을 비추는 하나님의 말씀이 없다면 목자 잃은 양같이 우리의 삶은 비참해

질 것입니다.

그러므로 성령께서 성경을 통해 깨닫게 하시는 역사를 당연하게 여겨서는 안 됩니다. 그 놀라운 역사를 실제로 생생하게 알고 믿고 증거함으로 삶에서 경험해야 합니다. 지금은 성경을 쉽게 구할 수 있지만, 하나님께서 당장이라도 성경을 거두어 가신다면 얼마나 절망스럽겠습니까? 성경의 모든 내용은 우리를 위한 하나님의 계시로 하나님에게서 영감 되었으며, 우리 신앙과 삶에 충분하기에, 성경이 없으면 우리는 빛이 없는 어둠과 안개 속에서 헤매게 되는 것입니다.

성령께서 사용하시는 말씀에 대한
비유적 표현 2: 방망이와 검

말씀을 통한 성령의 역사를 설명하기 위해 성경은 말씀에 대한 비유적 표현으로 '방망이'라는 말도 사용합니다. 하나님께서는 선지자 예레미야를 통해 "여호와의 말씀이니라 내 말이 불 같지 아니하냐 바위를 쳐서 부스러뜨리는 방망이 같지 아니하냐"(렘 23:29)고 말씀하셨습니다. 어떻게 하나님의 말씀이 바위를 부수는 방망이와 같다는 것입니까? 성령께서 말씀을 방망이로 사용하셔서 죄악으로 굳어 있는 사람들의 심령을 부수고 깨뜨리시기 때문입니다. 이로써 바위같이 단단한 마음이 깨지는 것입니다.

우리는 그 같은 역사를 예수님의 말씀을 들었던 삭개오나 교회사

타협할 수 없는 기독교의 기초, 오직 성경

에 기록된 매우 거칠고 완악했던 사람들의 변화를 통해 확인하게 됩니다. 존 웨슬리의 설교를 듣고 그를 반대하던 폭군 같은 사람들이 회개하기도 하고, 1800년대 켄터키 부흥 때는 사람들이 교회에 불을 지르겠다고 왔다가 하나님의 말씀 앞에 굴복하는 일도 있었습니다. 정말 말씀이 방망이처럼 사용된 것입니다.

우리가 하나님 앞에 굴복하게 된 것도 바로 말씀이 그같이 사용되었기 때문입니다. 자신은 그 정도로 완악하지 않다고 생각하는 사람이 있을지도 모릅니다. 그러나 하나님의 말씀이 방망이가 되어 깨뜨리지 않았다면, 우리가 순순히 말씀을 받아들이고 하나님을 알고자 하며 은혜를 구했을까요? 그런 겸손과 사모함이 없는 단단한 마음, 즉 죽은 자같이 굳은 우리의 마음을 오직 하나님께서 방망이로 깨뜨리셨기에 이처럼 굴복하게 된 것입니다.

물론 하나님의 말씀이 세상의 모든 심령을 깨뜨리는 것은 아닙니다. 오히려 어떤 사람의 마음은 말씀 앞에서 더욱 완악해집니다. 이것은 분명 신비입니다. 하나님은 모든 사람의 심령을 말씀으로 깨뜨리실 수 있습니다. 그러나 어떤 사람의 마음은 말씀 앞에서 더욱 굳어집니다. 마치 바로가 모세를 통해 하나님의 말씀을 듣고 더욱 강퍅해진 것처럼 더 완강하게 거부합니다. 항상 하나님의 말씀은 이렇게 두 가지 반응을 일으킵니다. 하나는 심령이 깨지고 하나는 굳어지는 것입니다. 그러나 분명히 하나님은 성경을 방망이같이 사용하여 사람들의 심령을 깨뜨리시고 변화를 주도하십니다.

그뿐 아니라 하나님은 성경말씀을 검으로 사용하여 심령을 변화시키기도 하십니다. 에베소서 6장에서 바울은 마귀를 대항하기 위해 그리스도인이 입어야 할 전신갑주를 말하면서, 공격의 무기로 "성령의 검 곧 하나님의 말씀"(17절)을 말합니다. 히브리서 기자 역시 하나님의 말씀을 똑같이 검으로 묘사하는데, 여기서는 마귀의 간계를 대항하는 것으로서가 아니라 인간의 심령을 찔러 쪼개는 검으로 설명합니다(4:12). 이처럼 검과 같은 말씀은 실제적으로 마귀의 간계를 물리치는 데 사용되기도 하고, 사람의 심령을 찔러 쪼개기도 합니다.

이것이 어떻게 가능할까요? 말씀을 툭 던져 놓으면 저절로 그런 일이 일어날까요? 아닙니다. 성령이 하시는 것입니다. 그래서 말씀을 '성령의 검'이라고 합니다. 성령께서 말씀을 좌우에 날 선 검으로 사용해 마귀를 파하기도 하시고, 사람의 심령을 꿰뚫기도 하십니다. 사람의 생각과 뜻을 드러내 말씀의 의로운 판단 앞에 서게 하시는 것입니다. 그리고 그런 역사 앞에서 사람들은 굴복하게 됩니다.

이것은 모든 진실한 신자가 경험하는 사실입니다. 신자들은 하나님의 말씀이 바르게 선포될 때 종종 자신을 향한 말처럼 듣게 됩니다. 그것은 다름 아니라, 성령께서 그 말씀을 좌우에 날 선 검으로 사용해 우리 마음의 생각과 뜻을 드러내시고, 그 말씀의 의로운 판단 앞에 서게 하시는 역사입니다.

웨스트민스터 신앙고백서를 작성했던 목회자들은 설교와 관련해서 당시 교회를 향해 "설교자는 회중이 성령에 의한 그와 같은 반응과 결과를 얻게 하는 설교를 해야 한다"고 말했습니다. 설교단에서 회중의 삐뚤어진 신념과 삶의 상태를 정확하고 날카롭게 지적하는 하나님의 말씀이 선포되어야 한다는 것입니다. 말씀을 사용하시는 성령께서는 말씀을 듣는 자들로 하여금 자신의 실체를 마주함으로 부끄러워하는 심령을 갖게 하실 수 있습니다. 설교자는 그러한 역사에 사용되는 설교를 해야 합니다.

사실상 '오직 성경'이 부정되고 있는 오늘날의 현실에서는 안타깝게도 사람들이 그런 설교를 싫어하고 기피합니다. 그러나 그런 역사가 없으면 성경이 제대로 선포되는 것이 아닙니다. 성령께서 말씀을 통해 죄인들의 마음에 제대로 역사하신다면, 어떻게 심령을 찔러 쪼개 밝히 드러냄으로 의로운 판단 앞에 서게 하는 일이 일어나지 않겠습니까? 성령께서 사용하시는 말씀은 겨우 양심의 가책을 느끼게 하는 정도가 아니라, 우리를 하나님의 불꽃 같은 눈 앞에 세워 우리 깊은 곳에 있는 생각과 중심을 노출시킴으로, 의로운 판단 앞에 서게 합니다. 성령께서 사용하실 때 하나님의 말씀은 좌우에 날 선 검처럼 우리에게 임합니다. 이것은 결코 우리에게 해로운 것이 아닙니다.

성령께서 사용하시는 말씀에 대한
비유적 표현 3: 씨앗

성령과 관련된 말씀의 특징을 적절하게 보여주는 또 다른 비유적 표현은 '씨앗'입니다. 성령 하나님께서는 말씀을 씨앗으로 사용해 사람을 변화시키신다는 것입니다. 사도 베드로는 "너희가 거듭난 것은 썩어질 씨로 된 것이 아니요 썩지 아니할 씨로 된 것이니 살아있고 항상 있는 하나님의 말씀으로 되었느니라"(벤전 1:23)고 했습니다. 하나님의 말씀을 "썩지 아니할 씨"라고 하면서, 이 서신의 수신자들이 그런 하나님의 말씀으로 거듭났다고 말한 것입니다.

죄와 허물로 죽은 상태에 있는 사람이 다시 살아나는 것은, 성령께서 하나님의 말씀을 씨로 사용해 역사하신 결과입니다. 예수님도 땅에 떨어진 씨 비유에서 "씨는 하나님의 말씀"(눅 8:11)이라고 하셨습니다. 하나님의 말씀은 사람의 영혼에 심겨 생명을 발아하는 씨앗입니다. 그리고 이렇게 말씀이 생명력을 드러내도록 하시는 분은 바로 성령이십니다. 성령께서는 말씀이라는 생명의 씨앗을, 영생을 주시기로 작정 된 자들의 심령에 심어 열매를 맺게 하시는 것입니다(행 13:48). 이처럼 그 심령에 하나님의 말씀이 심긴 사람은 그로 인한 놀라운 변화를 경험하게 됩니다.

오늘날에는 씨앗이 생명을 발아하듯 성령께서 말씀을 통해 생명의 역사를 일으키시는 것에 주목하지 않는 경우가 많습니다. 이처럼 거듭나게 하시는 성령의 역사를 가볍게 여기는 것은 '오직 성경'이 무너진 현실을 보여주는 한 단면이라 할 수 있습니다. 그러나 생명의 역사가 없는 기독교는 기독교가 아닙니다. 오늘날에는 성령의 역사로 거듭남을 경험하지도 못하고, 그것에 대해 생각하거나 들어보지도 못한 채, 단지 교회만 오가는 사람이 많습니다. 그러나 역사적인 기독교는 그렇지 않았습니다. 사도들이나 종교개혁자들, 청교도들도 성경이 말하는 '성령께서 말씀을 통해 일으키시는 거듭남의 역사'를 신자 됨의 기초로 여겼습니다. 그런데 '오직 성경'을 떠난 자들은 성경을 사용하면서도, 신앙의 기초를 거듭남이나 회심 같은 성령으로 말미암은 생명과 구원의 역사보다 윤리나 도덕 또는 신비적인 경험에 두는 것입니다.

분명 기독교 신앙은 우리의 삶에서 도덕적인 변화를 일으키는 데까지 나아가야 합니다. 그러나 만일 그것이 전부라면 다른 종교와 다를 바가 없습니다. 근래에는 불교에서도 도덕성을 강조합니다. 그러나 기독교는 그들과 달리, 결정적인 영적 변화와 거듭남, 참된 생명에 대해 말하는 종교입니다. 지금 포스트모던 시대에는 많은 사람이 영적인 것에 관심을 갖고 다양한 종교를 통해 영적인 목마름을 해소하고자 하지만, 기독교 외에는 참 생명이 없습니다.

오직 기독교만이 성령으로 인한 생명의 역사, 말씀을 통한 생명의 역사를 말할 수 있습니다. 영적으로 죽어 하나님에 대한 이해 자체가 없던 자가 말씀으로 하나님을 이해하게 되고, 하나님의 사람으로 변하는 놀라운 변화, 곧 생명의 역사는 기독교에만 있습니다. 그럼에도 오늘날의 교회는 '오직 성경'을 버림으로 이러한 진리를 외치지 못한 채 다른 것을 기웃거리고 있습니다. 이처럼 '오직 성경'이 무너진 것은 사소한 문제가 아니라 기독교 자체, 곧 그 기초를 스스로 부정하는 것입니다.

오늘날같이 포스트모더니즘에 따른 다원주의가 만연한 시대에, 오직 기독교에만 생명의 역사와 하나님의 사람으로 변화시키는 능력이 있다는 주장은 편협하고 독선적인 것으로 보일 수 있습니다. 그러나 그런 생각 자체가 '오직 성경' 대신 세상정신으로 성경을 판단하는 것입니다.

삶의 회복에 우선하는
'오직 성경'의 회복

지금까지의 내용은 성경이 말하는 성령과 말씀의 관련성에 관한 것으로, 성령이 하나님의 말씀을 통해 하시는 일을 비유적 표현으로 강조한 것입니다. 즉, 말씀은 사람들을 어둠에서 빛으로 부르고, 단단한 심령을 깨뜨리며, 자신의 죄와 그 비참함을 보게 하고, 생명의 역사를 일으켜 거듭나게 하며, 신자에게 길을 비추어 그리스도의 형상을 닮도록 삶의 변화를 일으킵니다. 하나님의 말씀은 이처럼 "하나님의 사람으로 온전하게 하며 모든 선한 일을 행할 능력을 갖추게"(딤후 3:17) 합니다. 달리 말해, 그리스도의 형상을 닮게 하며, 영광에서 영광에 이르게 하는 것입니다(고후 3:18).

'오직 성경'이 무너진 현실에서 다시 그 위에 선 신앙과 삶을 갖기 위해서는, 성령께서 성경을 통해 사람을 거듭나게 하신다는 것뿐 아니라, 그리스도의 형상을 닮게 하시는 말씀의 능력, 곧 생명을 일으키고 변화시키는 능력을 확고히 믿어야 합니다. 나아가 실제로 말씀을 통해 그러한 변화가 일어나는 것을 보고 경험해야 합니다. 오늘날의 교회와 우리 자신에게 그런 일이 나타나야 합니다.

오늘날 '오직 성경'이 무너지면서 생겨난 부정적 현상 중 하나는, 교회 다니는 사람들조차 회심해 그리스도의 참 생명을 소유하는 것, 즉 거듭난 자에게 나타나는 생명의 역사와 그로 인해 그리스도의 형상을 닮아가고 하나님의 사람으로 변화되는 것을 모른다는 것입니다. 이는 모두 '오직 성경'이 무너져 생긴 현상입니다. 오늘날 우리가 '교회 다녀도 사람들의 삶이 변하지 않는다' '교회가 세상과 다를 바 없다'는 식의 이야기를 듣는 이유는 '오직 성경'이 무너졌기 때문입니다.

'오직 성경' 위에 선 신앙과 삶에는 생명의 역사가 있습니다. 진실한 신자는 '오직 성경' 위에 선 신앙에 따라 생명을 소유한 거듭난 자가 된다는 것입니다. 그리고 그가 얻은 생명으로 인해 하나님의 사람으로 변화되고 도덕적으로도 더 나아집니다. 진실한 신자를 보면 그리스도인이라는 것을 금방 알 수 있습니다. 그것은 단지 외적인 예의를 갖추어서가 아니라 변화된 영혼과 성품에서 우러나오는 것입니다. 그러나 '오직 성경'이 무너지면서 성령께서 말씀을 통해 하나님의 사람으로 변화시키시는 생명의 역사를 알지 못하는 사람이 많아지고, 교회가 병들게 됩니다.

그래서 삶의 개혁 이전에 '오직 성경'의 회복이 필요한 것입니다. 성경을 부차적인 것으로 여기면서 추구하는 삶의 개혁은 하나님의 뜻을 따른 것이 아닙니다. 성령께서는 말씀을 통해 삶의 개혁을 이루십니다. 인간 스스로 이루는 것이 아닙니다. 인간 내면의 변화는 계몽운동이나 새마을운동 같은 것으로 되지 않습니다. 오직 하나님만이 사람을 구원하고 인간의 영혼, 곧 그 내면을 변화시켜 하나님의 사람이 되게 하는 기독교의 역사를 일으키십니다. 말씀으로 단단한 심령을 깨뜨리시고, 그 안에 생명을 발아시키시며, 빛을 비추어 갈 길을 보여주시는 성령의 역사가 있어야 합니다. 이런 변화가 나타나기 위해서는, '오직 성경'의 교리를 단지 머리로만 아는 것을 넘어, 성령께서 진실로 성경을 통해 역사하심을 믿고 경험하고 드러내는 교회와 사역자, 성도가 있어야 합니다.

'오직 성경'의 신앙과
삶에서 나타나는 생명의 역사

성경만으로는 충분하지 않다고 생각해, 심리학이나 마케팅 기법 등 다른 것에 의존함으로 감동을 자아내는 극적인 연출을 하고, 문화를 수용해 오락적인 것으로 사람들의 마음을 끄는 사역은, 단기적으로는 좋은 효과를 내는 것처럼 보일 수 있습니다. 그러나 사실은 기독교를 더욱 크게 무너뜨리는 일입니다. 그것은 많은 사람이 말씀과 성령으로 인한 생명의 역사를 경험하거나 알지도 못한 채, 이런저런 잡다한 경험으로 교회와 신자 됨의 정체성을 대신하도록 하기 때문입니다.

성령께서 말씀을 통해 일으키시는 생명과 삶의 변화는, 성경의 권위와 충분성을 인정하며 그것을 따르는 신앙과 밀접한 관련이 있습니다. 성령과 성경을 분리한 상태에서 성령의 역사를 추구하는 은사주의나 신비주의 기독교가 말하는 체험은, 말씀으로 거듭나게 하는 생명의 역사와 거리가 멉니다. 그들이 말하는 영적 체험은 한 영혼의 인격과 삶을 그리스도의 형상과 닮게 하는 역사와 거의 상관이 없습니다. 성령의 역사를 강조하면서도, 성령께서 사용하시는 성경의 충분성과 권위에는 관심도 없고, 심지어 그런 가르침을 무시하는 것은 분명 모순된 신앙태도입니다. 성령의 역사를 오해하고 있는 것입니다.

성령의 역사는 성경과 분리되지 않습니다. 성경과 분리된 성령의 역사를 말하는 것은 이미 치우칠 수밖에 없는 방향으로 가고 있는 것입니다. 그런 사람들은 주관적인 체험에 의존하고 거기에 만족할 뿐입니다. 성령께서 말씀을 통해 사람의 영혼에 생명의 역사를 일으키고 인격을 변화시켜, 하나님의 사람으로 온전하게 하시는 것을 알지도 구하지도 않는 것입니다. 그러므로 그들이 스스로 "우리가 주의 이름으로 선지자 노릇 하며 주의 이름으로 귀신을 쫓아내며 주의 이름으로 많은 권능을 행하지 아니하였나이까"(마 7:22) 하더라도, 예수님은 "불법을 행하는 자들아 내게서 떠나가라"(마 7:23)고 하십니다. 말씀과 상관없이 추구한 것은 사실 성령과도 상관없는 역사기 때문입니다.

성령께서는 오직 하나님의 말씀을 통해 생명의 역사를 일으키시며, 그 역사로 우리의 삶을 하나님 아들의 형상으로 변화시키는 능력을 나타내십니다. 이것이 '오직 성경' 위에 선 신앙과 삶이 복된 이유입니다. 우리가 회복해야 하는 것이 바로 이것입니다. 그리고 모든 교회가 회복해야 하는 것입니다. 우리는 오직 성령께서 하나님의 말씀을 통해 일으키시는 역사를 사모해야 합니다.

바울은 예수님의 재림 전에 등장하는 불법의 사람, 곧 멸망의 아들에 대해 다루면서, 그가 사탄의 활동을 따라 모든 능력과 표적과 거짓 기사로 멸망할 사람들을 속일 것이라고 말합니다(살후 2:3-12). 사탄의 역사를 분별할 때, 우리 눈에 보이는 무언가가 아니라 그것이 진리인지 아닌지가 중요하다는 것입니다. 결국 심판은 진리를 믿지 않고 떠남으로 받는 것입니다.

기독교 신앙은 성경이 말하는 진리가 기준이 되어야 합니다. 우리는 이 진리를 따라야 합니다. 말씀과 성령으로 인해 개인의 삶에 일어나는 변화를 가볍게 여기면 안 됩니다. 그것은 우리가 마음먹는다고 되는 것이 아닙니다. 하나님의 사람으로, 곧 아들의 형상을 따라 변화되는 것은 본성의 변화와 실제적인 싸움을 필요로 하는 일입니다. 성령께서 말씀을 통해 우리 안에 일하심으로 우리의 인격이 그 다루심의 과정에 있을 때만 가능한 것입니다. 하나님의 말씀에서 멀어지면, 교회 다니는 신자라도 하나님 아들의 형상을 점점 닮아가는 일은 생기지 않습니다. 오히려 갈수록 세상과 우리의 본성적인 욕심이 더욱 왕성하게 역사하는 것을 보게 됩니다.

그러므로 우리는 말씀을 따르는 믿음의 삶을 지속해야 합니다. 곧, 말씀을 통해 생명과 삶의 변화를 일으키시는 성령의 역사를 구하고 의지하며, 더 나아가 그것을 드러내 전해야 합니다. 그것이 '오직 성경' 위에 선 신앙과 삶을 경험하는 길입니다. 우리 각 사람과 우리의 교회가 스스로 이같이 '오직 성경' 위에 선 신앙과 삶을 좇고 있는지 분별할 수 있기 바랍니다. 나아가 먼저 '오직 성경' 위에 섬으로 성령께서 말씀으로 일으키시는 생명의 역사에 통로가 되기 바랍니다.

우리 개인과 교회, 국가의 장래는 오직 하나님의 주권에 달려 있기에 우리는 앞으로의 일을 정확히 알 수 없습니다. 그러나 선하신 하나님의 뜻을 따르며, 그 능하신 손에 우리 자신을 맡길 수는 있습니다. 그러므로 우리는 이 땅의 교회의 장래를 위해 하나님의 말씀에 사로잡힌 자들이 되어야 합니다. 교회는 끝까지 타협하지 않고 유혹을 이기며 나아가는 자들이 필요합니다. 그렇지 않고 우리가 스스로 성경의 진리를 다른 세상적인 문화와 사상으로 포장하거나 희석한다면, 교회의 미래는 점점 더 어두워질 것입니다.

Chapter 19

말씀을 통한
성령의 능력을 경험하라 2

● 앞 장에서 살펴본 대로 '오직 성경' 위에 선 신앙과 삶은 단순한 이론이 아닙니다. 그것은 분명 말씀을 통한 성령의 역사에 대한 바른 이해와 더불어, 그에 대한 실제적인 믿음과 경험으로 구체화 되는 것입니다. 본 장에서는 이 같은 성령의 임재와 역사, 그리고 그 결과에 대해 조금 더 자세히 살펴보고자 합니다.

바울의 가르침대로 성경은 일차적으로 "그리스도 예수 안에 있는 믿음으로 말미암아 구원에 이르는 지혜"(딤후 3:15)와 관련되어 있습니다. 더불어 "교훈과 책망과 바르게 함과 의로 교육하기에 유익하니 이는 하나님의 사람으로 온전하게 하며 모든 선한 일을 행할 능력을 갖추게"(딤후 3:16-17) 하는 것, 곧 "그와 같은 형상으로 변화"(고후 3:18)되는 것과도 관련 있습니다. 물론 이런 변화는 성경 자체가 일으키는 것이 아니라, 성령께서 성경말씀을 통해 행하시는 것입니다.

성령과 하나님의 말씀인 성경은 불가분의 관계에 있습니다. 우리는 성경을 중요시하되 그 자체를 독립적인 능력의 주체로 보아서는 안 됩니다. 성경을 성령 하나님과 분리해 이해해서는 안 됩니다. 말씀을 읽고 증거할 때, 성령께서 그 말씀을 통해 자신의 임재와 능력, 일하심을 다양한 방식으로 드러내시기 때문입니다.

진정한 성령의 임재와 역사

우리는 성령 하나님의 임재와 역사를 경험하는 것에 대한 명확하고 바른 이해와 인식이 필요합니다. 성령의 임재와 역사는, 앞 장에서 살펴보았듯이 하나님의 말씀을 체험하는 것 또는 그 말씀으로 변화되는 것이라고 할 수 있을 만큼 말씀과 밀접하게 연관되어 있습니다. 그러나 개신교회는 오랫동안 '성령 체험'의 문제로 많은 혼란을 겪어 왔습니다. 그것은 같은 성경에 호소하며 저마다 체험과 말씀 간의 연관성을 강조함에도, 체험에 대한 서로 다른 이해를 가진 그룹들이 교회 안에 존재해 왔기 때문입니다. 심지어 실존주의 철학에 영향받은 신정통주의 신학에서는, 실제적인 어떤 체험이 있을 때만 그 말씀이 하나님의 말씀이 된다는 사상까지 생겨났습니다. 또 이런 혼란 속에서 오늘날에는 신비주의적 체험에 몰두해 아예 성경을 배제하거나, 자신들의 체험을 중심으로 성경을 왜곡되게 해석하고 적용하는 등 다각적인 시도가 일어나 계속되고 있습니다.

교회 안의 이런 흐름은 하나님에 대한 체험이나 하나님의 능력에 목말라하는 신자들에게 매우 부정적인 영향을 미칩니다. 많은 설교자와 목회자가 그들에게 만족을 주고자, 체험을 위한 전문적인 기술을 배우는 세미나에 참여하거나 관련 서적을 읽고 전함으로, 그들을 그릇된 만족에 빠뜨리기 때문입니다. 예컨대 요즘은 사람들을 쓰러뜨리는 '능력' 같은 것이 유행처럼 번져, 그것이 없으면 성령 충만하지 않고 생명력이 없는 교회로 여길 정도입니다. 그렇게 기독교의 본질에서 이탈한 '능력'을 추구하는 것이 주류가 되다 보니, 오히려 그런 것이 없는 교회를 이상하거나 문제 있는 것처럼 보는 분위기가 형성되고 있습니다.

우리는 이런 현실에서 한 가지 질문을 던지지 않을 수 없습니다. 곧 '오직 성경' 위에 선 신앙과 삶에서 갖는 체험이 무엇인가 하는 것입니다. 다시 말해, '교회가 가르쳐 인도해야 할 바른 성경적인 체험이란 무엇인가' 하는 질문입니다. '오직 성경'을 외친다고 아무 체험도 없는 신앙생활을 하는 것은 아닙니다. '오직 성경' 위에 선 신앙과 삶에서 경험하게 되는 체험이 분명히 있고, 또 있어야 합니다. 분명 성경에는 많은 영적체험이 언급되고 있습니다. 성경은 모세나 이사야 같은 이들이 하나님을 대면하거나 여호와의 사자가 전하는 말씀을 듣는 등의 체험을 말하고 있습니다.

그러나 여기서 분명히 해야 할 것은, 영적체험은 하나님의 말씀에 기초하고, 그것으로 검증되어야 하는 부차적인 것이라는 사실입니다. 모든 신앙의 체험이 하나님의 말씀으로 형성되고 검증되어야 하는 것이지, 체험으로 하나님의 말씀을 검증하는 것이 아닙니다. 하나님 말씀에 기초한 체험, 즉 하나님 말씀의 우선성이 유지되는 체험이 성경이 말하는 것이요, 바로 '오직 성경' 위에 선 신앙과 삶에서 갖는 체험입니다.

우리는 이런 체험을 알고 경험하며 소유해야 합니다. 하나님의 말씀이 우리로 분별하게 하셔서 하나님께 영광 돌리게 하고, 거기서 어떤 유익을 얻도록 인도해 주는 것이 참된 체험이요, 성령에 기초한 체험입니다.

거짓된 체험의 위험성

우리가 경험하는 세계에는 유익하거나 선하지 않은 원천에서 오는 것이 많이 있습니다. 기독교적인 것으로 소개받아 보고 듣고 경험하더라도 그 모두가 유익하고 선한 것은 아닙니다. 우리의 경험은 항상 가변성과 조작될 위험성이 있습니다. 특히 그 원천이, 부패한 인간의 본성이 뜻하고 추구하는 바에 따라 오염되었을 가능성이 있기에, 우리는 늘 경험의 취약성을 고려해야 합니다. 그리고 혹 참된 것이라도 경험은 항상 말씀에 대해 부차적인 것입니다.

말씀이 아닌 경험에 기초를 둔 신자는, "주의 이름으로 귀신을 쫓아내며 주의 이름으로 많은 권능을 행하지 아니하였나이까"(마 7:22) 하며 자신의 경험을 내세우던 사람들이 "내가 너희를 도무지 알지 못하니 불법을 행하는 자들아 내게서 떠나가라"(마 7:23)고 예수님께 정죄 받은 것을 기억해야 합니다. 그들은 자신의 경험에 근거해 예수님과의 관계와 구원을 확신했으나 그것은 온전한 기초가 아니었습니다. 물론 경험은 말씀에 기초한 신앙에 확신을 더해 준다는 면에서 긍정적인 역할을 하지만, 순서가 뒤바뀐 확신은 재앙과 같은 것입니다.

하나님 말씀의 우선성을 망각하고, 하나님의 계시된 말씀인 성경에 근거해 경험을 분별하고 소유하지 않으면, 경험이 주는 확신이 아무리 강하더라도 하나님의 뜻과 상관없을 수 있습니다. 그리고 이것은 최후 심판대에 섰을 때 매우 치명적인 결과를 낳을 것입니다. 말씀의 우선성을 망각한 자들의 가장 큰 문제는 '하나님의 뜻대로 행하지 않았다'(마 7:21)는 데 있습니다. 여기서 하나님의 뜻은 하나님의 말씀, 곧 계시된 말씀입니다. 그들은 하나님 말씀보다 자신의 체험을 우선시함으로, 하나님의 뜻을 저버리고 자신의 체험에 근거한 확신을 가졌던 것입니다.

그런데 오늘날 의외로 많은 사람이 하나님 말씀의 우선성을 무시하고 경험에 근거한 확신으로 신앙생활을 하고 있습니다. 체험을 따라다니는 것이 유행이 되어 거기서 만족합니다. 하나님의 바른 진리를 찾아 거기에 자신의 영혼을 맡겨야 하는데, 오히려 자신의 주관적 체험으로 진리의 자리를 채워버리는 것입니다. 근래에 하나님의 임재 경험에 대해 언급하는 책 중에는, 신플라톤주의의 일자(一者)사상에 영향받아 세상의 모든 만물을 통해 하나님을 경험한다고 주장하거나, 반대로 극단적이고 감각적인 경험을 가장 실제적인 하나님 체험이라고 말하는 것이 많습니다.

우리는 이런 태도로 신앙생활하는 것의 최종 결론이 매우 심각할 것이라는 사실을 잊지 말아야 합니다. 하나님 말씀의 우선성을 망각한 채, 어떤 체험으로 인해 자신이 무언가를 했다는 확신을 가지고 예수님 앞에 섰을 때, '나는 너를 모른다'고 말씀하실 것에 대해 두려워해야 합니다.

성경이 증언하는
말씀의 우선성

예수님은 전도하러 보내신 70명의 제자에게도 이와 관련된 말씀을 하셨습니다. 제자들이 기뻐하며 돌아와 "주여 주의 이름이면 귀신들도 우리에게 항복하더이다"(눅 10:17) 하며 자신들의 경험에 대해 말했을 때, 예수님은 "사탄이 하늘로부터 번개같이 떨어지는 것을 내가 보았노라"(눅 10:18) 하시며 그들의 보고에 긍정하셨습니다. 그리고 "내가 너희에게 뱀과 전갈을 밟으며 원수의 모든 능력을 제어할 권능을 주었으니 너희를 해칠 자가 결코 없으리라"(눅 10:19) 하시면서도, "그러나 귀신들이 너희에게 항복하는 것으로 기뻐하지 말고 너희 이름이 하늘에 기록된 것으로 기뻐하라"(눅 10:20)고 하셨습니다. 제자들이 자신들의 경험에 지나치게 의미를 두는 것을 우려하신 것입니다. 그리고 땅에서의 이런저런 경험보다 자신의 구원, 곧 하늘에 있는 책에 기록되는 것이 더 중요하다는 사실을 가르쳐주셨습니다.

예수님은 부자와 거지 비유에서도 비슷한 사실을 말씀하셨습니다(눅 16:19-31). 부자는 죽어 지옥의 고통 중에서 아브라함에게, 나사로를 보내 자기 형제들이 이 고통받는 곳에 오지 않게 해달라고 부탁했습니다. 죽은 자가 살아 돌아가 증언하면 회개할 것이라고 생각한 것입니다. 경험이 답을 줄 것이라고 믿었던 셈입니다. 그러나 예수님은 "모세와 선지자들에게 듣지 아니하면 비록 죽은 자 가운데서 살아나는 자가 있을지라도 권함을 받지 아니하리라"(눅 16:31)는 아브라함의 대답으로 말씀의 우선성을 강조하셨습니다.

바울도 경험에 대한 말씀의 우선성을 수차례 강조했습니다. 바울은 여러 기적으로 하나님의 권능을 드러내고, 헬라인의 지혜가 주는 유익과 나름의 지적인 체험도 아는 사람이었습니다. 그럼에도 그는 "유대인은 표적을 구하고 헬라인은 지혜를 찾으나 우리는 십자가에 못박힌 그리스도를 전하니 유대인에게는 거리끼는 것이요 이방인에게는 미련한 것이로되"(고전 1:22-23)라고 말했습니다. 영적이고 지적인 경험보다 복음이 우선적이고 우위에 있음을 말한 것입니다.

바울은 또 방언과 예언 같은 은사의 문제로 무질서해진 고린도교회의 문제를 다루면서, 모든 경험이 하나님의 말씀에 따른 공적인 통제 아래 있어야 함을 강조합니다. "만일 누구든지 자기를 선지자나 혹은 신령한 자로 생각하거든 내가 너희에게 편지하는 이 글이 주의 명령인 줄 알라 만일 누구든지 알지 못하면 그는 알지 못한 자니라"(고전 14:37-38). 진정으로 영적인 사람이라면 스스로 신령하다고 여기는 경험이나 은사에 기초를 두지 말고, 자신이 편지를 통해 전하는 '말씀'에 주의를 기울여야 한다는 것입니다. 바울은 삼층천에 이끌려 올라가는 인간이 할 수 있는 최고의 영적 체험을 했음에도, 그것을 자랑하지 않고 오히려 자신의 약함과 그 약함에서 온전해지는 그리스도의 능력을 자랑합니다. 복음의 중심인 예수 그리스도를 이야기한 것입니다. 이는 신앙에서 무엇이 우선되어야 하는지를 잘 보여줍니다.

그러나 바울은 예수 그리스도께서 재림하시기 전에 일어날 한 가지 현상으로 인해 사람들이 놀라울 정도로 체험을 추구할 것이라고 예언합니다. "악한 자의 나타남은 사탄의 활동을 따라 모든 능력과 표적과 거짓 기적과 불의의 모든 속임으로 멸망하는 자들에게 있으리니 이는 그들이 진리의 사랑을 받지 아니하여 구원함을 받지 못함이라 이러므로 하나님이 미혹의 역사를 그들에게 보내사 거짓 것을 믿게 하심은 진리를 믿지 않고 불의를 좋아하는 모든 자들로 하여금 심판을 받게 하려 하심이라"(살후 2:9-12). 여기서 능력이나 표적, 기적은 예수님과 사도들이 복음을 전하면서 그것을 확증하기 위해 드러내던 것들입니다. 그런데 마지막 때 불법의 사람들이 그런 것을 비슷하게 따라한다는 것입니다. 그러나 그들은 진리의 사랑을 받지 않는다는 특징이 있습니다. 체험에는 열광하지만, 진리의 사랑을 받지 않고 오히려 불의를 좋아하는 것입니다.

이처럼 진리의 우선성을 무시하고 체험을 좇는 것은 말세의 현상입니다. 진리를 외면하고 예수님을 등진 채 표적만 보고 좇아, 결국 자기 판단을 따라 미혹되고 배교자가 되는 것입니다. 신자는 체험이 아니라 복음으로 부름 받은 자입니다(살후 2:14). 즉, 신자의 특징은 진리를 소유한 것입니다. 이는 체험을 무시하자는 것이 아닙니다. 체험이 있더라도 진리에 우선성을 두고, 진리를 따라 그 체험을 분별하며, 신앙의 방향과 목적을 하나님의 영광에 두어야 한다는 것입니다. 말씀을 기준으로 하지 않은 채 체험을 좇는 것은 사탄의 유혹입니다.

성령의 역사가 지닌 인격성

'오직 성경' 위에 선 신앙과 삶에서 말씀에 우선성을 둘 때 얻게 되는 체험의 중심에는, 성령께서 말씀과 함께 또 말씀을 통해 임하시고 감동하심으로 나타나는 인격의 변화가 있습니다. 즉, 성령의 역사의 초점은 인격의 변화에 있다는 것입니다. 신자는 성령께서 말씀을 통해 역사하심을 경험하고, 말씀을 통해 임하시는 그 성령의 인격은 우리의 인격에 역사하셔서 구원에 이르게 하고, 교훈과 책망과 바르게 함과 의로 교육해 온전한 삶을 살게 하십니다.

종교개혁자들과 청교도들을 비롯해 '오직 성경' 위에 선 설교자들은 하나님의 말씀을 성실하게 전했고, 그 말씀을 듣고 따른 회중은 이처럼 그 인격이 진리에 의해 깨지고 다듬어져 그리스도를 닮아가는 변화를 경험하며 하나님의 영광을 드러냈습니다. 어떤 체험이든 그 자체는 일시적입니다. 궁극적으로 죄성으로 얼룩져 있는 우리의 인격이 매일의 삶에서 하나님의 말씀으로 감화되고 변화되는 것이 참된 성령의 역사를 경험하는 것입니다. 그것은 지금까지 있었던 그 어떤 역사와도 견줄 수 없는 '특별한 경험'입니다.

성령께서 말씀을 통해 우리에게 다가오심으로 우리의 인격이 그리스도를 닮아가게 되는 역사는 쉽게 일어나거나 흔한 일이 아닙니다. 그것은 오늘날 많은 사람이 추구하는 재미있는 설교나 오락적인 방법 등으로는 이룰 수 없는 신적인 역사입니다. 교회가 감당할 사명은, 신비로운 분위기와 압도적인 음향 시설을 갖추고 빠른 박자에 맞추어 찬송을 부름으로 성도들의 심장 박동수를 높여 흥분 상태로 들어가게 하는 것이 아닙니다. 말씀을 통한 성령의 임재와 역사로 죽은 영혼을 살려 하나님 앞으로 돌아오게 하는 일입니다.

물론 말씀을 통한 성령의 임재와 역사로 나타나는 인격의 변화는 시간이 많이 걸려 금방 표시가 나지 않기에, 우리의 본성은 무언가를 보거나 느낀다는 즉각적이고 극적인 '현상 체험'을 선호할 수 있습니다. 그러나 하나님을 직접 보고자 하거나 어떤 가시적인 경험을 추구하는 것은, 말씀을 통한 성령의 임재와 역사를 배제하고 무시하는 것입니다. 우리는 우리의 뒤틀린 본성의 기호를 체험의 기준으로 삼지 말아야 합니다.

성령 하나님이 말씀으로 자신의 임재를 드러내시는 것은, 하나님을 직접 보면 죽을 수밖에 없는 인간의 현실 때문입니다. 하나님은 우리를 살리시고 우리에게 유익을 주시기 위해, 특히 말씀과 성례라는 방편을 통해 자신의 임재를 나타내시는 것입니다. 우리는 이처럼 성령께서 말씀으로 자신의 임재를 드러내시고 역사하시는 현장에서 스스로를 높이는 교만한 마음으로 말씀을 판단하는 자가 되지 말아야 합니다.

성령의 임재와
하나님 말씀

구약시대부터 성령 즉 하나님의 영 또는 여호와의 영은, 하나님의 뜻을 성취하기 위해 여러 측면에서 활동하시며 생명을 주시는 권능을 행하시고, 하나님의 임재를 나타내셨습니다. 그 영에 사로잡히는 것은 곧 하나님의 권능에 붙들리는 것이었고, 반대로 그 영에서 멀어지는 것은 하나님에게서 멀어지는 것이었습니다. 하나님 백성의 유익을 위해 허락된 은사도 구약시대부터 여호와의 영과 관련되어 있습니다.

예수님께서도 성령을 통한 임재를 말씀하셨습니다. "내가 아버지께 구하겠으니 그가 또 다른 보혜사를 너희에게 주사 영원토록 너희와 함께 있게 하리니 그는 진리의 영이라 세상은 능히 그를 받지 못하나니 이는 그를 보지도 못하고 알지도 못함이라 그러나 너희는 그를 아나니 그는 너희와 함께 거하심이요 또 너희 속에 계시겠음이라 내가 너희를 고아와 같이 버려두지 아니하고 너희에게로 오리라 조금 있으면 세상은 다시 나를 보지 못할 것이로되 너희는 나를 보리니 이는 내가 살아있고 너희도 살아있겠음이라 그날에는 내가 아버지 안에, 너희가 내 안에, 내가 너희 안에 있는 것을 너희가 알리라"(요 14:16-20).

예수님은 보혜사 성령께서 제자들이 복음을 전할 때 그 진리로 자신의 임재와 역사를 드러내시며 사람들을 변화시키신다고 말씀하십니다. 성령께서 예수님의 말씀을 생각나게 하시고(요 14:26), 예수님의 영광을 나타내시며 그분의 것으로 가르치시는 것입니다(요 16:14-15). 이는 무엇보다 성령께서 감동을 주셔서 기록된 말씀을 믿게 하심으로 성취됩니다.

구약에서나 신약에서나 사람들은 모두 이 같은 성령의 임재로 하나님을 만나는 것입니다. 하나님 만나는 경험을 신과의 합일 같은 감각적인 황홀경으로 이해하는 사람이 많지만, 성경은 진리의 영이신 성령의 임재와 역사로 말씀을 통해 하나님과 인격적으로 만나는 것이라고 말합니다. 성령께서 자신의 감동으로 기록된 말씀이 전해질 때 우리로 그 말씀을 믿고 인격적인 반응을 하게 하시는 것입니다. 저항하던 마음이 복음의 진리를 듣고 보며 반응하도록 조명하십니다.

특히 말씀을 전하는 자는 하나님의 임재와 능력이 복음을 말하는 가운데 나타난다는 사실에 분명한 확신을 가져야 합니다. 하나님의 말씀을 전할 때, 듣는 자가 하나님의 임재와 능력을 체험하게 되고, 그 사람에게서 변화와 역사가 일어난다는 사실을 확신하며 전해야 하는 것입니다. 또 성령께서 말씀을 통해 임하시고 역사하심으로, 우상숭배하던 이들조차 그것을 경험하고 예수 그리스도께 돌아와 그 인격이 변화되는 일이 일어난다는 것을 매우 중요하게 생각해야 합니다. 그리고 그것을 설교자 자신뿐 아니라 다른 사람들에게서도 보고자 해야 합니다.

성령의 임재와 역사를 물리적인 빛이 비추어 우리의 감각을 자극하는 것으로 생각함은 성경적인 이해가 아닙니다. 성경이 가르치는 성령은 "또 다른 보혜사"로, 제자들에게 예수님의 말씀을 생각나게 하시고, 예수님의 것으로 가르치고 인도하시는 분입니다. 그러므로 성령의 임재로 나타나는 가장 보편적인 증거가 거듭남입니다. 말씀을 조명해 그리스도의 사랑을 확증하고 믿게 하시는 성령 하나님은 더나아가 거룩하게 하시는 영으로서, 믿는 자들로 하여금 그리스도의 형상을 닮도록 이끄시는 인격적인 반응으로 자신의 임재를 나타내십니다. 또 성령께서는 관계를 맺게 하시는 분으로서 그리스도를 주님으로, 하나님을 아버지로 부를 수 있게 하십니다. 이 모든 것이 성령께서 임재하시고 역사하신 결과입니다.

'오직 성경' 위에서 체험하는 성령의 능력 1 : 다양한 구원의 은혜를 경험함

'오직 성경' 위에서의 체험은 이처럼 성령께서 말씀을 통해 임재하시고 역사하심으로 이루어지는 것입니다. 이러한 역사는 결코 당연하거나 진부한 것이 아닙니다. 오히려 영적으로 죽은 자를 거듭나게 하시고 하나님의 말씀을 믿게 하시는, 그 무엇과도 비교할 수 없는 능력이요 놀라운 기적입니다. 그것은 총명이 어두워지고, 무지와 마음의 굳어짐으로 하나님의 생명에서 떠나 있으며, 감각 없이 자신을 방탕에 방임해 모든 더러운 것을 욕심으로 행하면서 진리를 찾으려 하지 않고 찾을 수도 없는, 전적 무능력 상태에 있는 자들을 깨워 살아나게 하는 변화입니다.

이는 결코 인간의 본성을 따라 일어나지 않습니다. 성령께서 말씀을 통해 우리에게 임하심으로, 그리스도를 믿고 그 형상을 닮도록 이끄시는 기적을 일으키시는 것입니다. 본성상 죄로 기우는 자들을 거룩하게 하시는 역사를 자신의 임재 속에서 행하시는 것입니다.

우리가 그리스도의 사랑에 대한 지식과 하나님과의 관계에 대한 확신을 가지고 하나님께 담대히 나아갈 수 있는 것 역시, 성령께서 말씀을 통해 임재하시고 권능을 나타내시며 은사를 주심으로 가능한 것입니다. 성령께서 말씀을 통해, 하나님을 '아빠 아버지'라 부르고 그리스도를 '주님'이라 부를 수 있는 관계라는, 기적 중의 기적을 허락하시는 것입니다. 입으로만이 아니라 진심어린 믿음과 참된 이해를 가지고 하나님을 '아빠 아버지'라 부르는 것은, 사람의 지혜나 노력으로 되는 일이 아닙니다. 오직 성령의 임재와 역사 속에서만 가능한 일입니다.

고린도전서에서 바울은 방언과 예언 등의 은사에 대해서도 말하지만, 그보다 예수님을 주님으로 고백하는 것을 성령의 임하심에 대한 우선적이고 중요한 증거로 언급합니다(고전 12:3). 성령 하나님께서 복음을 통해 그리스도의 영광의 광채를 인간에게 비추실 때, 사람의 눈이 열려 예수 그리스도의 주 되심을 보게 되기 때문입니다(고후 4:4-6). 방언과 예언 같은 은사는 모든 신자에게 보편적으로 있어야 하는 것이 아닙니다. 그러나 예수님을 주님으로, 하나님을 아버지로 믿고 고백하는 것은, 모든 신자에게 허락되는 성령의 임재에 대한 가장 뚜렷한 증거입니다(참조. 롬 8:15; 갈 4:6)

그뿐 아니라 '하나 되게 하는 역사' 역시 성령의 임재로 경험하는 것입니다(엡 4:3-4). 그리스도와 연합한 자가 다른 그리스도인과 연합해 한 몸을 이룸으로 서로 유기적인 관계를 맺게 되는 것도 성령의 교통하시는 역사로 인한 것입니다.

'오직 성경' 위에서 체험하는 성령의 능력 2: 자유함

이처럼 성령께서 말씀을 통해 구원에 이르게 함으로 다양한 구원의 은혜를 경험하는 것이, 신자가 경험할 수 있는 최고의 변화요 체험입니다. 성령께서는 복음의 말씀을 통해, 어둠에 있던 우리에게 그리스도의 영광의 광채를 비추어 눈을 뜨게 하시고 예수님의 주 되심을 보게 하십니다. 그래서 우리는 이전의 속박에서 벗어나 자유를 얻게 됩니다. "주는 영이시니 주의 영이 계신 곳에는 자유가 있느니라"(고후 3:17). 성령 하나님이 임하시고 역사하심으로 이 세상 신에 의해 혼미하던 상태에서 벗어나, 그리스도 예수의 주 되심을 보고 그리스도 안에서 사는 자유를 소유하게 된 것입니다.

성령으로 말미암아 이런 영적인 자유를 소유하고 누리는 것이 하나님을 체험하는 것입니다. 성령께서 임하심으로 얻는 자유는 소극적으로 말하면, 우리의 죄로 말미암아 반드시 받아야 할 심판에서의 자유, 공의로운 하나님에 대한 두려움에서의 자유, 미래를 불안하게 하는 온갖 근심과 걱정에서의 자유입니다. 더 나아가 말씀을 통한 성령의 임재와 역사에서 주어지는 자유의 적극적인 면은, 그것이 하나님과의 관계에서 누리는 자유라는 점입니다. 이 세상의 주권자요 구원자이신 하나님의 자녀로서 흔들리지 않는 자유를 누리게 된 것입니다. 자신에게 집중하고 자기 사랑에 예속되어 있던 인간이, 창조주 하나님을 섬길 수 있는 자유와 더 나아가 다른 사람을 돌아보고 사랑을 베풀 수 있는 자유를 성령의 나타나심에서 얻게 되었습니다.

사람은 하나님과 다른 사람들에게 집중할 때 기쁨을 경험하게 됩니다. 누군가를 사랑할 때 기쁨이 있는 것입니다. 가족과는 물론 하나님께 속한 다른 지체들과의 관계에서, 우리는 성령 하나님의 임재와 역사로 인해 이 특별한 자유와 기쁨을 더 풍성하게 누리게 됩니다. 이 놀라운 기적은 우리의 마음을 압도하며 벅차게 합니다. 너무 놀랍고 부요한 은혜와 사랑에 가슴이 터질 것만 같은 때도 있습니다. 그러나 그런 반응 역시 다른 이방종교의 황홀경과는 달리 우리의 인격 안에서 일어나는 일입니다. 결코 몽롱한 상태로 나아가게 하는 것이 아닙니다.

일상에서
하나님 경험하기를 사모하라

성령께서 허락하시는 최고의 체험은, 오늘날 소위 특별한 체험으로 불리는 방언이나 예언, 쓰러짐, 입신 등이 아니라, 이같이 말씀을 통해 구원에 이름으로 하나님과의 관계와 다른 그리스도인들과의 관계가 이루어지는 것입니다. 이것이 바로 성령의 임재와 역사입니다. 우리는 성령께서 말씀을 통해 임하실 때 두렵고 떨리는 마음으로 하나님을 만나는 경험을 하게 되는 것입니다.

지금까지 살펴본 것처럼 '오직 성경' 위에 선 신자의 경험은 순간적인 것보다 일상과 깊이 관련되어 있습니다. 특별하게 보이는 어떤 경험이 있더라도, 그것은 평상시 성령께서 임재하심으로 주시는 경험과 변화 안에서 해석되어야 합니다. 우리는 성령께서 말씀을 통해 우리에게 오셔서 하나님을 만나게 하시는 경험을 소유할 뿐 아니라 소중히 여겨야 합니다. 경험으로 하나님의 말씀을 검증하는 것이 아니라, 말씀으로 경험을 확인해야 합니다.

우리는 지금 이러한 이해를 바탕으로 성령의 임재와 역사를 의식하며 하나님의 말씀을 받고, 하나님을 비롯해 다른 지체들과 교제하고 있습니까? 우리에게는 무엇보다 하나님의 말씀을 듣는 가운데 하나님을 경험하고자 하는 마음이 필요합니다. 성령께서 하나님의 말씀을 통해 임하셔서 우리 안에 변화를 일으키시며 능력을 나타내신다는 사실을 기억하고, 그분의 임재를 항상 의식해야 합니다. 우리 모두

가 '오직 성경'에 따른 하나님의 참된 역사를 경험하기를 바라시며 역사하시는 하나님 앞에서 진지하게 반응할 수 있기 바랍니다.

Part 5

'오직 성경' 위에 선
신자의 삶

Chapter 20

복음 안에서 갖는
신자의 경험과 삶

● 앞서 우리는 '오직 성경' 위에 선 신자로서, 일회적이고 신비로운 느낌을 주는 '사건'이 아니라, 신자의 인격과 삶에 근본적이고 지속적인 결과를 남기는 '변화'에 초점을 둔 체험을 추구해야 한다는 사실을 살펴보았습니다. 특히 우리는 성령께서 하나님의 말씀을 통해 임재하시고 역사하심으로 이런 경험을 허락하신다는 것을 확인했습니다. 지금부터는 '오직 성경'의 신앙 위에서 성령과 말씀으로 빚어지는 신자의 삶은 어떤 것인지 구체적으로 살펴보고자 합니다.

성경이 말하는
하나님과 동행하는 신자의 삶

　예수님을 믿는 사람에게서 '삶'의 문제는 매우 중요합니다. 신자의 삶의 기본적인 정체성은 하나님을 갈망하며 하나님과 동행하는 것입니다. 지금부터 살펴보고자 하는 것은, '오직 성경' 위에 선 신자로서 구체적으로 어떻게 그런 삶을 가져야 하는지에 대한 것입니다.

　과거처럼 오늘날에도 교회 안에는 하나님을 갈망하고 그분과 동행하는 삶을 말하면서도, 성경이 말하는 것과는 다른 내용과 방식의 열심을 갖는 사람이 많습니다. 그러므로 무엇이 진정으로 하나님을 갈망하고 그분과 동행하는 삶인지에 대한 문제를 중요하게 다루는 것이 절실하게 필요합니다.

　오늘날은 이런 식으로 말하거나 생각하는 사람이 많습니다. '성경을 읽고 기도한 다음 조용히 하나님의 세미한 음성에 귀를 기울이라. 그때 하나님께서 말씀하시는 것을 마음으로 받아들이고 따르라. 당신의 내면에 주시는 그 음성이 당신을 향한 하나님의 뜻이다.' 또 어떤 이들은 '하나님은 살아계셔서 계속 우리에게 말씀하시는 분이다. 그러므로 우리는 하나님이 지금 내게 하시는 말씀을 듣고자 해야 하며, 이를 위해 영적으로 예민해야 한다'고 말하기도 합니다.

　얼핏 듣기에 이런 말은 크게 문제 되지 않는 듯하고, 오히려 영적이거나 진실한 신앙을 추구하는 것처럼 보이기도 합니다. 그러나 여기에는 심각한 문제가 있습니다. 이것은 곧 성경 외에서 신앙의 기초를 찾고자 하는 태도를 반영하는 것이기 때문입니다. 우리가 구해야 하는 성경적인 신자의 삶은, 내면에서 하나님의 음성을 들으며 하나님을 추구한다는 이들의 삶과는 분명히 다른 것입니다. 우리는 성경을 통해 신자의 삶이 어떠해야 하는지를 확실히 알 수 있습니다.

우리가 성령으로 믿음을 따라 의의 소망을 기다리노니 그리스도 예수 안에서는 할례나 무할례나 효력이 없으되 사랑으로써 역사하는 믿음뿐이니라 (갈 5:5-6)

여기서 바울은 신자의 삶을 '성령으로 믿음을 따라 소망을 기다리는 삶'으로 요약합니다. 그리스도 안에 있는 신자는 할례나 무할례가 아니라, 성령으로 믿음을 따라 곧 사랑으로 역사하는 믿음을 따라 살아야 한다는 것입니다. 이것은 '오직 성경' 위에 선 자의 삶이 어떠해야 하는지에 대한 중요한 사실을 말해 줍니다. 그리고 우리는 바울의 같은 서신에서 '믿음을 따라 사는 삶'이 무엇을 의미하는지 더 구체적으로 확인해 볼 수 있습니다.

내가 그리스도와 함께 십자가에 못 박혔나니 그런즉 이제는 내가 사는 것이 아니요 오직 내 안에 그리스도께서 사시는 것이라 '이제 내가 육체 가운데 사는 것은 나를 사랑하사 나를 위하여 자기 자신을 버리신 하나님의 아들을 믿는 믿음 안에서 사는 것'이라 (갈 2:20) (강조 부분은 저자의 것임)

성경이 증언하는 그리스도, 곧 "나를 사랑하사 나를 위하여 자기 자신을 버리신 하나님의 아들"을 믿는 믿음 안에서 사는 것이 바로 '믿음을 따라 사는 것'입니다. 이것이 기독교에서 말하는 그리스도인의 삶, 즉 '오직 성경'에 기초해 성령의 인도를 받는 신자의 삶입니다.

성경에서 벗어난 '하나님의 음성 듣기'

그러나 오늘날의 교회에는 성경 외에 새로운 하나님의 음성을 듣고 그것을 따라 살아가는 삶을 추구하는 것이 유행처럼 번지고 있습니다. 최근 출간된 기독교 서적 중에는 '하나님의 음성을 듣는 방법'에 대한 책이 많이 있어, 많은 사람이 그런 책에서 말하는 지침에 영향을 받고 있습니다. 그러나 그런 '영성 안내서'는 성경이 말하는 믿음의 삶, 즉 하나님의 아들을 믿는 믿음 안에서 사는 삶과 동떨어진 경우가 많습니다.

사실 지금의 이런 유행이 완전히 새로운 것은 아닙니다. 이전에도 교회가 영적 메마름을 경험할 때마다, 그 원인이 차가운 성경 지식과 교리적인 가르침에 있다며 그런 것을 주장한 사람들이 있었습니다. 그들은 하나님을 더 갈망하고 추구한다는 명목으로 '하나님이 지금 우리에게 말씀하고자 하시니 깨어 있어야 한다. 그분의 세밀한 음성을 들어야 한다'는 식의 논리를 내세웠습니다. 특히 이런 주장은 제1,

2차 세계대전의 비참한 현실을 경험하며 더욱 힘을 얻었습니다. 하나님의 죽음을 운운할 만큼 절망에 빠져 있는 당시 상황에서, 사람들은 교회가 상투적이며 차갑고 현실과 동떨어진 말씀이 아니라, 현실에 대한 좀더 생생한 하나님의 음성을 전해 주기 원했습니다. 성경에 기록된 말씀 그 이상의 무엇을 추구하게 된 것입니다. 더구나 세계대전 이후, 이전의 모더니즘이 추구하던 객관적이고 과학적인 지식에 대한 불신과 반동으로, 주관을 더 신뢰하는 포스트모더니즘이 지배적이 되면서 '주관적인 차원'에서 하나님의 음성을 듣고자 하는 분위기는 더욱 확산되었습니다.

물론 그런 태도를 가진 사람들도 성경을 중요시하고 적극적으로 사용하며 가르칩니다. 그러나 그들은 '오직 성경'을 믿지 못하고, 새로운 계시로 성경을 보완할 필요가 있다는 태도를 취합니다. 오늘날 복음주의 진영의 영향력 있는 신학자 중 하나인 웨인 그루뎀도 이런 주장을 신학적으로 지지하고 있습니다. 그는 성령께서 그 임재의 증거를 나타내시는 다양한 방법에 대해 설명하면서, 신약 여러 곳에서 성령의 직접적인 이끄심과 말씀하심의 사례를 제시합니다. 그리고 더 나아가 현재도 그런 경험과 예언이 계속된다고 가르칩니다. 웨인 그루뎀은 이렇게 주장합니다. "우리가 살아가는 새 언약 시대에 성령이 가지고 있는 일차적인 목적 중 하나는, 다양한 방식으로 하나님의 임재를 알리는 것이다. 이로써 사람들은 하나님이 더 가까이 계시다는 것을 인지하게 될 뿐 아니라, 하나님이 교회에서 자신의 뜻을 이루시고 자기 백성에게 복을 가져다주기 위해 일하신다는 믿음을 갖게 된다."

　이 같은 주장을 배경으로 오늘날 많은 교회가 더 큰 확신을 가지고 성령의 역사를 통해 살아계신 하나님의 음성 듣기를 열심히 추구하고 있습니다. 어떤 것이든 신비스럽게 보이는 것을 하나님의 임재에 대한 증거로 여기고 갈망하며 추구합니다. 그러나 신비스럽게 보인다고 하나님 말씀에 비추어보지도 않고 무조건 추구하는 것은 위험합니다. 자신의 직관에 의한 것도 얼마든지 하나님의 임재로 생각할 수 있기 때문입니다. 하나님의 일과 관련되거나 바르고 경건한 듯한 내용이 떠오른다고 그것을 무조건 하나님의 예언이나 계시로 받아들이거나 통용하는 것은 어리석은 일입니다. 직관적으로 떠오른 생각을 분별없이 하나님의 예언이나 음성이라고 하면, 결국 사탄의 속임수까지도 하나님의 활동과 임재의 증거로 착각할 수 있습니다.

오늘날 교회가 놓치고 있는 것

　이런 식으로 하나님의 임재를 추구하는 것은 중요한 한 가지를 잃어버리게 합니다. 그것은 바로 도덕성입니다. 오늘날 많은 사람이 하나님의 임재를 느끼고 하나님의 음성을 따라 살고자 하면서도, 일상에서 죄를 범하거나 하나님의 뜻을 거스르는 것, 결혼관계를 바르게 유지하지 못하는 것 등에 대해서는 별로 예민하지 않습니다. 하나님

타협할 수 없는 기독교의 기초, 오직 성경

이 활동하시는 임재는 열렬히 추구하면서, 십계명을 위시해 도덕적인 삶에 대한 하나님의 계시인 성경의 명령은 경시하는 모순을 보이는 것입니다. 하나님의 음성에 대한 갈망은 넘치지만, 하나님의 뜻과 계획을 계시해 주는 성경의 권위와 충분성은 부정함으로 사실상 성경적인 삶을 기피하는 이런 현상은, 사탄의 속임수와 부추김의 결과로밖에 볼 수 없습니다.

　성경은 결코 자기 주관에 따른 신앙생활을 가르치지 않습니다. 기독교 신앙과 도덕적인 문제를 상관없는 것처럼 여기는 것은 정상적인 모습이 아닙니다. 교회와 신자들의 이런 도덕적인 불감증은, 세상의 부도덕함을 정화하고 도덕적인 기준을 제시해야 할 교회가, 오히려 도덕적인 문제로 세상에 염려를 끼치고 지적당하는 상황을 만들었습니다. 심지어 오늘날에는 이방 종교들이 교회보다 윤리와 도덕을 더 적극적으로 강조하는 것도 흔히 볼 수 있게 되었습니다. 도덕적인 관심을 상실한 교회는, 하나님을 추구하고 그 임재를 갈망한다고 하지만, 정작 세상의 도전과 현실적인 문제 앞에서는 철저히 무능력한 것입니다.

성경 대신 성령?

　오늘날의 교회는, 세상의 도전과 현실적인 어려움에 직면할 때마다 동일하게 하나님을 구하면서도 체험이 아닌 성경에서 답을 찾던 과

거의 모습을 잃어버렸습니다. 성경 진리에 대한 확신을 상실했기 때문입니다. 이제는 교회 안에 있는 사람들도 성경의 가르침에서 현실적인 문제의 답을 찾을 수 있다는 생각에 회의적인 태도를 보이는 경우가 많습니다. 그래서 '성경에서 비롯된 가르침' 대신 '성령에서 비롯되는 체험'에서 답을 찾으려 합니다.

이 둘은 비슷해 보이지만 전혀 그렇지 않습니다. 성령에서 비롯되는 체험에서 답을 찾는다는 것은 웨인 그루뎀이 말한 대로, 성령께서 자신의 일차적인 목적을 따라 하나님의 임재를 알리기 위해 제공하시는 암시에 주목하는 것을 말합니다. 그런 맥락에서 겪는 어떤 체험이 성경을 대신해 답을 줄 수 있다고 믿는 것입니다. 그러나 성령 하나님은 말씀, 특히 복음을 통해 그리스도를 밝히 알고 믿으며 따르게 하시는 분입니다. 하나님의 감동으로 된 말씀을 믿도록 조명하시고, 그 말씀으로 교훈과 책망과 바르게 함을 얻게 하시는 것이 성령의 주된 역사입니다. 그 성령의 역사를 따라 어떤 '경험'이 주어질 수는 있지만, 그것은 복음을 조명해 우리로 하여금 예수 그리스도를 믿고 따르며 살도록 하기 위해 부차적으로 허락되는 것입니다. 독립적인 체험에서 하나님을 느끼게 하는 것은 성령의 일차적인 목적이 아닙니다. 성경에서 비롯된 가르침이 아니라 성령에서 비롯되는 어떤 체험에서 믿음의 길을 찾으려는 생각은 성령에 대한 오해로 인한 것입니다.

그러나 체험을 계시의 원천이요 신앙의 규범으로 말하는 유력한 신학자의 가르침에 힘입어, 여러 교파와 교회가 전통적인 기독교의 가르침 대신 자신들의 욕구와 필요를 채워줄 역동적인 하나님의 임재를 더 과감히 내세우고 있습니다. 전통적인 교회의 하나님은 자신들의 욕구와 필요를 채워주기에는 너무 멀리 있는 냉랭한 분이라고 생각하는 것입니다. 그래서 전통적인 교회에는 하나님이 부재하고, 자신들을 채워주는 어떤 체험이 있는 교회에는 하나님의 임재가 있다고 여깁니다. 이런 분위기로 인해서인지, 근래에 교회에 부임하는 젊은 담임목사들이 교회를 일신하려는 마음으로 시행하는 여러 목회 전략과 가르침에는, 하나님의 부재와 임재에 대한 그런 식의 논리가 배경으로 있는 경우가 많습니다. 교회의 방향, 목회전략, 전도전략, 그 외의 모든 활동과 그리스도인으로서 삶 전반에서 체험을 추구하는 체계를 형성하는 것입니다. 사람들을 쓰러뜨리고 예언하는 일에 집중하거나 신사도운동을 하는 교회가 우후죽순처럼 생기고, 거기에 사람이 모이는 것도 같은 맥락입니다.

그러나 이 현상은, 예수님이 다시 오시기 전 사탄이 모방하는 기사와 표적에 사람들이 미혹될 것이라는 예언의 성취에 가깝습니다(마 24:24). 그들 나름대로는 살아계신 하나님에 대해 갈망하며, 확신을 주시는 하나님의 손길과 그 음성에 대한 사모함으로 따르는 것이라지만, 분명 그들이 진리를 따르는 것은 아닙니다.

성경이 말하는 신자의 삶은
복음에 근거한 믿음의 삶이다

하나님의 임재나 계시의 문제는 결국 그리스도인의 삶의 방향과 최종적인 결말을 좌우할 수 있는 중대한 사안이기에 반드시 성경에 비추어보아야 합니다. 예수님을 믿는 사람뿐 아니라 다른 종교를 가진 사람들도 나름대로 종교적인 경험을 할 수 있습니다. 다른 종교에도 신의 음성을 듣는다거나 그런 신비적인 인도에 절대적으로 순종해야 하는 것으로 알고 따르는 일이 있습니다. 그러나 기독교에는 다른 종교와 구별되는 참된 기독교적인 체험이 있습니다. 그것은 신비스럽다는 느낌을 주는 정도가 아닙니다. 소위 하나님의 음성을 듣는 것과 그에 따라 행하는 것만으로는 참된 기독교의 체험과 삶이라고 할 수 없습니다. 참된 기독교의 체험은 무엇보다 신자가 복음에 근거한 믿음을 갖는 것입니다. 복음이 기독교를 근본적으로 특징짓는 내용이요, 다른 종교와의 독특한 구분점이기 때문입니다.

성경은 우리가 하나님을 알 수 있는 계시 중의 계시로 복음을 가르칩니다. 복음은 예수 그리스도께서 하나님을 직접 보이심으로 하나님을 알리신 계시입니다. 예수님은 복음을 '하나님나라가 임하는 것'으로 설명하셨습니다. 예수님이 임하신 것이 곧 하나님나라가 임한 것이기 때문입니다. 예수님 자신이 오심으로 사람들을 죄와 사탄의 권세에서 구원하고 생명을 주시며 자유하게 하시는 복된 소식을 선포하신 것입니다.

한편 사도들은 하나님나라 임함의 실체이신 예수 그리스도를 복음으로 선포했습니다. 이 땅에 육신을 입고 오신 예수 그리스도를 통한 구원의 메시지를 복음으로 말한 것입니다. 그래서 초대교회의 전도, 즉 복음증거가 "그리스도를 전파"(빌 1:15)하는 것으로 표현되기도 하고, "예수를 가르쳐 복음을 전하니"(행 8:35), "복음과 예수 그리스도를 전파함"(롬 16:25) 등의 표현에서처럼 복음과 예수 그리스도가 거의 동의어로 쓰이기도 했습니다. 또 복음은 "하나님 나라와 및 예수 그리스도의 이름에 관하여 전도함"(행 8:12)으로 묘사되기도 하고, "우리 주 예수의 복음"(살후 1:8), "그리스도의 복음"(롬 15:19), "그의 아들의 복음"(롬 1:9; 참조. 막 1:1) 등으로 수식되기도 했습니다. 그리스도의 주 되심과 그분 안에 있는 은혜가 복음의 핵심이기 때문입니다.

이 복음이 구원의 도구로 작용할 때, 사람들이 구원을 얻고 그 안에서 하나님을 진정으로 알게 됩니다. 이것은 또한 성령 하나님께서 하시는 일이기도 합니다. 성령은 다른 것이 아니라 복음으로 우리를 설득하셔서 예수 그리스도를 믿고 그리스도인으로서의 삶을 살게 하십니다. 신자는 성령의 역사를 따라 복음을 믿음으로 기독교적인 이해와 정서를 갖게 되고, 하나님과의 사귐에 이르는 것입니다.

바로 이것이 참된 기독교의 경험과 삶입니다. 따라서 그리스도인에게 허락되는 경험은 믿음의 경험이요, 그리스도인의 삶은 곧 믿음의 삶이라 할 수 있습니다. 성령 하나님께서 복음에 나타난 은혜를 알게 하셔서, 그 은혜와 더불어 그리고 그 은혜로 말미암아 시작되는 믿음으로, 참된 기독교의 경험과 삶을 얻게 하시는 것입니다. 앞서 언급한 갈라디아서 2장 20절에서 바울은 이런 그리스도인의 경험과 삶이 어떻게 시작되는지 분명히 말해 줍니다. 그 경험은 '그리스도와 함께함'으로 갖는 경험입니다. '내가 그리스도와 함께 십자가에 못 박혔다'는 사실로 인해 "이제 내가 육체 가운데 사는 것은 나를 사랑하사 나를 위하여 자기 자신을 버리신 하나님의 아들을 믿는 믿음 안에서" 살게 되는 것입니다. 즉, 복음에 대한 믿음 안에서의 경험과 삶을 말하고 있습니다.

이런 것은 무시하고 따분하게 여기면서 하나님을 갈망하고 하나님의 음성을 듣고자 하며 그것을 따라 살겠다는 것은, 겉보기에는 매우 뜨겁고 신실한 신앙 같아도 실은 핵심을 한참 벗어난 열심과 추구입니다. '오직 성경'에서 이탈한 것입니다. 또 그것은 성경뿐 아니라 성령과도 무관한 신앙입니다. 성령은 다름 아닌 복음을 따라 믿음 안에서 살도록 역사하시기 때문입니다.

신자의 삶은 "나를 사랑하사 나를 위하여 자기 자신을 버리신 하나님의 아들"의 은혜로 시작된 것이요, 그분에 대한 확신 속에서 사는 것입니다. 그러므로 우리는 오늘날 유행하는 성령으로 비롯되는 체험을 추구할 것이 아니라, 성경에서 비롯된 가르침을 따라 복음에 기초한 경험과 삶을 구해야 합니다.

오늘날 많은 교회와 목사가 복음과 은혜에 대해 말하고 말씀을 강조합니다. 그러나 진정으로 하나님의 계시된 말씀을 중시하는 사람은 많지 않습니다. '은혜'나 '좋은 말씀'은 단지 교회성장과 개인 성공을 위한 도구 정도로 여기는 경우가 많습니다. 그래서 많은 사람이 실제적으로는 성경에 근거한 믿음의 삶을 무시합니다. 성령께서 복음 안에서 믿음의 삶을 살게 하시는 것을 가볍게 생각합니다. 성경을 무시하는 대신 하나님의 역동적인 임재를 체험하고자 하며, 성경이 말하는 도덕적인 삶에서도 멀리 떨어진 종교적 열심을 드러냅니다.

'오직 성경' 위에 선 신자로서 우리는 이런 부분에서 분별력을 가지고 철저하게 "나를 사랑하사 나를 위하여 자기 자신을 버리신 하나님의 아들"을 믿는 믿음 안에서 살아야 합니다. 이 복음이 우선과 중심이요, 전부가 되어야 합니다. 참된 그리스도인의 삶, 곧 진정으로 기독교적인 삶에 대한 본질적인 답은 성경에 모두 있습니다. 시간이 걸리고 더디 변화되는 것 같아도, 그것이 우리가 나아가야 할 길입니다. 하나님은 위험을 감수하고 도전하듯이 믿을 분이 아닙니다. 인격적인 하나님이십니다. 성령께서는 하나님의 말씀으로 믿음의 삶을 사는 과정을 통해 우리의 인격을 다듬으십니다. 이 변화의 과정을 인내하며 가는 것이 그리스도인의 길입니다.

예수 그리스도의 죽으심으로 말미암는 삶

복음에 근거한 삶은 달리 말해 하나님 편에서 제시한 은혜에 근거한 삶입니다. 곧 앞서 인용한 갈라디아서 말씀처럼 "나를 사랑하사 나를 위하여 자기 자신을 버리신 하나님의 아들"을 믿는 믿음에서 시작하는 삶입니다. 바울은 이 믿음에 기초해 같은 서신 4장에서 이렇게 선언합니다.

> 너희가 아들이므로 하나님이 그 아들의 영을 우리 마음 가운데 보내사 아빠 아버지라 부르게 하셨느니라 (6절)

그리스도인의 삶은 '나를 위해 자신을 버리신' 독생자의 사역으로 인해, 하나님이 친밀하게 '아빠'라고 부를 수 있는 '나의 아버지'가 되셨음을 성령을 통해 믿고 하나님의 자녀로 사는 것입니다. 그런 믿음을 따라 의의 소망을 기다리며, 사랑으로 역사하는 그 믿음으로 경건한 봉사와 순종의 삶을 사는 것이 복음에 근거한 그리스도인의 삶입니다(갈 5:5-6).

여기서 가장 우선적으로 강조해야 하는 것은, 그리스도인의 삶이란 예수 그리스도의 죽으심으로 인한 구속의 은혜와 능력을 믿는 믿음에서 시작된다는 것입니다. 그러므로 우리는 다음과 같은 질문으로 정직하게 자신을 살펴야 합니다. '나는 예수 그리스도의 십자가 죽음으로 말미암은 구속의 은혜와 능력을 믿는가? 그로 인해 삶에 어떤 변화가 있는가? 복음이 내 삶에 실제적으로 역사하고 있는가?'

이것은 매우 중요한 질문입니다. 오늘날 교회의 많은 사람이 그리스도께서 십자가에서 이루신 구속의 은혜와 능력의 충분함과 완전함을 내던져버리고, 말씀에서 성령을 따로 분리해 감정적인 위로나 직관적 깨달음, 신앙의 생기를 얻으려는 이유는 다른 것이 아닙니다. 하나님의 아들 예수 그리스도의 십자가 죽음으로 말미암은 구속의 은혜와 능력을 믿고 그것을 따라 사는 길에서 벗어났기 때문입니다.

'오직 성경' 위에 선 신앙은, 그리스도의 십자가 죽음은 온 세상의 죄를 모두 해결하시고도 남을 만큼 충분하다는 복음의 중심을 견지하고 믿음의 삶으로 나아가게 합니다. 그리스도인은 죄를 위한 그리스도의 단번의 죽음(벧전 3:18)이 충분하고 완전하며 강력하다는 것을 알고, 그 죽음을 통해 죄악에서 자신을 구원하신 은혜와 능력으로 참된 삶을 시작해 계속해서 그렇게 사는 것입니다. 십자가의 구속의 은혜와 능력이 삶에 동기를 부여하고 생명과 유익, 기쁨, 감사, 감격 등을 가져다주며 예수님을 향하도록 이끌지 않고, 오히려 고리타분하고 진부하게 여겨진다면 무언가 심각한 문제가 있는 것입니다. 참된 믿음을 소유한 신자는 그리스도의 구속의 은혜와 능력에 대한 믿음으로 시작해, 그 안에서 예수 그리스도로 말미암아 더 복된 삶을 누립니다. 하나님을 아빠 아버지라 부르며 하나님의 자녀로 사는 놀라운 삶을 누리는 것입니다(갈 4:6).

죄로 인해 거룩하고 영존하신 하나님께 나아갈 수 없는 인간이, 그리스도로 말미암아 하나님의 자녀로 그 앞에 서게 된 것은, 신자로서 경험할 수 있는 가장 놀라운 일입니다. 그것은 다른 길이 아닌 오직 예수 그리스도로 말미암아 가능한 일입니다. 신자는 바로 이런 은혜에 기초해 아버지 하나님과의 회복된 관계를 누립니다. 그리스도 안에서 하나님은 우리의 아버지시기에, 우리 삶을 복되게 하는 일에 전적으로 관여하고 헌신하신다는 사실을 확고히 믿는 것입니다.

이것이 신자의 확신입니다. 단순히 구원받았음을 아는 정도를 넘어, 그 구원 안에서 하나님과의 끊을 수 없는 관계가 지속되며 계속적으로 돌보심 받는다는 사실을 확신하는 것입니다. 다른 어떤 것이 아니라 예수 그리스도 안에서 허락하신 완전하고 충분한 은혜, 곧 그분의 완전하고 충분한 위격과 사역으로 인해 우리가 하나님의 자녀로 용납됨을 확신하는 것입니다.

우리가 하나님은 우리의 아버지요, 우리는 그분의 자녀라는 확신을 갖는 것은, 우리 자신이나 세상의 어떤 다른 근거나 수단에 의해서가 아닙니다. 오직 그리스도께서 십자가에서 이루신 일이 근거가 되고, 하나님의 말씀과 성령에 의한 은혜와 역사가 유효한 수단이 되는 것입니다.

그러므로 우리가 하나님의 자녀임을 확고히 증언하시고 우리 안에 역사하시는 은혜의 공급원인 하나님의 말씀에서 멀어지면, 확신은 흔들리고 공격당하게 됩니다. 이로써 우리는 그리스도인으로 살면서도 하나님의 자녀 됨에 대해 얼마든지 의심을 품을 수 있습니다. 신자도 고통과 어려움 중에 잠깐 흔들릴 수 있는 것입니다. 그러나 성경은 바로 그런 상황에서, 성령이 우리에게 그리스도 안에 있는 하나님의 사랑에 대한 확신을 갖게 하실 것임을 말해 줍니다.

많은 사람이 성령의 사역에 대해, 어렵고 힘든 일로 우리에게 의심이 생길 때 감정적인 차원에서 하나님의 사랑을 느끼고 확신을 갖게 하시는 것으로 생각합니다. 그러나 그것은 잘못된 생각입니다. 성령 하나님은 우리의 인격 전반을 움직이십니다. 의심을 품게 되는 상황과 환난에서, 하나님의 사랑에 대한 확신을 주기 위해 무작정 가슴이 뜨거워지는 어떤 정서 자체를 쏟아부으시는 것이 아닙니다. 예수 그리스도의 죽으심에 관한 하나님의 말씀을 사용해 깨닫게 하심으로, 하나님의 사랑에 대한 확신을 갖게하고 정서적으로 반응하게 하시는 것입니다. 이것이 성령으로 인한 그리스도인의 경험입니다.

성령께서는 이를 위해 신자의 확신의 근거, 곧 죄 사함과 의롭다 함을 위한 예수 그리스도의 십자가 죽음에 대한 말씀을 사용하십니다. 우리는 계속적으로 예수 그리스도의 구속의 은혜와 복음 앞에서 하나님의 자녀 됨을 확신하며, 환난과 시련에도 신자로서의 삶을 살아가는 것입니다. 하나님의 사랑은 맥락 없이 불현듯 느끼는 것이 아니라, 성령 하나님께서 말씀을 통해 예수 그리스도의 죽으심에서 단번에 그리고 충분하게 나타난 하나님의 사랑을 주목하게 하심으로 깨닫는 것입니다. 이런 면에서 '하나님의 사랑' 자체에 몰입해 에로스적인 하나님 경험을 추구한 중세시대의 신비주의자들은 빗나간 것입니다.

오직 예수 그리스도께 기초한 삶, 예수 그리스도로 말미암아 하나님의 자녀 됨을 확신하고 어떤 고통과 문제에도 하나님을 아빠 아버지라 부르며 그분에게 나아가는 삶, 실제적으로 아빠 되시는 하나님의 보호와 인도로 사는 삶이 그리스도인의 삶입니다. 하나님께서는 이런 방식으로 아버지로서 우리 삶에 개입하십니다. 신자는 이처럼 처음부터 끝까지 계시된 말씀을 믿는 믿음으로 사는 것입니다.

믿음으로 삼위 하나님과
언약적 관계 안에서 사는 삶

신자는 어떤 음성이나 체험에 의존해 살지 않습니다. 체험은 믿음으로 살면 후발적으로 따라오는 것입니다. 하나님의 백성은 하나님의 말씀을 믿고, 그에 기초한 하나님과의 언약관계를 의지하며 나아가는 믿음의 삶을 살아야 합니다. 성령께서는 성경에 이미 계시된 예수 그리스도와 그분의 십자가 죽음에 나타난 하나님의 사랑을 우리에게 증거하심으로, 우리가 하나님의 자녀 됨을 확신하며 믿음으로 살도록 하십니다.

더 나아가 신자는 이 모든 사실로 인해 하나님께 기꺼이 순종하며 살아갑니다. 예수 그리스도에 근거해 하나님의 사랑을 믿으며 살아가게 하시는 성령의 역사를 따라, 믿음 곧 '예수 그리스도 안에서 사랑으로 역사하는 믿음'(갈 5:6)으로 사는 것입니다. 이처럼 믿음으로 사는 신자의 삶의 토대는, 단지 하나의 경험 정도가 아니라 성부와 성자와 성령 하나님이십니다.

성경이 가르치는 그리스도인의 삶은, 하나님의 역동적인 임재와 그 암시에 대한 관심 속에서 경험과 삶을 얻고자 하는 오늘날의 왜곡된 신앙의 모습과는 비교할 수 없을 만큼 풍성합니다. 성부, 성자, 성령 하나님께서는 그리스도인의 삶에 언약적인 관계를 나타내시고, 신자는 삼위일체 하나님과의 그 언약관계 안에서 믿음으로 살아갑니다. 신자에게 이보다 크고 중요한 것은 없습니다. 신자가 당장의 현실적

타협할 수 없는 기독교의 기초, 오직 성경

인 문제와 정서상의 불안에도 실족할 수 없는 것은, 우주 만물의 창조주요 주권자이신 하나님이 자신의 독생자를 죽음에 내어주기까지 베풀어주신 사랑 때문입니다. 그리스도인의 삶은 이처럼 은혜로우신 하나님의 통치와 주권을 알고 살아가는 것입니다. 이것이 '오직 성경'이 말하는 삶입니다.

신자가 하나님과의 관계 안에서 신자답게 제대로 살지 못하는 것은 이 같은 이해가 없고, 따라서 기대나 신뢰도 없기 때문입니다. 그래서 간단하게 단번의 감각적인 경험을 찾아 거기에 의존하고 싶어 하는 것입니다. 이는 결국 성경이 말하는 그리스도인의 삶과 관련된 하나님의 임재와 역사를 경시하며 '오직 성경'에서 벗어나게 합니다.

신자는 하나님의 말씀인 성경이 증거하는 예수 그리스도의 죽으심에 기초한 믿음으로 하나님의 자녀임을 확신하고 그분의 돌보심을 의지하면서, 하나님의 뜻에 합당한 삶의 방향과 태도를 갖게 됩니다. 이런 믿음의 경험 대신 새로운 어떤 것을 찾고 그에 의지하려는 것은 그 동기가 무엇이든 성경에서 이탈한 것입니다. 그리스도인은 믿음으로 행하지 보는 것으로 행하지 않습니다(고후 5:7). 즉, 하나님의 말씀을 믿음으로 행하는 것이지, 말씀이 부족하다 여겨 그 외에 더 직접적이고 직관적인 자극을 주는 하나님의 역동적인 임재와 활동에 대한 감각을 따르며 행하는 것이 아닙니다. 신자가 하나님의 말씀에 무엇을 더해, 결국 믿음이 아니라 자신이 감각하는 것을 따라 행하며 살고자 하는 것은 스스로 자신을 파괴하는 길입니다.

우리는 삶에서 하나님의 위대한 말씀이신 그리스도의 중심성, 즉 복음의 중심성을 고수해야 합니다. 성령에서 비롯되는 체험을 좇는 것과 성경에서 비롯된 가르침에 따라 그리스도 중심성을 가지고 믿음으로 행하며 사는 것은, 겉으로는 비슷해 보여도 사실 서로 전혀 다른 삶입니다. 중심과 주변이 서로 뒤바뀐 삶입니다. 우리는 비록 당장 미래가 보이지 않아도 후자의 삶을 고수해야 합니다. 하나님의 영역인 앞으로의 일을 하나님께 맡기고 하나님의 말씀을 따라야 합니다. 하나님께서 말씀대로 이루실 것을 믿고, 보이지 않아도 믿음의 길을 가는 것이 하나님 백성의 삶입니다. 하나님께서 아버지로서 우리 영혼의 유익과 장래의 궁극적 안식을 위해 헌신하시기에, 신자는 하나님의 말씀 안에서 확신을 가지고 믿음으로 사는 것입니다.

예수님께서 직접 만져보지 않고는 예수님의 부활을 믿지 못하겠다던 도마를 책망하신 것도 바로 그 때문입니다. 신자는 보지 못하는 내일을 성경에 계시된 대로 아버지이신 하나님께 맡기며 삽니다. 세상의 모든 일, 심지어 공중의 새 한 마리까지도 주관하시는 하나님이 자신의 아버지이심을 믿으며 사는 것입니다.

우리는 이 복된 사실을 믿고, 말씀에서 하나님을 실제적으로 경험하며 살아야 합니다. 중요한 것은 과연 우리가 일상에서 성경에 계시된 그 하나님을 신뢰하며 경외하는가 하는 것입니다. 우리 모두가 '오직 성경' 위에 서서 성경이 가르치는 그리스도인의 삶을 살기를 소망합니다.

Chapter 21

성경의 가르침을 따라
하나님의 주권을 의뢰하는 삶

● 우리는 성경에 기초한 믿음을 가진 신자로서의 참된 기독교적인 경험과 삶이 무엇인지에 대해 실제적으로 살펴보고 있습니다. 본 장에서는 이에 대해 조금 더 구체적으로 조명해 보고자 합니다.

믿음으로 일상을 사는 것

'오직 성경' 위에 선 신자는, 하나님이 일상의 소소한 것에 이르기까지 삶의 모든 영역의 주권자 되심을 믿고 그 하나님과 함께하는 삶을 삽니다. 그것이 성경이 말하는 신자의 삶입니다. 사도 바울은 디모데에게 쓴 편지에서 다음과 같이 말합니다.

그러나 성령이 밝히 말씀하시기를 후일에 어떤 사람들이 믿음에서 떠나 미혹하는 영과 귀신의 가르침을 따르리라 하셨으니 자기 양심이 화인을 맞아서 외식함으로 거짓말하는 자들이라 혼인을 금하고 어떤 음식물은 먹지 말라고 할 터이나 음식물은 하나님이 지으신 바니 믿는 자들과 진리를 아는 자들이 감사함으로 받을 것이니라 하나님께서 지으신 모든 것이 선하매 감사함으로 받으면 버릴 것이 없나니 (딤전 4:1-4)

이 말씀은 우리 삶의 여러 가지 일, 심지어 일상에서 가장 흔하게 경험하는 음식에 관한 문제까지도 하나님과 연관되어 있음을 말해 줍니다. 바울은 사람들이 이런 문제에 대한 거짓된 가르침을 따라 믿음에서 떠나는 일이 있을 것이라는 성령의 말씀을 전하며, 신자가 일상에서 어떤 태도를 취해야 하는지 이야기합니다. 즉, 거짓말하는 자들이 혼인을 금하고 어떤 음식을 먹지 말라고 하겠지만, 음식은 하나님이 지으신 바요 신자는 하나님께서 지으신 모든 것이 선함을 알기에 감사함으로 받아야 한다는 것입니다. 바울은 음식을 먹는 문제에 대해 성령의 직접적인 지시를 받아 결정하라고 가르치지 않습니다. 오히려 모든 음식이 하나님의 선하신 뜻에 의해 제공된다는 사실을 상기시키며, 하나님의 주권적인 예비하심과 섭리를 인정하고 감사히 받으라고 합니다.

바울의 이런 가르침과는 달리 일상의 작은 일까지 성령의 직접적인 암시를 받아 살려는 것은, 겉보기에는 신령하고 경건한 듯하지만 실상은 치우친 것입니다. 그것은 바울이 말하는 하나님의 주권적인 돌보심과 인도하심을 의식하지 않고, 감각적이거나 직관적인 것이 없으면 하나님의 부재하심으로 여기는 것입니다. 그런 사람은 성경의 가르침으로는 부족하다 생각하며, 성경말씀을 따라 하나님의 주권적인 섭리를 믿고 인정하며 사는 일상을 무가치하게 봅니다.

바울은 이처럼 일상에서 금욕적인 태도를 권하고, 비본질적인 차원에서 종교적인 열심을 내야 한다고 부추기는 자들을, 믿음에서 떠나 미혹하는 영과 귀신의 가르침을 따르는 자로 경계합니다. 바울이 이처럼 심각하게 반응하는 것은 '오직 성경'의 문제와 밀접하게 관련되어 있습니다. 그들이 그처럼 경건의 모양을 흉내 내려 하는 것은, 실은 성령께서 사도들에게 주신 계시의 말씀을 떠나 있기 때문입니다. 다시 말해, 성경의 충분성을 인정하지 않고 거기에 무언가를 더한 다른 가르침을 따르고 있다는 것입니다. 바울은 성령이 사도들에게 전한 말씀, 즉 기록된 말씀에서 떠난 것을 미혹하는 영의 가르침을 받는 것으로 말합니다.

'오직 성경' 위에 선다는 것은 성령의 특별하고 직접적인 암시가 아닌 성경의 가르침에 따라, 일상에서 겪는 모든 일에 대한 하나님의 주권을 믿고 그분과 동행하며 믿음으로 사는 것을 뜻합니다. 오늘 하루 우리에게 공급되는 일상의 음식까지도, 하나님께서 우리의 삶을 항상 돌보시며 이끄시는 중에 허락하시는 것임을 믿는 믿음과 감사로 받는 것입니다.

음식을 비롯한 우리 삶의 모든 필요는 하나님의 크신 권능과 자비하심으로 채워집니다. 하나님께서 우리 일상에 개입하신다는 암시를 일일이 받지 않더라도, 성경말씀대로 하나님께서 우리의 모든 삶을 돌보시며 일상의 작은 일까지 모두 인도하심을 믿는 것이 '오직 성경' 위에 선 신앙이요, 바른 기독교 신앙입니다.

우리는 모든 일에 일일이 '이것을 할까요 말까요' 하는 식의 질문에 대한 직접적인 지시나 암시를 받지 않습니다. '오직 성경' 위에 선 사람은 하나님의 손이 보이지 않고 음성이 들리지 않아도, 하나님께서 주권적인 섭리로 돌보시며 인도하신다는 성경의 말씀을 믿고 감사로 살아갑니다. 이것이 성경이 말하는 믿음으로 사는 신자의 삶입니다.

신자의 넘어짐

우리가 신자의 삶에 대한 이런 명확한 이해를 갖지 못하면, 답답한 문제를 만날 때마다 하나님이 '네 문제는 이것이다. 그러니 이렇게 하지 말고 저렇게 해라. 그러면 잘될 것이다.' 하는 식의 명확한 답 주시기를 기대하는 마음에 사로잡힐 수 있습니다. 그처럼 특별한 암시나 예언 같은 것을 주시면 하나님의 인도를 따르는 신앙 여정이 수월해 질 것이라 기대할 수도 있습니다. 그러나 그것이 바로 '오직 성경'에서 빗나가는 사람들이 넘어지는 지점입니다.

성경을 배제한 채 계속적으로 성령의 특별한 계시나 예언, 삶에 대한 구체적인 지침을 따르려는 것은 믿음으로 사는 모습이 아닙니다.

신자는 "나를 사랑하사 나를 위하여 자기 자신을 버리신 하나님의 아들" 곧 우리를 구원하셔서 하나님의 자녀가 되게 하신 예수님 안에서, 하나님의 주권과 섭리와 인도를 믿고 사는 자입니다. 현재 허락된 삶의 모든 것이 저절로 주어진 것이 아니라, 하나님께서 모두 아시고 공급하신 것임을 알고 하나님을 신뢰하며 사는 것이 성경에서 말하는 신자의 삶입니다.

신자가 시험에 빠져 넘어지는 일은, 하나님의 부재가 아니라 믿음의 부재로 인해 자신의 길, 즉 '오직 성경' 위에 선 믿음에서 이탈할 때 벌어집니다. 성경에서 비롯된 가르침에서 답 얻기를 하찮게 여기고, 성령에서 비롯된 체험으로 답을 얻으려는 태도는, 신자에게 매우 위험한 시험거리입니다. 성경의 기록자이신 성령께서는 다른 어떤 체험보다 계시로 주신 말씀을 통해 답을 주십니다. 그러나 오늘날의 교회에는 성령을 운운하며 성경에서 이탈한 새로운 음성과 계시, 예언을 통해 일상적인 삶의 지시를 받아야 한다고 주장하는 예언운동가가 많이 있습니다. 보거나 듣는 것 또는 직관의 암시를 받으며 사는 것을 좋은 믿음, 큰 믿음으로 여기고 추구하는 것입니다. 그러나 이는 믿음은커녕 불신앙과 배교의 길입니다.

성경이 가르치는
신자의 삶

성경은 예수님을 믿는 지금까지의 우리 삶에 계속적인 하나님의 개입하심이 있었음을 가르칩니다. 지금껏 스스로 살아온 것 같지만 실은 하나님의 보호와 보살핌으로 여기까지 이르게 되었다는 것입니다. 믿음은 성경이 말하는 이 사실을 보게 합니다. 성경의 계시가 분명하게 말하고 있는 하나님의 실제적인 삶의 개입을 믿음의 눈으로 보는 것입니다. 이것이 성경이 가르치는 신자의 믿음이요, 그 믿음을 따라 사는 것이 성경적인 신자의 삶입니다.

하나님은 멀리 떨어져 계셔서 우리 삶을 마치 어떤 법칙처럼 기계적으로 움직이시는 것이 아니라, 직접 우리의 모든 일에 개입하십니다. 성경은 하나님의 통치가 크고 작은 모든 피조물에게 미치며, 세상에서 일어나는 일은 무엇이든 하나님에게서 비롯된 것임을 다각적으로 말해 줍니다. 모든 만물은 하나님에게서 나오고, 하나님으로 말미암으며, 하나님에게로 돌아갑니다(롬 11:36). 우주 만물 중 그 어떤 것도 하나님을 벗어난 것은 없습니다. 과거는 물론 지금 일어나는 모든 일과 자연 현상도 하나님의 통치 속에서 발생하고 존재하는 것입니다. 곧 하나님께서 우리 가까이에 계시다는 것입니다. 반대로 우리가 하나님 가까이에 있다는 말이기도 합니다.

우리는 성경이 가르치는 이 사실을 항상 기억해야 합니다. 우리 삶의 경험 속에 있는 것은 무엇이든 모두 하나님을 드러내는 것입니다.

심지어 오늘 우리가 먹은 음식의 재료가 생산되어 입에 들어가기까지도, 그 모든 과정에 하나님의 개입과 다스림, 섭리가 있었던 것입니다. 우리는 하나님이 세상에 존재하거나 발생하는 모든 것을 주장하고 통치하시는 주권자라는 성경의 가르침을 이처럼 실제적으로 믿어야 합니다.

물론 어떤 사람에게는 성경이 말하는 하나님의 주권을 믿는 것이 어려울 수 있습니다. 세상에는 놀랍고 아름다우며 선한 것도 있지만, 우리 머리로는 좀처럼 이해되지 않는 사악함과 악, 파괴성, 비참함, 절망도 있기 때문입니다. 그러나 우리의 경험과 이해는 가변적이고 상대적이며 주관적임을 기억해야 합니다. 우리는 과거에는 옳다 한 것을 이제는 악하다 말하기도 하고, 반대로 과거에 악하다 한 것을 지금은 옳고 아름다운 것으로 여기기도 합니다. 거기에는 아무런 확고한 기준이 없습니다. 우리는 하나님께서 우리에게 주신 계시인 성경이 가르치는 변함없고 확고한 사실 위에서 판단해야 합니다.

성경은 온 우주의 주권자이신 하나님께서 우리에게 호의를 가지고 계시며, 우리의 유익을 위해 세상의 모든 것을 주관하신다는 사실을 말해 줍니다. 이것은 확실히 우리의 이해를 넘어서지만, 하나님께서는 욥이나 사도 바울 같은 신실한 사람들의 경험을 통해 그 사실을 나타내셨습니다. 성경은, 하나님이 그리스도 안에서 만물을 우리에게 주기 원하시므로, 우리는 그 하나님의 뜻대로 하나님과 이웃을 사랑하는 가운데 세상에 있는 무엇이든 두려움 없이 감사함으로 하나님과 이웃을 위해 사용할 수 있는 자유가 있다고 가르칩니다. 그러므로

'오직 성경' 위에 선 자들은 두려움과 무지가 아니라, "나를 사랑하사 나를 위하여 자기 자신을 버리신 하나님의 아들을 믿는 믿음"으로 살 수 있는 것입니다.

하나님을 신뢰하며 동행하는 삶

신자는 독생자를 죽음에 내어주기까지 우리를 사랑하신 하나님의 사랑 안에서 사는 자입니다. 신자는 하나님께서 자신을 사랑하셨고, 지금도 사랑하심을 압니다. 이해할 수 없는 상황과 사건 속에서도 하나님께서 변함없이 자신을 사랑하신다는 것을 기억합니다. 어떤 사람은 이것을 지극히 주관적인 삶의 태도라고 생각할지 모르지만, 오히려 하나님께서 모든 만물을 다스리고 주관하시는 주권자라는 성경에 근거한 믿음의 태도입니다. 주관적인 생각이 아니라, 성경의 가르침에 따른 것입니다.

신앙의 기준은 우리가 바라보는 상대적인 것이 아니라 하나님께 있습니다. 신자는 하나님께서 우리가 보지 못하는 것까지 보시고 아시며 우리를 위해 그것을 활용하신다는 말씀을, 하나님이 죽기까지 내어주신 하나님의 아들 안에서 믿고 살아갑니다. 물론 이처럼 하나님의 사랑을 믿고 살아간다는 것이, 하나님의 보호로 그 어떤 고난도 없이 산다는 뜻은 아닙니다. 오히려 믿음의 삶에는 상대적으로 더 큰 고난이 있을 수 있습니다. 성경은 "무릇 그리스도 예수 안에서 경건하게 살고자 하는 자는 박해를 받으리라"(딤후 3:12)고 말합니다. 주권적인 하나님의 사랑에 대한 믿음으로 하나님을 신뢰하며 신실하게 살수록 더 많은 고난에 직면하게 됩니다. 그러나 그런 믿음을 가진 사람은 하늘 아버지께서 자신의 고난과 어려움을 모두 아시며, 그것을 허락하신 선한 이유가 있음을 알고 믿음으로 삽니다.

신자의 삶은 직관이나 어떤 암시를 따르는 것이 아니라, 성경이 말하는 하나님의 주권을 믿고 하나님을 의지하며 하나님과 동행하는 것입니다. 신자는 설사 고난이 있더라도, 그 모든 것을 자신을 사랑하시는 하나님의 주권적인 통치와 섭리를 믿는 믿음으로 바라보며 삽니다. 우리의 모든 일상은 하나님께서 주권적인 능력과 세심한 섭리로 허락하신 것입니다. 신자는 그것을 믿으며 삽니다. 그런 믿음을 가진 자는 극심한 고난이나 이해하기 어려운 아픔이 있어도, 그 모든 것을 하나님의 자녀로서 바라봅니다. 그래서 그것을 통해 자신을 변화시키고 성숙하게 함으로 하나님 아들의 형상을 닮아가게 하시려는 하나님의 뜻을 의식하며 살아갑니다. 이로 인해 그는 환난 중에도 기뻐할 수 있습니다(롬 5:3-5). 하나님이 보여주신 환상이나 들려주신 신비로운 음성, 또는 어떤 암시 때문이 아니라, 주권적인 하나님의 통치와 섭리를 믿기에 기뻐할 수 있는 것입니다.

하나님의 주권을 믿으며 사는 자에게는 고난을 야기하는 그 어떤 것도, 그것이 사람이든 환경이든 세상이든 두려움의 대상이 될 수 없습니다. 그것은 단지 하늘 아버지의 주권 아래 있는 도구일 뿐입니다.

우리의 궁극적인 유익을 위해 활용되는 도구입니다. 우리의 삶은 경건을 위한 일종의 훈련장과 같습니다. 세상 모든 것이 우리로 경건의 경주를 하도록 하나님께서 펼쳐 놓으신 경기장 같은 것입니다.

우리 모두는 이처럼 '오직 성경' 위에 선 신자의 삶을 알고 있습니까? 혹 성경이 무엇이라고 가르치든, 성경에서 하나님이 우리를 어떻게 보살피신다고 말하든, 고난과 고통스러운 경험으로 절망하며 성경 외의 특별한 암시나 계시, 예언을 갈망하지는 않습니까? '오직 성경' 위에 선 삶을 올바로 이해하고 믿음으로 사는 삶을 하나님이 부재하시는 삶으로 여기고 있지는 않습니까? 우리는 이런 어리석음을 경계해야 합니다.

오늘날 예언운동을 하는 사람들은 이처럼 공허한 신앙을 가진 자들을 예언이나 체험 등으로 미혹해 속박합니다. 복음 안에 있는 자유를 앗아가는 것입니다. 예언이나 체험이 없으면 불안해 계속 거기서 안정을 얻으려 하는 속박된 신앙으로 끌어가는 것입니다.

포기할 수 없는
신자의 자유

성경은 우리의 일상에서 일어나는 수많은 일을 직접 주관하시는 하나님을 신뢰하고 그분께 감사하며, 하나님과 이웃을 사랑하는 마음으로 행하는 자를 하나님께서 기뻐하신다고 말합니다. 기독교는 그 외의 다른 어떤 종교적인 모양만 갖추는 것을 진실하다고 말하지 않습니다. 혼인을 금하고 어떤 음식을 먹지 않아야 더 좋은 신앙이라는 식으로 가르치지 않습니다. 오히려 예언이나 하나님의 특별한 암시 등을 추구하는 것은 우리를 종교적 속박으로 내몹니다. 우리는 그런 종교적인 속박에 끌려가지 말고, 우리 삶 전체를 돌보고 인도하시며 심한 고난에서도 우리의 유익을 위해 온 세상을 다스리시는 하나님의 주권을 믿음으로, 복음으로 인한 자유 안에 거해야 합니다.

성경이 말하는 신자의 삶을 사십시오. 예수 그리스도 안에서 우리의 아버지 되신 하나님의 주권 아래 우리의 모든 경험을 바라보며, 두려움이 아닌 담대함과 자유로움을 가지십시오. 헛된 것에 매이지 마십시오. 그리스도 안에 있는 자는 더 이상 종의 영을 가지고 있지 않습니다. 하나님 아들의 영을 받은 자로서 자유함이 있는 것입니다. 신자는 자신의 삶을 복음으로 해석해야 합니다. 그리스도 안에서 하나님이 우리 아버지로서 우리를 돌보시는 주권자가 되신다는 관점에서 우리 삶의 모든 것을 보고 해석하는 것입니다. 이것이 '오직 성경' 위에 선 자의 삶입니다.

종교적인 모양새를 자랑하며 거기에 갇혀 살지 마십시오. 거짓된 것을 하나님을 경험하고 그분과 동행하는 삶으로 운운하는 자들을 좇지 마십시오. 하나님이 눈에 보이지 않는다고 직관에 따른 음성이나 예언에 속지 마십시오. 그런 것을 주장하는 자들도 믿음을 말하지만 그것은 성경이 말하는 믿음이 아닙니다. 그것을 따르는 것은 보이지 않는 하나님을 성경대로 믿는 그리스도인의 삶이 아닙니다. 참된 믿음은 자신의 삶에 치밀하게 개입하시는 하나님이 보이지 않는다고 다른 목소리를 통해 하나님의 임재를 구하지 않습니다. 오히려 말씀 안에서, 또 그 진리를 믿는 믿음으로 자유 안에서 사는 것이 성경적 신앙을 가진 참 신자의 삶입니다.

Chapter 22

'오직 성경' 위에 선 신자의
확신과 삶

━━━━━━━

복음과 체험 사이

아담이 타락한 후부터 하나님은 믿음으로 사는 삶을 계속해서 가르쳐주셨습니다. 동산에서 아담에게 직접 자신을 보이시며 다스리시던 하나님은, 인간의 타락 이후 믿음으로 사는 것, 즉 하나님이 계시하신 약속과 뜻을 따라 그것을 말씀하신 하나님을 믿는 믿음으로 사는 것을 가르쳐주신 것입니다.

성경이 말하는 믿음으로 사는 삶에서 이탈하는 것은 매우 위험합니다. 오늘날에는 거짓에 미혹되어 어떤 자극적인 신비 현상을 하나님의 임재로 여기는 경우가 많습니다. 그러나 그럴 경우 하나님의 말씀에 무감각해져 말씀을 통해 성령께서 감동하시는 역사를 경험하지 못하게 됩니다. '오직 성경'을 따라 사는 것은 무언가 밋밋하고 하나님의 임재가 없는 것처럼 보이는 반면, 어떤 체험이 있으면 더 생기 있는 임재의 현장으로 여겨지는 것입니다.

이처럼 오늘날은 어떤 체험에 근거해 하나님의 임재를 말하며, 그것이 바른 신앙인 것처럼 생각하는 현상이 만연해 있습니다. 그러나 이 현상은 사실 은혜의 복음을 바르게 알지 못하고, 복음 안에서의 신앙과 삶을 경험하지 못하는 것과 맞물려 있습니다. 오랫동안 많은 사람에게 사랑받은 로렌스 형제의 『하나님의 임재 연습』(*Pratique de la presence de Dieu*, 좋은씨앗)이라는 책의 경우도, 한편으로는 우리가 긍정할 만한 것이 있지만 실은 같은 맥락의 문제점이 발견됩니다. 하나님의 임재를 삶의 현장에서 감각적으로 확인하려는 배경에는 은혜의 복음에 대한 분명하지 않은 믿음이 있습니다. 분명한 기독교의 기초가 흔들려 생긴 균열을 채우기 위한 대리만족적인 요소로, 감각적인 임재의 경험과 확인을 구하는 것입니다.

기독교 안의 신비주의적인 경향은, 하나님의 은혜의 복음을 알고 그 위에 견고히 서서 그 복음을 누리는 신앙과 삶에서 실패함으로 생겨난 경우가 많습니다. 이미 허락된 하나님의 계시인 성경보다 체험에서 하나님을 가까이하고 하나님과 동행하려는 현상의 배경에는, 하나님의 은혜의 복음에 대한 바른 이해가 없다는 것입니다.

물론 체험을 무시하거나 배제해서는 안 됩니다. 오히려 신앙은 체험적이어야 합니다. 그래야 믿음의 삶을 더욱 굳건히 할 수 있습니다. 그러나 우리는 경험이라는 것의 애매모호함을 항상 기억해야 합니다. 경험 그 자체는 우리 신앙의 어떠함을 설명해 줄 수 없습니다. 경험은 지극히 주관적이기에 그 해석은 시간이 지나면서 왜곡되고 부풀려질 수 있습니다. 그래서 경험이나 이성을 의지해 하나님을 갈망하고 만나며 하나님과 동행하려던 교회 역사상의 모든 시도는 빗나갔습니다. 우리의 신앙은 계시된 말씀의 범주를 벗어나서는 안 됩니다.

많은 사람이 하나님께서 자신을 받아주시는지, 또 자신과 함께 계시는지 알기 위해 스스로 열심을 내고 종교적 체험을 구함으로, 그에 대한 증거를 찾고 소유하려 합니다. 그렇게 함으로 하나님께서 자신을 받아주시고 자신과 함께하심을 스스로 설득할 증거를 만들려 합니다. 그래서 봉사를 열심히 하고, 어떤 종교적인 체험에 열심을 냅니다. 그러나 자신의 열심 있는 행위와 체험을 근거로 스스로를 인정하고 확신을 갖고자 하면 그 신앙은 빗나가게 됩니다.

확신의 견고한 근거

로마서 8장 말미에서 사도 바울은 "내가 확신하노니 사망이나 생명이나 … 다른 어떤 피조물이라도 우리를 우리 주 그리스도 예수 안에 있는 하나님의 사랑에서 끊을 수 없으리라"(38-39절)고 자신의 확신을 피력합니다. 이것은 하나님의 존재에 대한 확신 정도가 아니라, 하나님께서 자신을 받아주시고 자신과 영원히 함께하신다는 사실에 대한 신자로서의 확신입니다. 현재뿐 아니라 미래의 어떤 일도 하나님과 자신 사이를 끊을 수 없다는 견고한 확신입니다. 우리는 이 같은 신자의 확신이 어디에 근거하고 있는지 유념할 필요가 있습니다. 그 근거는 다름 아니라 하나님께서 예수 그리스도 안에서 죄인인 우리를 받아주셨다는 것에 있습니다. 신자는 바로 그 믿음 위에서 사는 것입니다. 어떤 느낌이나 직관적인 암시, 직접적인 음성으로 들려온 계시에 의해서가 아닙니다. 오직 믿음 위에서 확신을 갖고 사는 것입니다. 이것이 '오직 성경' 위에 선 신자의 삶이요, 성경이 말하는 신자의 삶입니다.

그리스도인은 하나님께서 자신을 받아주셨다는 증거를 자신에게서 찾으며 살지 않습니다. 오직 그리스도 안에서 죄인을 받아주시는 복음의 은혜를 믿는 믿음으로 삽니다. 물론 어떤 체험이나 직접적이고 특별한 계시 또는 예언이 있으면 더 실제적으로 느낄 수도 있습니다. 그러나 그것은 성경에 기초한 신앙이 아닙니다. 기독교의 신앙과 삶은 성경에 계시된 가르침을 따르지 않으면 다 헛것입니다. 아무리 그럴듯해 보여도 은혜의 복음 곧 예수 그리스도 안에서가 아니라, 끝없이 자신의 주관적인 행동과 경험에서 확신을 가지려는 신앙은 완전히 잘못된 것입니다.

우리는 어떤 이성적인 추론이나 선행, 오랜 종교생활, 다양한 체험 위에 서려 해서는 안 됩니다. 기독교 신앙의 출발점은 하나님의 계시된 말씀을 믿는 것입니다. 이것은 매우 중요합니다. 하나님의 계시된 말씀, 곧 예수 그리스도께서 이루신 구속에 근거해 확신을 갖는 것이 성경이 가르치는 기독교 신앙입니다.

우리는 예수 그리스도께서 우리 죄를 대속하심으로 우리가 하나님과의 특별한 관계를 영원토록 갖는다는 성경의 증거를 단지 지적으로 아는 데서 그치지 말고 확고히 의지해야 합니다. 이 은혜의 복음을 한쪽 구석에 밀어놓고 다른 것에 의지하려는 마음을 버려야 합니다. 이 사실이 익숙하다고 우리 내면에서 무엇을 찾으려 하거나, 은사주의나 신사도주의 같은 이 시대에 유행하는 어떤 것을 기웃거리지 말아야 합니다.

그런 노력은 공통적으로 복음을 진실하게 소유하지 못한 결과로 생기는 것입니다. 다시 말해, 죄가 우리를 전적으로 무능력하게 만들었다는 사실을 깊이 인식하거나 수용하지 못하고, 더 나아가 하나님께서 독생자를 십자가에 달려 죽게 하심으로 이루신 구속의 완전함과 충분함을 깨닫지 못해서입니다. 예수 그리스도의 구속은 우리가 다른 것을 기웃거릴 필요가 없을 만큼 완전하고 충분합니다. 그럼에도 성령께서 기록하신 이 놀라운 은혜의 계시를 믿음으로 우리가 하나님께 받아들여졌다는 것을 확신하지 못하는 것입니다.

복음 없는 신앙의
위태로움

지금도 많은 사람이 은혜의 복음이 없는 경건을 추구하고 잘못된 근거에서 확신을 갖는 어리석음에 빠져 있습니다. 우리는 이런 어리석음의 결과가 얼마나 치명적인지 기억할 필요가 있습니다. 확신을 가지고 하나님 앞에 서더라도, 은혜의 복음이 없는 경건을 추구하고 잘못된 근거에서 확신을 갖는 사람은, "내가 너희를 도무지 알지 못하니"(마 7:23)라고 하신 예수님의 말씀처럼 분명 뜻하지 않은 비극적인 결말에 이르게 될 것입니다.

성경적인 경건과 신앙생활은 하나님께서 예수 그리스도 안에서 이루신 역사를 알고 감사하며 그 안에서 확신하면서 사는 것입니다. 끝없이 그리스도의 십자가 앞에 서서 그리스도 안에서 값없이 베풀어 주시는 은혜를 기억하며 사는 것입니다.

그러나 이 성경적인 경건을 하찮게 여기고 잘못된 근거에서 확신을 가지려는 움직임이 복음 없는 무리 가운데 일어나 점점 세력을 더해가고 있습니다. 그런 사람들은 보통 인간의 죄성에 대한 성경의 가르침을 약화시킨 상태에서 경건을 추구합니다. 그래서 구속 사역을 부분적으로라도 하나님과 인간의 협력 사역으로 생각하며, 그런 식의 신앙 추구를 용인합니다. 그리스도의 구속의 충분성 대신 다른 무언가를 확신의 근거로 덧붙이는 것입니다. 물론 말로는 똑같이 예수님을 유일한 구원자로 믿는다면서 구원의 확신 같은 표현을 쓰기도 합니다. 그러나 인간의 죄성에 대한 성경적 가르침의 이해가 결핍되어, 실제적으로는 그리스도의 구속의 충분성을 부정하고, 확신과 만족을 위한 다른 무엇을 추구하는 신앙생활을 하는 것입니다.

이런 사람들은 사실상 자신의 노력으로 은혜를 보완할 필요가 있다고 생각하기에 열렬하게 헌신합니다. 그러나 그 열렬한 헌신과 영성 추구는 잘못된 방향을 향해 있어 인정해 줄 만한 것이 못 됩니다. 그리고 일시적으로는 복음이 주는 자유를 맛보더라도 다시 속박으로 돌아갑니다. 노력할수록 점점 자신이 하나님의 요구사항에 미치지 못한다는 사실에 절망하든, 자신을 하나님의 뜻에 부합한 자라 생각하며 스스로를 속여 자기기만에 빠지든, 둘 중 하나가 됩니다. 양쪽 모두 복음에 대한 바른 이해 없이 치우쳐 스스로를 위태로운 상태에 몰아넣고 있는 것입니다.

복음과 '오직 성경'

신자는 현재뿐 아니라 미래의 생명과 구원에 대해서도 확신을 주는 복음을 소유해야 합니다. 바울이 말한 "우리 주 그리스도 예수 안에 있는"(롬 8:39) 복음을 분명히 가지고 있어야 합니다. 그렇지 않으면 결국 인간은 그것을 대신할 다른 만족과 확신의 근거를 찾아 그것으로 자신을 채우려 합니다.

교회는 무엇보다 복음에 헌신해야 합니다. 복음을 전해야 합니다. '오직 성경' '오직 은혜' '오직 믿음' '오직 그리스도' '오직 하나님께 영광'으로 탁월하게 요약되는 복음을 전해야 하는 것입니다. 그러나 그 첫 관문인 '오직 성경'에 균열이 생기면 복음은 무너집니다. '오직 은혜' '오직 믿음' '오직 그리스도'의 신앙은 다른 것과 뒤섞여 모두 무너집니다. 어떤 사람은 '오직 성경'같이 복잡하고 논쟁적인 것을 괜히 이야기해 문제 삼을 필요가 있는지 묻기도 합니다. 그러나 이것을 지키지 않으면 모두 무너져버립니다. 오늘날 정통 복음주의 교단에까지 신비주의가 버젓이 들어올 정도로 서서히 무너지고 있는 기독교의 현실은, 교회가 '오직 성경'을 부정하는 신정통주의 같은 사상을 수용한 결과입니다.

이처럼 '오직 성경'이 무너지면 결국 복음이 전부 뒤섞이고, 복음이 없는 신앙은 그것을 대신할 다른 확신의 근거를 찾게 됩니다. 그리스도께서 이루신 것을 의지하는 '오직 은혜' '오직 믿음'을 버리고, 자신에게 있는 그 무엇에 주목하게 됩니다. 그것이 어떤 체험이든 헌신이나 봉사든, 그리스도께 초점을 맞추는 복음 중심의 신앙에서 사람에게 초점을 맞추는 인간 중심의 종교로 탈바꿈하게 되는 것입니다.

실제로 우리는 오늘날 교회 안에서 '하나님의 영광'이 아닌 사람을 위한 기독교를 쉽게 발견할 수 있습니다. 무엇이든 자신에게 거슬리거나 자신을 위한 것 같지 않다 싶으면 곧 마음을 닫아버리는 것입니다. 그러나 우리는 분명히 알아야 합니다. 참된 기독교와 복음은 개인의 감정을 달래고 만족시키기 위한 것이 아닙니다. 기독교는 오히려 우리의 감정을 흩어서라도 그리스도께 초점을 맞추고 나아가게 하는 종교입니다. 사람을 기쁘게 하기 위한 종교가 결코 아닙니다.

어떤 사람은 예수님을 그 정도까지 믿고 싶지는 않으며, 지금처럼 자기중심적으로 신앙생활해도 문제없을 것이라고 생각합니다. 그러나 그것은 그리스도인이기를 포기하는 것과 다를 바 없는 생각입니다. 진정한 그리스도인은 그리스도께 초점을 맞춘 복음에 의해 삶의 의미도 내용도 바뀐 자입니다. 여전히 자신에게 초점을 맞추면서 모든 것을 받아들이거나 걸러낸다면, 교회에 몸담고 있어도 실제로는 다른 길로 가고 있는 것입니다. 신자는 성경이 말하는 예수 그리스도를 통해 이루어진 구속의 복음 안에서 확신을 가지고 살아야 합니다. '오직 성경' 위에 서서 믿음으로 살아야 하는 것입니다.

참된 신자는 복음으로 우리를 부르시고 자녀 삼으신 하나님이, 크신 능력과 사랑으로 우리 삶의 모든 영역, 곧 매우 세밀한 부분까지 알고 관여하신다는 성경의 가르침 안에서 하나님을 알고 위로와 소망을 가지고 살아갑니다. 그리고 자신이 모두 통제할 수 없는 이 땅에서의 삶, 곧 현재의 일만이 아니라 앞으로 다가올 일까지도 복음 안에서 봅니다. 그 모든 것을 창조하고 주관하시는 하나님이 독생자를 내어주신 사랑과 그를 죽음에서 일으키신 능력으로, 하나님의 자녀인 자신을 보호하고 인도하실 것을 확신하며 사는 것입니다.

'오직 성경' 위에서 복음을 믿는 자는, 성경의 가르침대로 하나님이 우리 삶에 간섭하시고, 일상에서 드리는 우리의 기도에 응답하시며, 말씀을 통해 우리와 교통하시고 우리를 돌보시며 인도하심을 믿습니다. 이 같은 믿음으로 현재는 물론 미래도 확신하며 살아갑니다. "사망이나 생명이나 천사들이나 권세자들이나 현재 일이나 장래 일이나 능력이나 높음이나 깊음이나 다른 어떤 피조물이라도"(롬 8:38-39) 끊을 수 없으며, 현재를 넘어 영원히 예수 그리스도 안에서 베푸시는 하나님의 주권적인 사랑을 믿으며 사는 것입니다.

신자의 확신과
'오직 성경'

신자가 갖는 이 확신의 근거는 주관적인 느낌이나 체험이 아니라, 하나님의 계시된 말씀 곧 예수 그리스도 안에서 이루어진 객관적인 사실입니다. 신자의 삶은 다름 아닌 '오직 성경' 위에서 참되고 풍성해집니다. 신자는 하나님의 계시된 말씀에 기초해, 성경이 계시하는 하나님의 아들 예수 그리스도를 믿고, 그리스도 안에서 나타난 하나님의 은혜를 누리며 삽니다. 또 성경에 계시된 대로 하나님이 만물에 대한 주권적인 통치 속에서 우리를 돌보시고 인도하심을 믿고 살아갑니다.

내일을 자신의 통제 아래 두려 하고 미리 염려하는 것은 주권자 하나님을 잊은 모습입니다. 성경은 우리가 주관할 수 있는 영역을 넘어서는 권세나 사망, 생명, 현재 일, 장래 일, 천사조차도 신자가 주권적인 하나님의 사랑 안에서 보존되고 인도함 받는다는 사실을 흔들 수 없음을 상기시킵니다. 이런 성경의 증거를 확신하며 사는 것이 신자의 삶입니다.

이처럼 성경의 증언을 믿는 것보다 즉각적이고 자극적인 직관이나 감각, 예언의 말을 따르는 것이 상대적으로 더 쉬울 수 있습니다. 그러나 그런 것은 모두 우리를 속이는 것입니다. 진짜 신앙은 답답한 오늘과 막막한 내일 사이를 살면서도, 성경이 말하는 하나님을 믿는 믿음으로 하나님에 대해 인격적으로 반응합니다. 여리고를 점령하기 위해 창을 던지거나 대포를 쏘기보다 말씀대로 성 주위를 도는 것, 그것이 신자의 삶입니다. 즉, 참된 신자는 '오직 성경' 위에 서서 하나님께서 계시하신 말씀을 믿고 그대로 따르며 삽니다.

우리는 이런 믿음의 삶을 무시하고 헛된 방식으로 하나님을 갈망하고 체험하며 동행하려는 오늘날 기독교의 현실을 거슬러, 복음의 부요함에 대한 확고한 믿음을 지키고 전해야 합니다. 예수님을 믿는 우리는 성경이 계시한 대로, 예수 그리스도에 대한 그 말씀 안에서 확신을 가지고 믿음으로 사는 사람입니다. 내일 일도 그리스도 안에서 우리를 붙드시는 하나님의 주권 아래 허락된다는 사실을 믿고, 만일 하나님이 내일 우리의 생명을 거두신다면 그것도 우리에게 최상이기 때문일 것이라고 믿으며 사는 사람입니다.

우리의 영역이 아닌 내일 일을 미리 염려하지 마십시오. 성경의 계시를 그대로 믿으십시오. 계시된 말씀이 가르쳐주는 것처럼, 신자들을 끝까지 돌보고 인도하시는 주권자 하나님의 끊을 수 없는 사랑 속에 우리가 살고 있음을 확고히 믿으며 사십시오!

Chapter 23
참된 하나님의 음성을
듣고 따르는 삶

● 신자의 삶을 '오직 성경' 위에서 계시된 말씀을 믿는 믿음에서 분리해 '다른 음성'을 따르는 것으로 만드는 자들은 모두 거짓말쟁이입니다. 예수님은 "양은 그의 음성을 듣나니 그가 자기 양의 이름을 각각 불러 인도하여 내느니라 자기 양을 다 내놓은 후에 앞서 가면 양들이 그의 음성을 아는 고로 따라오되"(요 10:3-4)라고 말씀하셨습니다. 예수님께 속한 양은 목자이신 예수님의 음성을 듣는다는 것입니다. 이는 기독교란 목자 되신 예수님과 그 음성을 듣고 따르는 신자의 관계로 설명됨을 말해 줍니다.

이제 이 책에서 마지막으로 다룰 것은, 신자가 이처럼 하나님의 음성을 듣고 따르는 관계를 어떻게 경험하는가 하는 것입니다.

'하나님의 음성 듣는 것'을
둘러싼 논란

오늘날 예언운동에 열심을 내는 사람들은 하나님의 음성을 듣고 따르는 것을 어떤 새로운 암시나 계시를 듣는 것으로 말합니다. 하나님과의 관계를 하나님이 주시는 새로운 음성을 듣고 따라가는 것으로 말하는 것입니다. '오직 성경'의 신앙을 가진 신자는 당연히 그들이 주장하는 새로운 계시를 부정적으로 봅니다. 완성된 성경의 계시 외의 새로운 계시에 의해 사는 것을 부정하는 것입니다. 그러나 오늘날의 새로운 계시와 예언을 주장하는 사람들은, 그런 부정적인 태도에 대해 하나님의 권능과 역사를 제한하는 것이라고 도리어 반론을 제기합니다.

과연 '오직 성경'을 믿는 사람들이 하나님의 권능을 제한하는 것일까요? 새로운 계시를 부정한다고 해서 하나님의 권능을 제한하는 것이라고 할 수 있을까요? 그렇지 않습니다. 우리가 이미 살펴본 것처럼, '오직 성경' 위에 선 신자는 성경이 말하는 하나님의 주권, 우리의 사소한 일상에까지 개입하시는 그 주권을 신뢰합니다. 매일 순간마다 우리 삶에서 우리를 에워싸는 하나님의 주권과 권능에 대한 성경의 증거를 확고히 믿고, 오늘 이 자리에 있는 것도 하나님의 은혜임을 인정하며 살아갑니다. 이런 믿음은 하나님의 권능을 제한하는 것이 아닙니다. 오히려 굳이 새로운 계시로 자신을 나타내시지 않아도, 주권자 하나님을 믿음으로 바라보며 하나님의 간섭과 인도와 도움을 신뢰하는 것입니다.

'오직 성경'에 근거한 신자들도, 주권자 하나님은 무슨 기적이든 바라는 대로 행하실 수 있고, 지금도 어떤 방식으로든 원하는 대로 말씀하실 수 있음을 믿습니다. 하나님은 모든 일을 그 뜻대로 결정해 일하시는 분입니다(엡 1:11). 그러나 성령께서 새롭게 주시는 계시와 암시로 그 임재를 나타내신다는 예언운동가들의 주장과 달리, 성령의 사역은 복음과 분리될 수 없고, 복음에 기초하며, 반드시 그 근원과 중심을 복음에 두고 있습니다. '오직 성경' 위에 선 자들은 이것을 확고하게 믿는 것입니다.

사도행전의 성령 임재 역사는 성령께서 앞으로 반복될 자신의 임재 현상의 모범으로 주신 것이 아니라, 사도들과 선지자들의 터 위에 교회를 세우시는 중에 사도적인 교회의 말씀 사역에 수반되어 나타난 역사적 사건입니다. 이것을 누가가 기록을 통해 보고한 것입니다. 사도들이 경험한 성령의 역사는 철저히 예수님의 복음으로 교회를 세우시는 중에 나타난 일입니다.

성경은 이런 구속사적 곧 복음 중심적인 이해를 가지고 읽고 믿어야 합니다. 주관적인 이해를 따라 각자 느낀 대로 믿으면 안 됩니다. 성경은 성령 하나님이 자신의 말씀을 벗어나 그 임재를 나타내시는 분이 아님을 분명히 증언해 줍니다. 오히려 우리는 사도행전의 증언을 통해, 성령께서는 결코 복음을 벗어나서는 그 임재를 나타내시지 않음을 깨닫고, 하나님 말씀에 순종하며 살아가야 함을 배워야 합니다. 하나님 말씀은 뒤로 한 채 성령 하나님의 임재를 드러내는 직접적이고 특별한 무언가를 보고 느끼려는 것은, 사실상 성령의 사역을 크게 축소하는 것입니다. 신기한 사건들, 소위 기적적이라고 하는 것들에 대한 소문이나 간증, 보고 등으로 기독교를 특징지으려는 것은 심각하게 엇나간 일입니다. 그런 것은 기독교 밖에도 얼마든지 있기 때문입니다.

헛된 기준을 거부하라

사도행전을 '성령행전'이라고 하면서 성령 하나님께만 초점을 맞추면 이런 오류에 빠질 수 있습니다. 사도행전에 나타나는 성령은 예수님이 약속하신 분이요, 사도들이 예수 그리스도의 복음을 증거할 때 역사하신 분입니다. 오늘날 많은 사람이 성령을 복음과 분리된 독립적인 존재로 여기면서 기적과 예언 같은 일에 초점을 맞추고 있는데, 이것은 기독교를 여타의 이방종교 수준으로 전락시키는 것입니다.

힌두교에도 기적에 관한 이야기가 많고, 불교도 마찬가지입니다. 로마 가톨릭교회 역시 기적에 매우 집착합니다. 종교개혁 시대에 로마 가톨릭교회가 종교개혁자들을 공격할 때 자신들의 정통성으로 내세운 것 중 하나가 기적입니다. 지금도 로마 가톨릭교회는 마리아 상이 눈물을 흘린다는 등 확인되지 않은 이야기를 내세워 많은 사람을 현혹합니다. 이 외에도 많은 이방종교가 저마다 기적 이야기를 가지고 있고, 심지어 방언 현상도 있습니다. 종종 사람들이 방언을 기적으로 간주해 하나님이 살아계시고 활동하시는 증거, 심지어 구원의 증표로 삼기도 하지만, 사실 방언은 기독교만의 독특한 현상도 아니고 초자연적인 기적도 아닙니다.

방언을 강조하는 곳에서는 '할렐루야'를 반복적으로 빠르게 말하는 등의 방식으로 방언을 배워 습득하는 일도 있습니다. 더구나 그런 분위기에서 방언은 거의 보편적이고 기본적인 은사가 되어, 거기에 만족하지 못하고 방언하는 자가 스스로 통역까지 하며 예언적인 내용을 말하는 등 무언가를 덧붙이는 현상이 나타나기도 합니다. 은사로 자신을 드러내고 싶은 유혹과 교만에 빠져 스스로를 파괴하는 데까지 나아가는 이들도 있습니다. 자신들이 기적으로 여기던 것이 일상화 되고 흔한 것이 되면서 자가당착에 빠지는 것입니다.

기독교를 단지 기적이라는 현상으로 설명하려는 것은 이처럼 어리석은 일입니다. 그런 사람들은 복음의 진수를 모른 채 기독교의 변두리만 돌고 있는 것입니다. 기독교는 단순히 예수님을 믿으면 행복해지고 능력이 나타나며 기적이 있는 종교가 아니라, 예수 그리스도 안에 있는 세상을 구원하는 복음을 전하는 종교입니다.

성령께서 기적이나 계시적인 역사를 행하시는 것은 바로 이 복음을 위해서입니다. 단지 신기하고 놀라운 일을 경험하게 하기 위한 것이 아닙니다. 물론 기독교의 모든 신앙과 진리는 체험적으로 확인하고 그 풍성함을 소유해야 합니다. 그러나 체험 자체에 비중을 두는 것은 다른 종교와 같은 수준으로 기독교를 이해하도록 성령의 역사를 축소하는 것입니다. 성경에서 볼 수 있듯이 거짓 선지자도 기적을 사용할 수 있습니다. 신자가 그런 기적 현상에 마음을 빼앗기면 크게 빗나간 길을 가게 됩니다. 기적 자체가 하나님의 승인을 뜻하지는 않기 때문입니다.

이 시대의 기적이라는 사건 중에는 성경의 기적과 짝을 이룰 만한 것이 없습니다. 예를 들어 오늘날 병 고침 받았다는 사건은 성경에 기록된 기적, 즉 30여 년 동안 걷지 못한 사람이 일어나게 된 것이나 날 때부터 눈먼 자가 보게 되어 그 뒤로 계속 회복된 상태로 살게 된 것 등과는 많이 다릅니다. 확인하기 어려운 어떤 특정 질병이 주로 고침 받는다거나 나은 듯하다 재발하기도 하고, 치유에 실패하는 일도 많습니다.

예언도 비슷합니다. 오늘날 예언이라는 것은 너무 자주 틀리거나 부분적으로만 맞는 경우가 많습니다. 더구나 물질의 복이나 먹고사는 문제같이 사사로운 것에 많이 집중되어 있습니다. 그 예언이 진짜라면 우리에게는 그것을 통제할 권한이 없습니다. 하나님께서 하시는 일을 누가 통제할 수 있겠습니까? 그러나 맞지 않는 내용을 '아니면 말고' 식으로 남발하는 것은 하나님에게서 온 성령의 예언이 아닙니다.

초자연적인 역사에 대한
건강한 이해

기적에 관한 이런 부정적인 경험과 인식으로 인해 오늘날 모든 초자연적인 하나님의 역사를 부정하는 극단주의까지 생겨났습니다. 성령의 은사에 대해서는 일반적으로 두 견해가 팽팽히 맞서고 있습니다. 기적적인 표적과 기사는 초대교회로 끝났다는 중단론과 지금도 계속된다는 지속론이 그것입니다.

이 중 중단론자들은 성경계시의 형성과 관련해 성경에 충실한 주장을 한다는 장점이 있습니다. 성경에서 표적과 기사는 주로 예수님을 비롯해 모세, 엘리야, 엘리사, 베드로, 바울 같은 위대한 예언적 인물과 연결되어 나타납니다. 즉, 사도들과 선지자들이 왕성하게 말씀을 전할 때마다 기적이 일어난 것이 아니라, 주로 비상한 계시의 때에 하나님께서 표적과 기사를 제공하셨다는 것입니다. 이처럼 기적적인 표적과 기사가 성경의 계시 형성과 관련되어 있다는 중단론자들의 해석은 일반적으로 성경에 충실한 것으로 받아들여지고 있습니다. 사도행전의 기적들 역시 하나님의 말씀이 예루살렘에서 시작해 땅끝까지 전파되어 나가기 시작하던 때에, 사도들 및 하나님의 말씀을 전하는 자들과 연결되어 나타났던 것입니다.

물론 성경의 그 어떤 곳도 오늘날에는 기적이 불가능하거나 중단되었다고 가르치지 않습니다. 그러나 성경은 그런 비상한 일들, 곧 기적적인 표적과 기사는 복음을 예시하고 장식하기 위해 하나님께서 채택하신 계시의 한 방법임을 말해 줍니다. 그것은 복음과 분리되어 그 자체로서 어떤 의미를 갖는 것이 아닙니다. 하나님은 성령께서 우리에게 그런 일을 일으킬 것이라고 약속하시지도 않았습니다. 성경에 나오는 그런 비상한 일은, 장차 흔하게 일어날 것으로 기대하라고 하나님나라의 새로운 경륜으로 주신 것이 아니라 복음에 덧붙여진 것입니다.

사람을 쓰러뜨리는 등의 소위 기적적인 일이 우리의 마음을 복음과 말씀에서 빼앗아가게 해서는 안 됩니다. 그러나 오늘날 그런 일이 실제로 벌어지고 있습니다. 자신이 보고 경험한 것에 푹 빠져 성경 진리를 정확하게 보려고 하지도 않는 사람이 많습니다.

거듭 말하지만, 우리는 지금도 하나님께서 얼마든지 계시적인 사건을 일으키실 수 있음을 믿고 인정합니다. 그러나 오늘날 사람들의 입에 오르내리는 사건들이 진짜 기적이라면, 그것은 특별계시를 위한 것이기보다 일반계시의 차원에서 이해해야 할 만한 것입니다. 하나님은 역사와 자연의 일반계시 영역에서 비상한 일로 자신의 권능을 우리에게 나타내시며 우리를 도우십니다. 오늘날의 기적은 그에 속한 것으로 보는 것이 적합합니다.

하나님의 권능은 그리스도인이 아닌 사람들에게까지 미칩니다. 하나님은 의인만이 아니라 악인에게도 햇빛과 비를 주십니다. 아침에 해가 뜨는 것도 우연이나 당연한 것이 아니라 하나님의 권능의 표현입니다. 우리에게는 익숙한 것이지만 실은 하나님께서 매일 자신의 권능을 나타내시는 것입니다. 그런데 그 하나님의 권능이 그리스도인에게는 격려와 위로와 확신을 주어 하나님 안에서 안식하게 하는 비상한 도움으로 드러날 수 있습니다. 오늘날 그리스도인이 경험하는 소위 기적이라는 것은 이런 맥락의 기도 응답이나 하나님의 섭리로, 일반계시 차원에서 이해하는 것이 바람직합니다.

그렇지 않고 오늘날 일어나는 일들을 특별계시인 하나님의 말씀에 상응하는 것으로 여기거나, 사실상 하나님의 말씀보다 더 새로운 것으로 여기며 좇는다면 심각한 잘못입니다. 하나님께서는 우리 기도의 응답으로 병을 고치시는 등 얼마든지 섭리에 따라 권능을 나타내실 수 있습니다. 그러나 그것이 일반계시 차원을 넘어 새로운 특별계시인양, 말씀에서 눈을 돌려 그런 일에 몰두해서는 안 된다는 것입니다. 특별한 사건을 경험한 사람은 한 가지를 조심해야 합니다. 그것은 하나님 말씀의 관점에서 그 사건을 해석해야 한다는 것입니다. 소위 기적적인 일을 경험했을 때, 그 일 자체를 기준 삼아 그것을 하나님의 역사의 전형으로 만들면, 말씀에서 벗어나게 됩니다.

오늘날 예언의 은사는
계속되는가

오늘날 '예언'이라 불리는 것 역시 바른 이해가 필요합니다. 웨인 그루뎀은, 고린도전서 14장(특히 26-33절)에서 바울이 말하는 예언은 교회에서 검증받거나 통제될 수 있는 것으로, 사도들의 말씀과는 다르다고 해석합니다. 사도들이 전하고 기록한 성경말씀은 반드시 믿고 순종해야 하는 틀림없는 계시이지만, 고린도전서에서 말하는 예언은 부분적으로 오류가 있을 수 있고, 사람이 잘못 해석할 수도 있으므로 통제의 대상이 된다는 것입니다. 웨인 그루뎀은 이러한 해석을 따라, 오늘날 교회에서의 예언은 그 자체로서 하나님의 말씀이 아니며, 권위에서도 성경과 동등한 것으로 간주되어서는 안 된다고 말합니다. 그러나 한편으로 그는 성경이 고린도전서에서와 같은 제한성 안에서 예언을 허용하고 있다고 결론을 내립니다. 오늘날 교회에서 예언이라 주장되는 것들은 비록 틀릴 수도 있고 잘못 해석할 수도 있지만, 예언 자체는 성경이 허용하고 있으므로 가능한 것이라며 매우 그럴듯하게 말합니다.

만일 그의 해석대로 오늘날의 예언 현상을 인정해야 한다면, 그것은 일반계시 차원에서나 가능한 것입니다. 틀릴 수도 있는 예언을 특별계시로 볼 수는 없습니다. 우리 신앙과 삶의 절대적 기준인 특별계시와 달리 일반계시는, 우리에게 하나님의 능력과 은혜 안에서 도움을 주거나, 하나님께 감사한 마음을 불러일으키는 차원에서 이해할 수 있습니다.

과연 고린도전서의 예언을 오늘날까지 계속되는 것으로 해석할 수 있는지는 별도로 생각해 볼 문제입니다. 칼빈은 웨인 그루뎀과 다르게 말합니다. 그는 고린도전서의 예언의 은사를 성경의 계시적인 예언과 같은 것으로 해석하며, 성경의 계시가 완성된 지금은 그것이 사라졌다고 말합니다. 그러나 굳이 웨인 그루뎀처럼 오늘날의 예언을 인정한다면, 우리는 그것을 하나님께서 우리에게 어떤 은혜를 베푸셨는지를 말하는 증거, 소위 '간증'으로서 일반계시의 영역에서만 생각할 수 있습니다. 하나님께서 베푸신 은혜에 대해 말하는 간증은 하나님의 말씀과 동등한 권위를 갖지 않습니다. 간증을 듣는 자들은 그것을 평가하고 검토도 합니다. 웨인 그루뎀의 말대로 오늘날의 예언이라는 것을 인정한다고 해도, 우리는 그것을 간증 정도로 여기고 분별해야 합니다.

그러나 오늘날의 예언론자들 중에는 웨인 그루뎀과 같은 방식으로 예언을 설명하는 사람도 있지만, 상당수는 그가 제시한 제약마저 거부하고 지금의 예언을 계시적인 것으로 주장합니다. 그것을 성령의 새로운 계시요, 결국 특별계시로 보는 것입니다. 그들은 자신들의 예언을 성경과 동등한 권위를 지닌 특별계시로 여기면서 믿음과 순종을 요구합니다. 이로써 계시된 성경의 충분성을 거부하고, 그 외에 무엇이 추가되어야 함을 주장하는 잘못된 길로 나아가는 것입니다.

이런 사람들이 예언이라는 이름으로 직관적으로 내뱉는 이런저런 말로 교회가 어지러워지고 큰 혼란을 겪고 있습니다. 하나님의 살아 있는 말씀이요, 활력이 있어 좌우에 날 선 검처럼 심령을 찔러 쪼개 영혼을 살게 하는 성경을 무시한 채, 새로운 성령의 암시와 계시, 예언을 받아 그것을 따라 신앙생활하며, 그것을 하나님의 음성 듣는 것이라 말하는 분위기가 형성된 것입니다.

신자는 하나님께서 성경을 통해 말씀하신다는 것을 분명히 알아야 합니다. 살아있고 활력이 있어 심령을 찔러 쪼개기까지 하는 그 말씀

타협할 수 없는 기독교의 기초, 오직 성경

이 오늘날 이 시대가 주장하는 새로운 예언보다 더 풍성하고 능력 있는 것입니다. 절대 속지 마십시오. 성경 특히 사도시대 이후 사역하게 될 디모데 등에게 보내진 목회서신에는 앞으로도 계속될 예언에 대한 암시나 지침이 일체 없습니다.

'오직 성경'의
인도를 받으라

하나님은 오늘날 예언옹호자들이 말하듯 새롭게 특별한 말씀을 주시는 것이 아니라, 여전히 성경을 통해 말씀하십니다. 다만 우리가 이것을 하찮게 여기고 있을 뿐입니다. 완성된 하나님의 말씀인 성경이 살아있고 활력 있는 특별계시임을 진정으로 믿지 않는 것입니다.

개인적으로 나는 지금까지 말씀증거 사역을 해오면서, 전도사 시절부터 어린아이들을 데리고서도 고전적 부흥회인 사경회를 했습니다. 그런데 정말 아이들이 말씀을 통해 회개하는 것을 보았습니다. 어린아이들이 회심하고, 심지어 어떤 교사도 그때 회심해 목회자의 길을 가게 되기도 했습니다. 그중에는 지금까지 말씀 안에서 잘 양육 받아 신앙이 견고하게 세워진 이들도 있습니다. 말씀의 역사를 경험하고 알게 된 것입니다. 이처럼 말씀은 살아있고 활력이 있습니다. 신자는 활력 있는 하나님의 말씀이 살아 역사하는 것을 경험함으로 거듭나고 거룩한 변화 속에서 성장하는 것입니다.

그런데 사람들이 이것을 무시합니다. 우리는 분명히 알아야 합니다. 성경에서 하나님이 말씀하신다는 것은, 단순히 우리에게 어떤 지식을 전해 주는 차원에서 무언가를 말해 주신다는 것이 아니라, 우리를 다스리신다는 의미입니다. 하나님께서는 그동안 계속 성경을 통해 말씀하셨고, 지금도 여전히 말씀하시며, 또 원하시는 대로 하나님의 음성이 들리게도 하시고, 안 들리게도 하십니다. 그렇게 하심으로 하나님의 다스리심을 드러내십니다.

하나님께서는 자연이나 역사 같은 일반계시의 영역에서도 하나님의 마음과 뜻을 나타내심으로 어느 정도 우리에게 위로와 감동, 확신을 주시기도 합니다. 또 심지어 어떤 사건에 대한 잘못된 해석을 통해서도 우리 영혼에 유익이 되게 하시거나 영적인 삶을 증진시키기도 하십니다. 하나님께서는 우리의 삶 전반에 개입하셔서 모든 것이 합력해 선을 이루게 하십니다.

그러나 그 모든 것은 어디까지나 성경에 계시된 복음에 의해 해석될 경우에만 진정성과 지속성을 가질 수 있습니다. 복음에 의한 바른 해석에 기초하지 않고 우리 나름의 주관적 해석에 따른 것은, 일시적이고 기만적인 유익만 줄 뿐입니다. 일반계시 차원에 국한된 유익은 그때뿐입니다. 그러나 그것을 성경에 계시된 복음을 따라 해석함으로 기록된 말씀 안에서 더 풍성한 은혜의 지평을 보게 되면, 궁극적이고 영속적인 유익을 누릴 수 있습니다. 그러므로 우리는 성경에서 눈을 돌려 예언이나 기적 같은 것에 한눈 파는 것이 아니라, 삶에서 무엇을 경험하든 철저하게 성경에 계시된 복음으로 돌아가, 그 복음에 기초해 모든 것을 해석함으로 바르게 알고 누려야 합니다.

신자의 삶이란 이처럼 하나님의 살아있는 말씀, 활력이 있어 우리를 찔러 쪼개기까지 하는 말씀으로 모든 것을 해석하고, 그 말씀 위에 서는 것입니다. 복음의 조명을 받지 않은 여타의 경험은 일반계시의 범주를 넘지 못하며, 그러면 아무리 유익한 것이라도 일시적일 뿐입니다. 이미 교회 안에 있더라도 자기 소견에 옳은 대로 예수님을 믿으며, 여러 부차적인 것 즉 어떤 현상이나 경험을 붙들고 신앙생활하고 있다면, 거기서 돌이켜 바른 진리로 돌아가야 합니다.

물론 여전히 교회 밖의 사람뿐 아니라 교회 안의 상당수가 마음에 두꺼운 벽을 세운 채 진리와 무관한 삶을 고수할 것입니다. 바른 교리와 진리를 이야기해도 꿈쩍 않는 이들이 있다는 것입니다. 이미 자신이 배워 익숙한 것을 의지하고, 부차적인 것을 기준 삼아 믿음을 말하는 불확실한 신자와 교회는 앞으로도 계속 있을 것입니다. 그러나 하나님이 그런 영혼과 교회도 돌아보아 주시기를 구합니다.

우리는 이처럼 하나님을 의지하는 마음으로 '오직 성경'을 믿고 그 위에서 신앙생활하는 것이 얼마나 중요한지 알아야 합니다. '오직 성경' 위에서 하나님의 음성을 듣고 살아야 합니다. 새로운 예언을 통해서가 아닙니다. 오직 기록된 말씀을 통해서입니다. 항상 살아있고 활력 있는 말씀 안에서입니다. 그것이 참된 신앙생활이요, 신자의 삶입니다.

나가며
성경의 동시대성과
'단번에' 주신 두 가지 은혜

● 지금까지 우리는 먼저 지난 교회사와 오늘날의 기독교 현실을 살펴보며, 이 시대에 새삼 '오직 성경'을 말해야 하는 현실적인 필요성과 이유를 생각해 보았습니다. 이어서 '오직 성경'이 가리키는 구체적인 내용이 무엇인지, 그리고 '오직 성경'을 믿는 자로서 이 시대에 그것을 따라 살기 위해 필요한 조건 및 '오직 성경'을 믿는 자의 경험과 삶에 대해 살펴보았습니다. 즉, '오직 성경'을 왜 이야기해야 하는지(why), 그것이 무엇인지(what), 어떻게 그것을 실천할 것인지(how)에 관한 내용을 나누었습니다.

지금 우리에게 말하는 성경

끝으로 이 책에서 다룬 '오직 성경'과 관련된 모든 내용의 결론으로, '하나님의 말씀을 듣는다'는 것의 구체적인 의미를 조금 더 덧붙이고자 합니다.

예수님은 "양들이 그의 음성을 아는 고로 따라오되"(요 10:4)라고 말씀하셨습니다. 이미 살펴본 대로 이 말씀은, 예수님의 양은 계속해서 무언가 새로운 계시를 듣고 따른다는 뜻이 아닙니다. 예수님은 부활에 관해 설명하시던 중에 구약성경에 기록된 옛 족장들의 이야기를 상기시키시며 "나는 아브라함의 하나님이요 이삭의 하나님이요 야곱의 하나님이로라 하신 것을 읽어 보지 못하였느냐"(마 22:32)고 물으십니다. 그런데 이 말씀에 "하나님이 너희에게 말씀하신 바"(마 22:31)라는 말을 덧붙이십니다. 우리는 바로 여기서 하나님의 음성을 듣는 것이 무엇인지에 대한 중요한 열쇠를 발견하게 됩니다.

"나는 아브라함의 하나님이요 이삭의 하나님이요 야곱의 하나님이로라"는 말씀은 출애굽기에 기록된 것으로, 하나님이 이스라엘 백성에게 전하라고 모세에게 주신 하나님의 호칭입니다(출 3:15). 그런데 예수님은 이 성경의 기록을, 후대에 그것을 읽는 자들 즉 '너희에게' 말씀하신 것이라고 하십니다. 이는 하나님이 성경을 읽는 자들에게 그 성경을 통해 말씀하신다는 것을 시사합니다.

하나님의 음성을 듣는 것은 어떤 사람들이 생각하는 것처럼 부가적인 계시의 형태로 매일 하나님에게서 직접적인 인도를 받는 것이 아닙니다. 오늘날 유행하고 있는 그 같은 계시운동은, 계몽주의 이래로 교회와 신학이 성경을 부정하고 축소하는 불신앙적인 판단을 수용함으로 생긴 현상일 뿐입니다. 사실 성경적으로나 신앙적으로 당연히 거부해야 하는 사상을 교회가 분별없이 수용한 것입니다. 그리고 그 결과 개신교회의 전통에서 가장 중요한 부분인 '오직 성경'이 유명무실해지는 데까지 이르게 된 것입니다.

말씀의 전통은 기독교의 전통이자 개신교회의 전통입니다. 한 신학자는 "만일 계시로서의 말씀을 포기해야 한다면, 오히려 전체 기독교에 근본적인 오류가 있는 것으로 보고 (기독교를) 포기한 사람들 편에 서는 것이 더 낫다"고 말하기도 했습니다. 그만큼 기독교 신앙에서 말씀의 자리는 절대적입니다.

하나님께서는 하나님의 음성을 듣는 통로로 우리에게 말씀을 주셨습니다. 계시를 기록의 형태로 남기시고, 그것을 가지고 현재시제로 자기 백성에게 말씀하시는 것입니다. 신학자 데이비드 웰스는 "하나님의 말씀(성경)에서 하나님이 말씀하신 것을 대면할 때는 언제나 우리가 하나님 곧 하나님의 선하심, 신실하심, 의로우심, 거룩하심, 사랑, 은혜를 대면하고, 하나님도 우리를 대면하고 계신다는 점을 의심하지 말아야 한다"고 말했습니다.

어느 시대든 신자는 말씀에서 참된 믿음을 갖게 됩니다. 말씀에서 중보자이신 예수 그리스도에 대해 배우고, 그분을 통해 하나님을 알아갑니다. 또 말씀으로 우리에게 증언되는 예수 그리스도의 모든 지혜와 지식 역시 말씀에서 배우게 됩니다. 예수님은 단순히 사람이 아니라 유일한 구원자요 중보자십니다. 사도들은 바로 그 예수님을 전파하고 기록했습니다. 이것은 매우 중요한 사실입니다. 사도 바울은 자신이 전하지 않은 다른 예수 전파하는 것을 경계했습니다(고후 11:4). 사도들의 증언이 아닌 다른 방식으로 예수님을 전파하고 믿는 것을 경계한 것입니다.

우리가 믿는 예수님은 하나님의 말씀 곧 성경에 의해 규정되는 인물이어야 합니다. 우리는 성경에 계시된, 즉 사도들이 전파하고 기록한 예수 그리스도를 믿음으로 하나님을 알고 신앙생활하는 것입니다. 다시 말해, 성경에 기록된 예수 그리스도를 통해 하나님께 나아갈 수 있습니다. 우리가 하나님께 순종하기 원한다면 사도들이 전파하고 기록한 그분의 말씀에 순종해야 합니다.

그런데 '오직 성경'의 붕괴와 함께 바로 이 중대한 사실이 교회와 신자에게서 불분명해진 것입니다. 그래서 점점 더 많은 교회가 하나님 말씀에 순종하라고 담대히 외칠 수 있는 확신을 잃어가고 있습니다. 우선 설교자부터 성경의 충분성에 대한 회의적인 태도로 성경에 문화적인 무언가를 덧붙여야 한다고 생각하면서, 기록된 말씀을 진심으로 순종해야 할 하나님 말씀으로 믿고 담대히 선포하는 일에 주저합니다. 하나님은 계시로 주신 성경으로 현재도 우리에게 말씀하신다는 확신을 가지고 말씀을 전하지 못하는 것입니다.

말씀이 '시대를 초월해'
교회의 토대가 된다는 성경적 증거

그리스도인은 말씀이 교회의 근본 토대임을 명심해야 합니다. 말씀에 대한 확신을 잃으면 교회의 근본 토대가 무너집니다. 신앙이 흔들리고 왜곡되는 것입니다. 구원에서 시작해 모든 그리스도인의 신앙과 삶은 기록된 말씀과 연관되어 있습니다. 신자는 말씀을 통해 하나님의 음성을 듣고, 하나님의 말씀이 우리를 깨끗하고 거룩하게 한다는 사실을 경험하며 살아갑니다. 그것이 성경이 가르치는 신자의 신앙과 삶입니다.

그리스도께서는 말씀 사역자들을 세워 자신의 몸인 교회를 섬기게 하십니다(엡 4:11-12). 그래서 바울이 "그리스도의 말씀이 너희 속에 풍성히 거하여 모든 지혜로 피차 가르치며 권면하고 시와 찬송과 신령한 노래를 부르며 감사하는 마음으로 하나님을 찬양하고"(골 3:16)라고 한 것입니다. 그는 은사에 대해서도 "교회에서 내가 남을 가르치기 위하여 깨달은 마음으로 다섯 마디 말을 하는 것이 일만 마디 방언으로 말하는 것보다 나으니라"(고전 14:19)고 가르쳤습니다. 베드로도 그리스도인들에게 "너희가 거듭난 것은 썩어질 씨로 된 것이 아니요 썩지 아니할 씨로 된 것이니 살아있고 항상 있는 하나님의 말씀으로 되었느니라"(벧전 1:23)고 말했습니다.

이 구절들은 모두 하나님께서 말씀을 통해 교회를 세우시고 다스리심을 밝혀줍니다. 개신교회는 일찍이 이런 성경의 증언에 근거해 성

타협할 수 없는 기독교의 기초, 오직 성경

경의 완전함과 무오성, 권위의 최상위성, 충분성을 주장한 것입니다.

오늘날에도 하나님이 계속 새로운 계시를 주신다고 주장하는 사람들은, 성령을 자유의 영이라 부르며 그 자유의 영이 인간의 영에 자유롭게 말씀하심으로 모든 진리로 인도하실 것이라고 말합니다(요 16:13). 그러나 성경은 결코 성령이 복음과 분리되어 일하신다고 이야기하지 않습니다. 성령은 그리스도, 곧 성경에 계시된 그리스도를 통해 죄인을 구원하시기를 기뻐하십니다. 즉, 예수 그리스도를 선포하는 하나님의 말씀으로 구원 사역을 이루심을 기뻐하십니다. 이런 의미에서 하나님의 말씀은 성령의 검입니다(엡 6:17).

앞서 보았듯이 예수님은 성경의 말씀을 하나님이 '지금' 우리에게 말씀하시는 것이라고 하셨습니다. 즉, 성경을 통해 하나님과 살아있는 교제를 할 수 있다는 것입니다. 이처럼 성경은 과거에 기록되었더라도 현재를 사는 우리를 향한 말씀이기도 합니다. 일찍이 모세는 이같은 하나님 말씀의 '동시대성'(contemporaneity)에 대해 밝힌 바 있습니다. 그는 후대를 바라보면서 이렇게 말했습니다. "오직 그 말씀이 네게 매우 가까워서 네 입에 있으며 네 마음에 있은즉 네가 이를 행할 수 있느니라"(신 30:14).

이처럼 성경은 새로운 계시의 필요성보다, 이미 기록된 하나님 말씀이 언제나 현재적 의미를 갖는다는 성경의 동시대성을 강조합니다. 바울은 이와 관련해 "무엇이든지 전에 기록된 바는 우리의 교훈을 위하여 기록된 것이니"(롬 15:4)라고 말했습니다. 모든 성경은 이전에 기록된 것이지만 현재를 사는 우리의 교훈을 위해, 그리고 "우리로 하여금 인내로 또는 성경의 위로로 소망을 가지게"(롬 15:4) 하려, 오늘의 우리에게 말씀하신 것입니다. 우리는 새로운 계시가 아니라 이미 기록된 말씀에서 교훈을 받아야 합니다. 바울은 과거 이스라엘 백성의 광야 경험을 기록한 말씀에 대해서도 동일하게 이야기합니다. "그들에게 일어난 이런 일은 본보기가 되고 또한 말세를 만난 우리를 깨우치기 위하여 기록되었느니라"(고전 10:11). 하나님께서 과거의 기록을 통해 현재 우리를 교훈하고 깨우치신다는 것입니다.

계시 운동가들은 이 성경의 동시대성을 놓치거나 무시합니다. 이미 완결된 성경이 오늘날에도 동일하게 유효한 것은, 하나님께서 "이 모든 날 마지막에는 아들을 통하여 우리에게 말씀"(히 1:2)하셨기 때문입니다. 이로 인해 하나님의 아들 안에 있는 그 계시는 궁극적이고 충분하며 영구적입니다. 위 구절의 "이 모든 날 마지막"은 히브리서가 기록된 당시부터 지금까지 계속되고 있습니다. 다시 말해, 우리는 아직도 "이 모든 날 마지막"을 살고 있으며, 아들을 통해 우리에게 말씀하신 것, 곧 하나님에 대해 기록한 말씀을 들어야 한다는 것입니다.

말씀이 주는 풍성함과 새로운 계시의 경박함

하나님께서는 이러한 방식으로 지금도 계속해서 우리에게 말씀하십니다. "이 모든 날 마지막"에 그 아들을 통해 말씀하시는 것입니다.

타협할 수 없는 기독교의 기초, 오직 성경

예수 그리스도로 인해 장차 임할 진노에서 구원 얻도록 그 아들의 복음을 통해 우리에게 말씀하십니다. 이처럼 성경이 기록하고 있는 그리스도가 우리를 구원하시기에 충분하고 완전하시기에, 또 성경이 증언하는 예수 그리스도를 통한 구원의 계시가 충분하고 완전하기에 성경으로 충분한 것입니다.

우리는 "이 모든 날 마지막"에 그 아들을 통해 우리에게 말씀하시는 계시에 다른 것을 덧붙일 필요가 없습니다. 신자는 자신의 삶에서 하나님을 알아가고, 하나님과 교제하며, 하나님의 교훈을 받는 데 필요한 내용을 성경에서 얼마든지 찾을 수 있습니다. 새로운 계시를 받지 않아도 됩니다. 우리는 비록 우리의 미래가 어떻게 될지 세세하게 알 수 없지만, 적어도 현재 우리 삶에 필요한 실제적이고 안전한 하나님의 도우심은 성경에서 충분히 경험할 수 있습니다. 사실 새로운 계시라는 것은 성경의 풍성함에 비할 바도 되지 못합니다.

물론 성경은 우리 일상의 상세한 부분에 대해서는 말하지 않습니다. 그러나 그것은 전혀 문제가 되지 않습니다. 신자는 어떤 직업을 구할지, 매순간 무엇을 행할지 등을 선택하고 결정하는 모든 과정에서, 사사건건 직접적이고 개인적인 계시를 받아 살아가지 않습니다. 성경계시는 단지 당장의 문제 해결 정도가 아니라, 일상의 수많은 결정을 내리는 데 충분한 지혜와 교훈, 계명, 약속을 제공합니다. 따라서 알 수 없는 미래의 일이라도 하나님의 약속을 믿는 믿음으로 행하며 살 수 있습니다. 그것이 가장 지혜롭고 풍요로우며 안전한 길입니다. 신자는 미래에 대한 어떤 직접적인 계시가 아니라 '오직 성경' 위에서 약속의 말씀을 믿으며 살아야 합니다.

성경을 의지하기보다 하나님께서 자신의 내면에 세미한 음성으로 무언가를 계속 말씀해 주시기를 사모하고 기대하는 것은, 외면상으로는 경건하고 하나님과 깊은 교제를 나누는 것처럼 보이지만, 어떤 의미에서는 샤머니즘적인 신앙행태입니다. 하나님의 이름만 사용할 뿐 정체불명의 신앙입니다. 어떤 사람은 그렇게 해야 복 받는 줄 알고 열심히 '아멘'을 외치지만, 정작 성경이 말하는 죄나 죄로 인한 하나님의 진노에서 구원하시는 그리스도의 은혜에 대해서는 잘 모르고 그에 대한 감격도 없습니다. 기독교를 단지 신비로운 방식으로 자신의 욕심을 채워주는 종교 정도로 생각하는 것입니다. 그래서 자신이 원하는 것이 아니라고 여겨지면 하나님께서 주신 계시를 외면하고 늘 새로운 무엇을 찾습니다. 그러나 그것은 참된 기독교가 아닙니다.

하나님은 매일 아침 받아야 하는 새로운 계시가 아니라, 과거 믿음의 선조들처럼 하나님의 약속과 명령, 교훈 안에서 살라고 우리에게 말씀하십니다. 우리에게 필요한 것은 늘 새로운 계시가 아니라, 어제와 동일하며 불변하는 하나님의 말씀입니다. 이미 기록된 그 교훈과 명령, 약속은 우리 존재의 근본적인 문제를 다룹니다. 소돔과 고모라 시대와 동일하게 오늘날 우리에게도 존재하는 인간의 근본적인 문제에 대해 말하는 것입니다. 따라서 성경의 내용은 아무리 시간이 지나도 우리에게 충분히 적절합니다. 이것이 성경계시의 풍성함입니다.

'단번에' 주신 두 가지 은혜 :
예수 그리스도와 하나님의 말씀

모든 인간은 그리스도의 재림과 심판에 대한 약속의 말씀 아래 있습니다. 하나님과 이웃을 사랑하라는 명령, 그리고 그 명령에 따라 행한 결과에서 벗어날 수 있는 사람은 아무도 없습니다. 이는 시대에 뒤떨어진 고리타분한 생각이 아닙니다. 과학자들이 천체를 연구해 우주의 질서를 일부 발견하고, 지진대의 움직임을 파악하며, 생명공학이나 전자공학 등을 통해 새로운 것을 찾아내 세상을 놀라게 하자, 사람들은 마치 세상이 근본적으로 달라질 것처럼 생각합니다. 그러나 아무리 획기적인 일이 일어나고 우주를 자유롭게 여행하는 날이 온다 해도, 성경이 말하는 교훈과 약속과 명령은 변하지 않습니다. 장차 예수님의 재림과 심판이 있다는 것, 예수 그리스도를 믿음으로 구원을 얻는다는 것, 우리에게 믿음과 소망과 사랑이 있어야 한다는 것 등은 여전히 중요합니다. 우리의 영원한 운명은 그런 것과 관련되어 있습니다.

이 세상에 구원이 필요한 죄인이 존재하는 한, 성경이 가장 절박하게 전하고 있는 메시지는 변하지 않습니다. 그것은 세상의 구주이신 예수 그리스도 안에 죄와 사망에서 구원 얻는 길이 있다는 것과 예수님을 믿으면 구원을 얻는다는 것, 그리고 예수님 안에 우리 삶의 의미와 가치 및 장래의 소망이 있다는 것입니다. 1세기든 21세기든 시대를 초월해 성경은 변함없이 이 메시지를 강력하면서도 직접적으로,

또 효과적으로 말합니다. 우리에게 필요한 것은 시대를 초월한 성경의 적실성을 삶에서 경험하며 드러내는 것입니다. 다시 말해 성경 안에서 사는 것입니다.

성경의 많은 표현 중 우리가 반드시 기억해야 하는 중요한 단어 하나가 있습니다. 그것은 '단번에'라는 말입니다. 이는 우리가 잘 아는 것처럼 예수 그리스도의 십자가 죽으심과 관련되어 쓰인 말입니다. 그런데 이 단어가 다른 한 곳에서도 중요하게 사용되었습니다. 바로 성경과 관련해서입니다.

성경은 예수님의 대속적 죽음에 대해 "그리스도께서도 단번에 죄를 위하여 죽으사 의인으로서 불의한 자를 대신하셨으니"(벧전 3:18)라고 말합니다. 예수 그리스도께서 십자가에 죽으심으로 '단번에' 구원에 필요한 모든 것을 충분하고 완전하게 행하셨다는 것입니다. 한편 유다서에서는 "사랑하는 자들아 우리가 일반으로 받은 구원에 관하여 내가 너희에게 편지하려는 생각이 간절하던 차에 성도에게 단번에 주신 믿음의 도를 위하여 힘써 싸우라는 편지로 너희를 권하여야 할 필요를 느꼈노니"(1:3)라고 말합니다. 아직 교회사 초기인데도 유다는 자신들이 가진 믿음의 도, 곧 말씀을 "성도에게 단번에 주신 믿음의 도"라고 말한 것입니다. 이는 성경이 단번에 완전하게 전달되었다는 말입니다.

이 두 구절을 통해 우리는 한 가지 중요한 결론을 내릴 수 있습니다. 그것은 하나님의 말씀인 성경과 예수 그리스도는 세상을 구원하기 위한 하나님의 계획에서 유일무이하고 대체불가하다는 것입니다.

어느 것도 이 둘을 대체할 수 없으며, 둘은 함께 묶여 있습니다.

우리는 흔히 세상을 구원하시려는 하나님의 계획과 관련해 예수 그리스도만 이야기합니다. 그러나 예수 그리스도는 성경과 함께 묶여야 합니다. 우리의 구주이신 예수 그리스도는 "단번에 주신 믿음의 도" 곧 사도들의 가르침을 기록한 성경을 통해 우리에게 알려지기 때문입니다. 예수 그리스도와 성경은 세상을 구원하기 위한 하나님의 계획에 함께 묶여 있으며, 다른 것으로 대체될 수 없고 유일무이합니다. 단번에 주신 하나님의 도를 무시하면 그리스도를 향한 온전한 믿음도 가질 수 없습니다. 둘 중 하나에 대한 믿음이 변질되면 다른 한쪽도 약화되는 것입니다. 성경에 대한 믿음에 무엇을 덧붙이면, 그리스도의 은혜에도 다른 것을 추가하게 됩니다. '단번에' 주신 이 둘을 함께 보존할 때만 충분하고 온전한 복음이 되는 것입니다.

'오직 성경'과 '오직 예수 그리스도'의 회복을 경험하고 전하라

기독교 신앙에서 '오직 성경'은 이처럼 중요한 문제입니다. 오늘날에는 사람들이 이미 계시된 말씀을 우습게 여기며, 각자의 견해와 기호에 따라 성경의 어떤 부분을 부정하거나 무엇을 덧붙이기도 합니다. 그러나 이것은 무엇보다 신자로서 충분하고 온전한 복음을 누리는 데 매우 심각한 결과를 야기합니다. 하나님의 말씀과 예수 그리스도는 똑같이 단번에 주어져 서로 뗄 수 없이 묶였기 때문입니다. '오직 성경'의 신앙을 잃어버리면 성경과 함께 묶여 있는 예수 그리스도에 대한 신앙 역시 놓치게 됩니다. 기독교 신앙은 성경과 예수 그리스도를 함께 묶어 믿기 때문입니다.

신자는 다른 것이 아니라 성경에 계시된 예수 그리스도의 복음을 믿습니다. 그리스도의 완전하심같이, 단번에 주신 믿음의 도인 모든 성경 역시 완전하고 충분하다고 믿는 것입니다.

비록 이 시대의 분위기는 성경 외의 다른 어떤 감동을 주는 신비적인 것을 더 좋아하고, 그것에 열심 내는 것이 신앙생활 잘하는 것인 양 흘러가지만, 우리는 이런 잘못에서 돌이켜 다시 '오직 성경'으로 돌아가야 합니다. 교회가 그것을 회복해야 합니다. '오직 성경'으로 돌아가는 것은 결국 '오직 그리스도'를 회복하는 길이기도 합니다. 세상을 구원하기 위한 하나님의 계획에 성경과 예수 그리스도가 함께 묶여 있기 때문입니다.

교회의 모든 사람이 성경의 중요성을 안다고는 하지만, 그들의 구체적인 신앙과 삶은 복음에 근거한 것이 아닐 수 있습니다. '오직 성경'을 벗어난 신앙과 삶을 갖게 하는 잘못된 문화가 이미 교회에 깊숙이 자리 잡고 있기 때문입니다. 신앙생활을 오래한 사람도 이런 문화에 익숙해져 복음 중심의 신앙에 서지 못한 채, "교회생활은 이렇게 하는 거야. 하나님은 이렇게 믿어도 돼." 하는 식의 주관적인 신앙관을 가지고 있는 경우가 많습니다. '오직 성경'이 무너짐으로 개인주의적이고 자기중심적인 신앙생활이 난무하고 있습니다. 주관적 체험이나 새로운 계시를 운운하며 그런 것에 몰두하는 기현상도 벌어지고 있습니다.

그러나 아무리 시대가 그렇더라도 우리부터 '오직 성경' 위에 선 신앙과 삶을 갖기 위해 힘써야 합니다. '오직 성경'에서 이탈한 잘못된 신앙관을 모두 걷어내고, 성경이 말하는 하나님의 아들 예수 그리스도를 믿는 믿음을 삶의 중심에 두어야 합니다. 성경이 말하는 예수 그리스도의 복음이 얼마나 부요하며 만족감을 주는지 바르게 알고 신앙생활하는 것이 필요합니다. 특히 하나님의 말씀인 성경과 예수 그리스도는 세상을 구원하기 위한 하나님의 계획에서 유일무이하고 대체불가한 것으로, 함께 묶여 우리에게 허락되었음을 알아야 합니다. 그래서 성경을 통해 그 중심인 예수 그리스도를 더 깊이 알아가고, 그분 안에서 삶의 부요함을 실제적으로 경험해야 합니다.

우리 모두가 이것을 단지 이론적으로만 받아들이지 말고 진정으로 그런 신자가 되기를 소망합니다. 나아가 그것을 세상에 증거하기 바랍니다. 우리 자녀들에게도 이 신앙을 가르쳐줄 수 있기 바랍니다. 우리의 교회와 조국 교회 전체가 '오직 성경' 위에 굳게 서기 바랍니다. 특히 우리의 자녀들이 자라나 그에 따른 신앙과 삶을 계속 이어갈 수 있도록 은혜 베풀어주시기를 하나님 아버지께 간절히 기도합니다.

타협할 수 없는 기독교의 기초,
오직 성경

초판 1쇄 발행 2016년 11월 1일
초판 3쇄 발행 2019년 4월 18일

지은이   박순용

펴낸이   정형철
펴낸곳   아가페북스
등록   제321-2011-000197호
등록일   2011년 10월 14일
편집장   이수진
기획편집   방재경
편집   이연우
디자인   투에스

주소   (06698) 서울시 서초구 효령로8길 5 (방배동)
전화   584-4835(본사) 522-5148(편집부)
팩스   586-3078(본사) 586-3088(편집부)
홈페이지   www.iagape.co.kr
판권   ⓒ (주)아가페출판사 2016
ISBN   978-89-97713-74-5 (03230)

이 도서의 국립중앙도서관 출판예정도서목록(CIP)은
서지정보유통지원시스템 홈페이지(http://seoji.nl.go.kr)와
국가자료공동목록시스템(http://www.nl.go.kr/kolisnet)에서
이용하실 수 있습니다.
(CIP제어번호: CIP2016024509)

아가페북스는 (주)아가페출판사의 단행본 전문브랜드입니다.

아가페 출판사